本书系2021年度河南省高等教育教学改革研究与实践实验项目"基于多元项目驱动的会展经济与管理专业人才培养模式研究（2021SJGLX590）"的研究成果。

多元项目驱动的会展专业人才培养模式研究

连建功　著

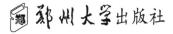

郑州大学出版社

图书在版编目(CIP)数据

多元项目驱动的会展专业人才培养模式研究 / 连建
功著. -- 郑州 : 郑州大学出版社,2025.5. -- ISBN
978-7-5773-0666-7

Ⅰ. F713.83

中国国家版本馆 CIP 数据核字第 2024M3U544 号

多元项目驱动的会展专业人才培养模式研究

DUOYUAN XIANGMU QUDONG DE HUIZHAN ZHUANYE RENCAI PEIYANG MOSHI YANJIU

策划编辑	胥丽光	封面设计	苏永生
责任编辑	吴 静	版式设计	苏永生
责任校对	胥丽光	责任监制	朱亚君

出版发行	郑州大学出版社	地 址	河南省郑州市高新技术开发区
经 销	全国新华书店		长椿路 11 号(450001)
发行电话	0371-66966070	网 址	http://www.zzup.cn
印 刷	河南大美印刷有限公司		
开 本	710 mm×1 010 mm 1 / 16		
印 张	16.25	字 数	260 千字
版 次	2025 年 5 月第 1 版	印 次	2025 年 5 月第 1 次印刷

书 号	ISBN 978-7-5773-0666-7	定 价	68.00 元

本书如有印装质量问题,请与本社联系调换。

教育是国之大计、党之大计。培养什么人、怎样培养人、为谁培养人是教育的根本问题,也是建设教育强国的核心课题。党的二十大报告指出,到2035年,我国发展的总体目标是"建成教育强国、科技强国、人才强国"。这一重大部署再次强调了人才培养的重要性。应用型本科高校是推进高等教育高水平普及化的主体力量,在加快建设高质量教育体系中发挥着重要作用。实践性、应用性和创新性是应用型人才培养的重要特征,实践育人是应用型本科院校人才培养过程中不可或缺的组成部分,对于学生的全面发展、能力的提升、人格的塑造以及社会适应性的增强都具有重要的意义。

会展业是构建现代市场体系和开放型经济体系的重要平台,随着奥运会、世博会、G20峰会等国际盛会在中国的举办,中国会展产业飞速发展,广交会、进博会、服贸会、消博会四大经贸盛会已成为中国国际化大市场的"四轮驱动"。会展业的高质量发展对高校会展应用型人才培养提出了新的要求,但由于国内诸多高校会展专业在培养目标、培养模式、师资队伍、实践教学等方面存在问题,导致毕业生实践能力不足,行业内就业意愿低,不能满足行业企业的需求。会展项目是会展行业的基础,项目运营能力是会展专业人才的核心能力,决定会展专业人才培养必须依托项目驱动。基于会展项目外延的广泛性和专业人才培养的系统性,构建多元项目驱动的会展专业人才培养模式,基于OBE(Outcome based education, OBE)教育理念,学生通过课堂上下、学校内外、线上线下等各类实践项目的认知、参与、体验、组织和创新,有效提升职业综合能力和素养,从而实现会展专业人才培养的高质量发展。

本书共分八章,依托2021年度河南省高等教育教学改革研究与实践资助项目"基于多元项目驱动的会展经济与管理专业人才培养模式研究

（2021SJGLX590）"，结合河南牧业经济学院近20年会展专业建设与人才培养的经验展开研究，在国内外会展专业人才培养现状和培养模式梳理基础上，从课程实践、实践课程、课外实践、学科竞赛、毕业论文等方面全方位构建会展专业实践教学体系。对国内会展专业实践教学和应用型人才培养具有指导意义，也可为工商管理、旅游管理、市场营销、广告传媒等相关专业人才培养提供借鉴。

在研究过程中，本书得到了河南牧业经济学院旅游学院领导和会展经济与管理教研室同仁的大力支持和热心帮助，在此表示由衷的感谢。本书撰写过程中，参考了大量的文献资料，可能很多文献未能一一标出，对此一并表示感谢。

由于作者水平有限，书中难免存在不足之处，敬请高校会展教育工作者和广大读者批评指正。

连建功
2025 年 3 月 1 日

第一章 人才培养模式概述

第一节 人才培养模式构成要素

一、研究背景

会展业是通过举办会议、展览、节事、演艺、赛事等活动,为参展商、观众、旅游者等利益相关人员提供相关服务,从而产生直接或间接经济效益和社会效益的产业,对区域经济结构调整、市场开拓、消费促进、合作交流、产品出口等都具有重要作用。20 世纪 90 年代以来,在市场经济全球化、人口城市化快速发展及科技创新推动下,会展业逐渐兴起并迅速发展。知名咨询公司德国 JWC《全球会展业发展报告 2023》显示,2023 年全球举办专业贸易展约 3 万场,净展览租赁面积约 1 亿平方米,展商约 440 万家,观众约 2.8 亿人,全球展览业市场规模超过 300 亿欧元。中国国际贸易促进委员会《2023 中国展览经济发展报告》显示,2023 年中国共举办经贸类展会 3923 项,经贸类展会数量和面积相比 2022 年均大幅增长,且已超过 2019 年疫情前水平,展览业呈现全面恢复态势。这意味着未来 5～10 年会展业将迎来大发展,会展从业人员需求旺盛,需要大批高素质专业人员为会展行业发展提供人才支撑。

会展专业人才是会展业的核心生产要素,其培养质量和会展业的发展具有直接而密切的关系。2004 年,教育部批准上海师范大学、上海对外经贸大学两所高校设置会展本科专业,进行会展专业人才的培养。截至 2023 年底,已有 130 多所高校开设会展本科专业,每年会展专业毕业人数超万人。然而,我国会展专业高等教育仍存在特色不突出、重理论轻实践、与行业需求脱节等问题。会展毕业生行业内就业率偏低,很难将理论与实践相结合,无法顺利完成从学生到员工的角色转变。会展从业人员水平不高、队伍结构失衡对会展业发展的制约作用日益明显。高校需分析和探讨会展人才需求、教育规律及培养模式,提高会展人才培养质量,促进我国会展业的高质量发展。会展专业人才的核心能力是会展项目的策划、组织、运营和管理,会展项目举办过程中涉及诸多利益相关者,资源整合和组织协调是会展从业人员的核心能力。从会展行业运营和行业人才需求来看,基于多元性项目驱动的会展专业人才培养模式研究,都具有重要的理论意义和实践价值。

二、人才培养模式内涵

国际经济竞争是人才的竞争,发展经济必须重视人才。科技要创新,技术要进步,人才是关键。人才对国家经济发展起决定性作用,只有培养好人才,利用好人才,经济才能发展得好。高校教育工作者必须深刻认识教育和人才培养的本质,以便高校对专业人才培养进行指导。1998 年教育部《关于深化教学改革,培养适应 21 世纪需要的高质量人才的意见》提出,人才培养模式是学校为学生构建的知识、能力、素质结构及实现结构的方式,规定了人才特征并集中地体现教育思想和教育观念。近年来,随着学界对人才培养模式关注度的增强,相关研究成果迅速增多,出现了"人才培养系统"说、"教育过程总和"说、"培养活动样式"说、"目标实现方式"说、"人才培养结构"说、"教学活动程序"说、"人才培养方案"说等多种观点。其共同特征都包含国家宏观、高校中观和专业微观三个层面,国家层面给予政策指导和引领教学理念,高校则是制定和实施人才培养模式的主体,高校中专业是人才培养模式具体实施主体。人才培养模式是在国家教育方针政策、教育理论和教育理念指导下,高等院校根据特定办学理念,基于学校实际和社会需求,按照培养目标和人才规格,以相对稳定的教学内容和课程体系、管理制度和评价方式,为培养学生所设计的知识、能力和素质结构,及实现这种结构目标的组织形式和运行方式。内容包括培养目标和规格及其教育过程，与之相匹配的教学方式、方法和手段等。主要体现三层意思：一是人才培养模式建立在一定人才培养理论和思想基础之上，是某种培养思想和理论的应用型、具体化和操作性；二是人才培养理论和思想决定人才培养模式，实施过程中根据人才培养的需求和培养单位实际确定人才培养模式；三是人才培养模式是较为稳定的培养活动结构框架和活动流程，这种框架和流程可以被模仿和学习。

三、人才培养模式构成要素

人才培养模式在一定教育观念指导下，贯穿人才培养的全过程，构成实现培养目标的、稳定的结构状态和运行机制，由规划设计、目标制定、计划实施、管理控制和评估反馈等环节组成，具有系统性和科学性。具体实操过程中包含教育理念、培养目标、培养制度、培养内容、培养过程、培养评价六个方面（图1-1）。在一定教育理念指导下确定教育目标，培养目标的实现需要特定的培养内容和培养过程支撑，并注重培养反馈环节，培养制度要吻合教育理念，保障培养目标的最终实现。

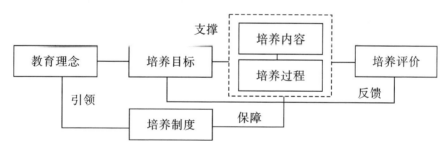

图1-1 人才培养模式构成要素结构

（一）教育理念

教育理念是人们对教育和人才培养领域各构成要素、制度和现象的理解、看法、观点和价值选择的总称。理念隐藏在行为、制度和要素的内部，反映出教育实施者的看法、观念及其价值取向，是教育活动实施者的思想根基。李萍、钟明华认为"教育理念是关于教育发展的理想的、永恒的、精神性的范型,它反映教育的本质特点,从根本上回答为什么要办教育";也有学者认为"教育理念是指学校高层管理者以学生前途与社会责任为重心,以自己的价值观与道德标准对管理学校所持的信念与态度";还有学者提出"教育理念是教育思想家乃至整个民族教育价值取向的反映";韩延明认为"教育理念是人们对教育现象的理性认识、理想追求及其所形成的教育思想观念和哲学观点,是教育主体在教育实践、思维活动及文化积淀和交流中所形成的教育价值取向与追求"。教育理念包括教育宗旨、教育使命、教育目的、教育理想、教育目标、教育要求、教育原则等内容,是人才培养活动所尊崇的教育观念和原则,规定人才培养活动的性质和发展方向,是人才培养模式建立的理论基础和依据。没有教育理念的指导,教育目标必定是片面的,教育活动的结果也必定是短期的。因此,任何人才培养模式都必须在一定的教育理念指导下建立,人才培养模式是教育理念的具体化和实践化,人才培养模式的探讨不能割舍教育理念,直接决定高校人才培养目标,也是系列人才培养制度制定的依据。

(二)培养目标

培养目标是指主体根据需要,借助于观念、理念、意识等中介形式,在行为活动之前预先设定的行为目的或结果。人才培养目标是各高校各专业人才培养的具体要求,由人才特征、培养规格、培养方向、培养要求等要素构成。人才培养模式关键性因素是人才培养目标,即培养什么类型的人才,应具备什么知识、能力和素质。培养目标是人才培养的根本任务,是专业课程体系构建与教学管理制度制定的依据和前提。培养目标包括显性目标和隐性目标两类,显性目标通过构建合理课程体系来实现,隐性目标则通过校园文化、校风校纪、体育艺术活动等潜移默化的影响来实现。当代人才培养工作,要围绕培养什么人、怎样培养人、为谁培养人这一根本问题,坚持立德树人根本任务,培养有理想、有本领、有担当、敢于坚守、勇于创新、乐于奋斗的新时代中国青年。各高校、各专业定位不同、背景不同,人才培养目标也各不相同。武汉大学以"办人民满意的大学"为宗旨,秉承"自强、弘毅、求是、拓新"的精神,以谋求人类福祉、推动社会进步、实现国家富强为己任,引领学术发展,培养具有国际竞争力的拔尖创新人才;南开大学则以具备"爱国爱群之公德,服务社会之能力"为培养目标,培养胸怀宽广、底蕴深厚、勤勉务实、追求卓越的高素质创新人才。

(三)培养制度

制度是人们承认、接受和愿意遵守的一套合法的规范和行为,是行为得以延续和再次发生的根本。人才培养模式中最活跃的内容就是人才培养制度,而人才培养制度也是人才培养实施的基础前提和重要保障。包括人才培养相关规定、具体操作流程和实施机构体系,包含基础制度、日常教学管理制度及其组合制度。国内高校基础制度分为学年制和学分制。学年制计算单位是学时和学年,以读满规定的学习时数和学年、考试合格为毕业标准的教学管理制度。实行学年制的高校,根据不同专业培养目标其学年和学时各不相同,既规定修业年限,又规定教学时数。必修课程、选修课程的门类和教学时数都有严格的规定。这种制度的优点在于整齐划一、方便管理,有利于保证培养规格和质量;缺点是课程多、学生负担重,不利于调动学生学习的积极性和主动性。学分制是指以选课为核心,教师指导为辅助,通过绩点和学分衡量学生学习质量的教学管理制度。其前提是选修制,计算单位是学习量,学分制富有弹性,具体演变出学年学分制、完全学分制、绩点学分制、加权学分制等。高校各种奖励和惩罚制度、补考制度和教考分离制度等统称为日常教学管理制度,主要作用是维护日常教学秩序,保障教学过程正常进行。组合制度是为部分学习效率高的学生提供课外的学习课程,逐渐演变出主辅修制和双学位制等人才培养制度。

(四)培养内容

培养什么样的人是教育的首要问题。在新时代背景下高校应培养具有崇高德行的人、具有出众才学的人、具有坚强担当的人、具有高尚情怀的人,具体可分为知识、能力、素质三个方面。构建合理的知识结构,知识结构可分为基础性和专业性知识;能力是指顺利地完成某项活动所必须具备的主观条件,既包括记忆、观察与想象等基础能力,又包括学习思维、社会交往、实践操作等特殊能力;素质是在个人先天因素、后天环境和教育活动影响下形成的具有相对稳定性的、内在的身心组织结构与质量水平,可分为政治素质、思想素质、道德素质、业务素质、审美素质、劳技素质、身体素质、心理素质八种。知识体系是实现大学培养目标的重要手段和保证,要做到人文学科与自然学科结合,理论课程与应用课程结合,基础知识与前沿知识结合,专业教育与通识教育结合。为适应社会主义市场经济和国家产业结构发展需要,需要通过持续学习获取职业岗位所需要的各项综合能力,培养学生独立思考能力、获取并处理信息能力、分析判断能力、质疑批评能力、解决问题能力、创新创造能力。大学生知识体系设计要立足素质教育目标,从人格素质的完整性、知识素质的综合性、能力素质的发展性等统筹考虑。

(五)培养过程

人才培养过程是依据人才培养制度相关规定,综合运用课程、实践、实验设施、教材等手段,通过某种方式来实施教学活动的整个过程。是教育理念得以贯彻的中间环节,是培养目标得以实现的过程,其主要包括专业设置、培养方案、培养措施等方面。人才培养过程的重要组成部分是专业设置,它是高等教育部门依据学科分工和产业结构需要所设置的学科门类。专业设置由设置口径、方向、时间和空间等要素构成,体现人才培养规格及就业方向。设置口径是专业划分时所规定的学科基础和业务范围覆盖面,专业设置的改革趋势是大专业和多方向;而设置的时间和空间是指设置的时间早晚、弹性及灵活性。要将学科专业规划与学校事业发展规划相统一,根据社会人才需求、学校办学定位、办学条件等合理调整学科专业设置。培养方案是实现人才培养目标要求而制定的培养计划和培养措施,内容包括人才培养目标、教学计划、课程设置、教学大纲设计、教学安排等。其中培养目标定位是明确人才的根本特征、培养方向、规格及业务培养要求;教学计划具体地规定专业课程设置、各门课程教学顺序、教学时数等,是培养方案的实体内容,由课程设置、学时学分结构和教学过程组织三部分组成。培养措施是为实现人才培养目标按照人才培养方案要求所采取的一系列途径、方法、手段的总称,是人才培养方案的具体落实,包括课堂教学、实践教学、教学管理的各项制度与措施及其具体操作要求。

(六)培养评价

人才培养评价是依据一定原则建立的与培养目标、培养方案、培养过程、培养策略相适应的评价方法与标准,以保障培养目标完成。在人才培养模式中,通过人才培养评价判断人才培养活动是否符合人才培养制度的要求,能否达到预期人才培养目标;通过评价还能有效监控人才培养过程,及时发现并纠正偏差行为,保证人才培养活动能够按照预定人才培养方案进行。人才培养评价是通过收集人才培养过程中各方面的信息并依据一定的标准对培养过程及所培养人才的质量与效益作出客观衡量和科学判断,并对人才培养活动的过程实施全面的监控,及时进行反馈与调节。正是人才培养评价的存在,教育实施者才能很好地定位人才培养目标,及时修订专业人才培养的计划和方案、优化课程策略和教学体系。2018 年教育部高等学校教学指导委员会编制《普通高等学校本科专业类教学质量国家标准》,涵盖了普通高校本科专业目录中全部 92 个本科专业类,从培养目标、培养规格、师资队伍、教学条件、质量保障等方面明确了各专业教学的国家标准,成为各高校专业人才培养方案制定和人才培养质量评价的重要依据。

第二节　我国会展专业人才培养现状

一、我国会展专业人才需求

(一)我国会展专业人才发展现状

人才是会展业的灵魂和根本,没有一批高素质的会展专业人才,会展业就无法获得可持续发展的生命力。2018 年 9 月,习近平总书记在全国教育大会上强调:“要提升教育服务经济社会发展能力,调整优化高校区域布局、学科结构、专业设置,建立健全学科专业动态调整机制,加快一流大学和一流学科建设,推进产学研协同创新,积极投身实施创新驱动发展战略,着重培养创新型、复合型、应用型人才。”我国会展业经过 40 多年的发展,成效显著。2008 年北京奥运会、2010 年上海世博会、APEC 会议、G20 杭州峰会、上海进博会等国际盛会相继在我国举办,我国已是全球会展第一大国,会展展览面积和展会数量均居全球首位。会展业的飞速发展和提质增效对会展人才的需求提出更高要求,据统计,目前国内会展业人才需求缺口超过100万,并且今后将以每年10%的速度递增。2023年全国会展业直接就业人数近300万,带动相关行业就业人数超2000万,社会就业拉动效应显著。随着会展企业增多,吸纳就业人数将继续增加。预计到2030年,我国会展行业直接就业人数预计将达500万,间接就业人数将超过4000万。随着会展业的发展壮大,会议、展览、节事、赛事、大型演艺等会展活动风起云涌,会展业的总体规模不断扩大,对会展专业人才的需求还将进一步增加。

(二)我国会展专业人才需求特点

我国会展行业保持良好的发展态势,会展产业链外延,活动产业兴起,为行业发展带来新的机遇。相比传统会议、展览等岗位需求,活动策划等岗位需求越来越大,会展行业边界仍在扩大。作为会展业的主要职能岗位,策划、营销、服务等传统岗位需求将继续扩大。随着会展行业多元化发展,其产业链向系列化、一体化延伸,涉及更多外延企业,会展设计、会展物流、信息服务、新媒体营销等业务出现,设计、运营等岗位需求将大幅度增加。由于会展行业在我国属于新兴产业,且会展产业链庞杂,人才需求类型多样。据调研显示,会展设计、策划、销售、项目经理是目前最为紧缺的人才类型。

1. 会展设计师

会展设计师必须要有室内设计或环境艺术专业背景,能够根据产品特色和展商要求设计展厅、展位并进行布展,包括现场确定展位位置,构思展位主题、展览形式,设计制图,安排场地布局,并能现场指导施工人员布展安装,并对参展人员素质和礼仪提出建议。

2. 会展策划师

会展策划师根据企业需求进行市场调研,开发新主题会展项目,或者结合已有展会项目发展目标和存在问题,结合市场需求,拓展其深度与广度。要求熟悉会展项目运作流程,有市场调研、项目策划、营销和项目运营管理的经验,能够有效进行资源整合和组织协调,并有出色的语言表达和沟通能力。

3. 会展销售专员

会展销售专员根据会展项目经营目标,将会展产品和服务通过特定销售手段和方式推销给展商和观众,引起其参展意愿和参展行为,具体职位有销售经理、销售业务员、销售客服等。要求有销售经验,能够熟练使用电话、电脑等工具和相关数据软件,具有良好的语言表达和沟通协调能力以及市场营销经验。

4.会展项目经理

会展项目经理是行业内有多年从业经验的会展项目负责人,职责是承接会展项目,负责所承接项目的组织、实施,完成企业下达的创收指标等工作。一般要有五年以上工作经验,熟悉会展业务,能独立承接会展项目,并具有较强的语言和文字表达能力和公关、协调能力,很多会展公司在项目经理下还附设有项目主管、项目组长等岗位。

二、我国会展专业人才培养

(一)高等院校会展专业人才培养现状

国内高等院校自2002年创办会展专业以来,至2023年,会展专业人才培养规模不断扩大,全国28个省(区、市)有本科院校132所、专科院校268所开设会展经济与管理专业或会展策划与管理专业。会展教育层次也不断提高,2023年全国开设会展专业及专业方向硕士点有40多所院校,其中不乏中山大学、南开大学、上海大学等"985""211"高校。随着时代变迁和行业发展,高校会展教育人才培养的定位和教育知识结构不断更新迭代。20世纪90年代,我国会展业刚形成规模时,专业人才紧缺,会展教育集中于展览和节庆方面,知识结构侧重于管理和服务;随着建设文化大国概念的提出,会展教育更注重将商贸活动、节庆活动、企业活动和艺术活动等和文化结合起来,知识结构则偏重营销与传播;当下业界更倾向于将会展看作一种活动,把所有的商贸行为和现象看成综合性活动,更注重培养学生的策划与传播能力。近年来,数字经济和文旅融合背景下,会展专业人才培养定位更侧重融入文化和技术,开设数字会展、文化创意产业、新媒体等课程。

会展专业涉及学科广泛,包括管理、经济、营销、国际贸易、广告设计、外语等,虽学科背景不同,但鉴于会展行业实践性特点,高等院校会展人才培养目标具有一致性。诸如中山大学作为"985"院校,其会展专业培养目标为:培养具有全球视野、企业家意识、高度社会责任感、较强战略决策和复杂问题解决能力,专长于会议、展览、赛事、节庆、典礼以及各类活动领域的策划、设计、执行、控制、评估的高级专门人才。云南财经大学为地方应用型本科高校,其会展专业培养目标为:培养具备管理、经济、法律及会展管理方面的知识和能力,具备会展组织与管理等基本能力,具有较强外语和计算机运用能力,能在企事业单位等相关部门从事会展营销、会展招展、展位设计、会展项目开发与管理、会议组织与管理等岗位以及教学、科研方面工作的管理类会展经济与管理高级应用型专门人才。两所院校人才培养目标虽表述不同,但实际上均围绕会议、展览、节事等培养活动策划、设计、营销、管理、组织、协调等会展专业人才。

(二)行业会展人才培养

各地会展行业政府管理部门组织的培训,会展行业协会、商会等行业组织培训和会展企业内部业务培训是会展人才培养的重要组成部分。根据不同受众群体,不同机构组织的行业培训也不相同,包括专业知识、专业技能、职业素质、职业道德等方面的培训,通过培训,从业人员能够掌握外语、公关、广告、策划、谈判、礼仪、营销等专业知识以及会展活动操作原理,按展前、展中、展后三个阶段组织培训,使会展从业人员胜任不同环节、不同岗位的工作,提升其理论水平和经营管理技能。

1.政府管理部门会展人才培训

国内很多城市成立有会展局、博览局、会展工作管理办公室等负责会展行业管理的机构,这些机构也肩负着会展专业人才培养的重要职能。西安市商务局、贸易促进委员会等机构依托相关会展研究机构和高校培训平台,举办多层次、多渠道会展从业人员在职培训,支持会展机构开展人才培训,不断提升从业人员专业能力。自2019年以来,每年都会邀请国内学界、业界会展行业大咖,结合会展行业热点话题,为当地会展从业人员带来精彩分享,着力打造“西安会展大讲堂”人才培养与提升品牌,对加强会展行业沟通交流、对接洽谈,提升行业人员专业能力,加强西安与国内外会展业交流合作发挥了重要作用。

2. 会展行业协会人才培养

近年来,各会展城市纷纷成立会展行业协会,作为政府部门与行业企业的桥梁和纽带,在会展专业人才培养中日益发挥重要作用。由国际展览与项目协会(IAEE)1975 年创立的注册会展经理(CEM)培训及认证体系,2003 年由中国国际贸易促进委员会(CCPIT)与 IAEE 合作引进中国,是目前中国会展业内开展的培训中唯一可取得国际权威认证的培训项目。该培训以"系统培训、持续教育与交流提高"为宗旨,由 IAEE 选派经验丰富的美国专家、会展行业资深管理人员、著名大学教授传授具有国际标准和实用价值的商务与技术知识。长期以来,CEM 项目与各大展览公司以及政府部门保持密切合作,为中国会展业发展培养大批既具有丰富实践经验,又具有国际先进思维的骨干人才。2021 年,中国贸促会和国际展览与项目协会合作发起注册国际会议经理项目,该培训项目面向会议、展览、场馆运营、会展教育、会展相关从业人员和政府会展主管部门、行业协会、商会等工作人员,院校师生及其他具备相应会议管理基础的人员展开,课程将最新会议管理理论运用到实践工作中,涵盖会议活动设计规划、会议营销、预算与财务管理、现场运营、管理和风险控制等课程,帮助学员通过系统性学习和研讨,掌握实用的会议和活动行业知识,提高组织策划执行会议的技能和管理水平,助力受训人员职业发展。

三、我国会展专业人才培养问题和对策建议

(一)存在的问题

1. 培养目标定位不明

由于受传统观念束缚,当前高校会展专业人才培养目标较为宽泛,对应用型人才应具备的知识、能力、素质结构及其培养规格要求不够明确,构建系统不到位。各高校都以培养德才兼备的专业人才为目标,但培养目标范围广、过于空泛,导致实施过程中培养出来的学生专业性不强,对活动的策划、营销、组织、管理、服务等一知半解,对会议、展览、节事、赛事、演艺等会展业态无一精通;培养目标缺乏侧重点,没有突出实践性和应用性特色。部分高校人才培养定位是基层管理人员还是中高层管理人员,是理论研究人

员还是服务操作型人员,并非十分明确,毕业生很难适应会展行业企业和市场发展的需求。

2. 课程体系亟待完善

随着会展业快速发展,我国会展高等教育越来越难以满足会展市场多元化变化及需要。部分高校没有对会展市场进行调查,就根据自身特点和性质盲目选择教学内容,随意开设、拼凑课程,片面强调经济管理理论学习,强调学科纵向知识系统性和完整性,却不能体现会展学科应用型和实践性的特点,没有突出应用型人才培养特色。面对瞬息万变的会展市场不能及时作出调整和应变,不能有效反映会展行业时代性发展要求。有关新媒体、数字智能、互联网、大数据、行业热点等方面的课程建设非常薄弱。

3. 教学方法亟待提升

受传统教学观的影响,当前我国会展高校普遍采用"注入式"教学法,教学以知识传授为主,忽视学生能力发展。教学方法陈旧、落后,教师是教学活动的主角,过分重视语言教学作用,导致信息传递的单向性,学生课堂讨论、动手实践的机会较少。传统的教学方式已不能满足学生学习发展的需求,难以调动学生学习的积极性。同时,对课堂教学过于重视,对实践教学投入力度小,实践课程形式单一,缺少开放课堂和开放教材。实践教学环节缺乏物质保障和人力支持,教学内容比较随意,没有针对性。会展学科是综合性、实践性、应用性的学科,这种重知识、轻实践的教学模式,导致学生关联性和实务性知识不足,会展思维性知识体系整合和应用能力欠缺。

4. 教学设施设备不足

由于国内会展专业设置时间晚,在诸多院校中属于小专业,学校对专业的重视度普遍不高,导致会展专业教学设施设备、实验室建设投入不足,部分实验室计算机设备老化,多媒体、互联网等设施跟不上行业发展的需求,使得专业学生只会理论,实际操作能力较差。会展专业是应用型较强的专业,其人才培养必须围绕会展项目运营开设,高校中必须有适合会议、展览、节事等活动举办的教学设施设备,并且能够满足会展专业学生实践教学所需。实践教学是培养应用型人才的重要环节,高校学生会展操作实践技能训练不够、校内外实践教学基地建设不足,不利于会展应用型人才的培养。

5.师资队伍亟待提升

当前会展高校中学历教育的教师多是半路出家,理论水平和实践经验都较为欠缺,加之会展专业实践教学基地匮乏,专业人才培养对会展市场和企业需求把握不准,高职称、"双师型"教师资源稀缺,使会展教育陷入"理论化教学"的尴尬,严重影响会展教育与会展需求市场的配置。从行业培训市场来看,高校教授有理论但缺乏行业经验,资深会展企业精英虽有丰富的实践经验,但缺乏理论总结,这两类人群的培训都达不到预期的效果。

(二)我国会展人才培养的对策建议

1.明确专业定位

完善我国会展专业人才培养,首要工作是明确会展专业定位。当前教育部、各地教育行政部门批准设立的会展相关专业有会展经济与管理、会展艺术与技术、会展、会展策划与管理、会展服务与管理等,这些专业都围绕会展活动培养会展专业人才,具备跨学科、综合性强等特征,会展业态涉及会议、展览、节事、赛事、演艺、婚庆等,领域宽泛。各院校会展专业定位时,可结合以下方面:其一,自身特色和办学水平;其二,社会对各类会展人才的需求状况;其三,对标院校特别是办学水平较高院校的选择。广义的会展人才分为三个层次:核心人才、辅助型人才及支持型人才(图1-2)。会展核心人才包括会展策划人员和高级运营经理;会展辅助性人才包括设计、搭建、运输、器材生产及销售等;会展支持性人才包括高级翻译、旅游接待等。会展高校可根据学校背景、优势选择不同类型会展人才培养的定位,强化专业间共生与发展,提高专业学生比较优势与核心竞争力,满足会展业差异化需求。依托于工商管理的可定位培养会展运营管理的核心人才,依托旅游专业可定位旅游接待支持性人才,依托外语专业可定位高级会展翻译或国际展览,依托艺术设计可定位展示空间设计的辅助性人才;对不同培养层次而言,研究型高校要关注会展经济和国内外行业发展宏观背景和行业发展规律性内容,培养各级政府行业管理人员、会展师资、培训师等,注重系统跨界思维与协调整合能力培养;应用型本科院校培养高素质、复合型会展人才,注重学生专业技能、综合能力分析、学习能力、合作与沟通能力的培养;专科院校注重培养实用型会展人才,通过课程设置、专业指导增加学生实习和实践的机会,提高学生动手能力,深化学生对会展业的直观认识,满足会展企业对会展人才综合素质要求。

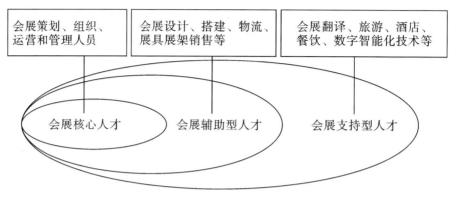

图1-2　会展人才结构层次

2.优化课程设置

课程设置是专业人才培养的核心环节。会展活动举办涉及调研、策划、营销、组织、管理、服务、协调、展示等诸多流程和环节,必然要求会展人才是"通才",需要具备宽泛的知识结构,对会展活动涉及的所有业务流程都了解;其次,会展活动的专业性又要求会展人才是具备精深专业知识和专业技能的"专才"。为此,科学设置会展专业课程体系,应以会展业发展的内在特点及运作流程为逻辑起点,渗透成果导向OBE理念,满足各类会展主体对专业人才的需求。课程设置时,既要考虑自身办学实力和办学层次,也要考虑不同学生群体需求,注重课程之间衔接和融合。本科院校应结合会展活动的整体流程,构建全面系统的课程体系,既要满足学生对专业知识和能力的要求,又要为学生继续深造奠定坚实的理论基础。在具体专业建设上,各院校可构建模块化的会展专业课程体系,分为公共基础课、专业基础课、专业核心课、专业选修课、实践课程等模块。前三类课程《旅游管理类教学质量国家标准》都有相应规定,可以考虑在专业选修课、实践教学环节体现学校学科特色。诸如开设数字会展、文化演艺、节事赛事、婚庆策划、当地会展资源调研、会展行业热点等特色课程和地方课程,能够有效激发学生专业学习的兴趣,拓展学生就业范围。

3. 提升办学水平

会展专业人才培养需要相应的办学实力作为后盾,为更好地推动城市会展业持续发展,各类院校需要加强会展专业师资队伍建设,提升会展专业办学水平,培养高素质、复合型会展人才,满足城市发展对会展专业人才的需求。具体实施包括以下几点。一是加强会展师资培养。会展师资在注重理论学习基础上,应该主动参与政府、行业、企业组织的各类培训、交流等活动,到企业进行挂职锻炼,接触行业实际,提升实践教学水平;二是引进会展专业人才。高校可对接会展行业企业,以校外导师、客座教授等柔性方式引进会展人才。通过系列讲座、培训等,拉近专业学生与会展城市的距离,增强学生对城市会展业发展状况的认识;三是强化实验设施设备建设。组建会展项目运营实验室、会展虚拟智慧化实验室,为会展专业学生实践实习提供良好实务平台,增强学校办学实力;四是走国际化办学之路。凸显会展专业开放性、国际化特征,可与会展产业、教育发达国家或地区高校建立合作办学关系,借鉴国外高校成功办学经验,探索国际合作办学模式,培养适应我国会展业发展需求的高质量人才。

4. 整合教学资源

高校专业人才培养离不开政府部门的支持和引导,离不开行业企业的参与和配合,需要整合地方政府、行业协会、高校、企业、媒体等多方资源,为人才培养提供良好条件。建立由地方政府、行业协会、高校和企业等组成的会展行业产学融合联盟,完善会展教育和培训体系,深化产教融合、校企合作的教育方针,遵循以联盟为平台,以行业为依托,以市场为导向,以项目为纽带的理念,打造校企合作人才培养品牌,实现企业与学校、学校与学校优势互补、资源共享,开创互利互惠、合作共赢的局面。在这种机制下,高校可发展会展经济的思路与规划,获取会展企业对会展专业课程设置、教学方式、培养方案等方面的建议,利用参与、体验和服务展会项目,提高学生的专业实践能力和行业信心;各院校之间互动交流,相互了解会展专业课程设置、专业教育、培养模式等方面的现状,师资、课程共享、学分互认、相互促进;院校加强与用人单位的友好合作,了解企业对会展从业人才素质要求,通过多种形式引进企业会展人才,拓宽会展专业学生进入会展企业实践的覆盖面。

第三节　会展专业人才知识结构、能力结构与综合素质结构

一、会展专业人才知识结构

(一)知识结构内涵

知识结构是个人经过专门学习培训后所具备知识体系的构成情况及结合方式。专业知识掌握程度和知识面宽广程度是衡量知识结构是否合理的重要标准。会展专业培养的学生既要注重专业知识的深入学习,又要重视一般知识的广泛涉猎。在人才培养过程中,为更好适应未来职业需求,应该培养人才的科学思维方式,构建符合行业实际发展需要的合理知识结构,致力于提升专业人才实践操作能力。合理的知识结构是人才培养发展的基础条件,又是适应岗位工作实际需求的必要条件。目前,各行业亟须能顺应时代发展潮流、具备合理和完善的知识结构、能综合运用各学科相关知识、符合社会经济发展趋势的复合型人才。构建合理知识结构具有一定的复杂性,需要经过长期努力,还应该注重组合性、动态性、层次性和比例性原则。组合性是指将专业知识和一般知识进行优化组合,并明晰二者之间的相互关系。动态性是指知识结构要依据社会经济发展的需要不断做出相应调整。层次性是指构建的知识结构必须具有高、低层次性,包括基本层次、中间层次和高级层次。培养目标不同,必然引起知识结构的差异。比例性是指为了实现特定人才培养目标,整体知识结构中,各类知识的数量应分别占有适当的比例。

(二)会展专业人才知识结构

会展专业人才知识结构可划分为三个层次(图1-3):第一层次为专业性知识,是从事会展专业必备的知识,包括会展概论、会展策划、会展营销、会展管理、会展服务、会展法规等方面的知识,这些知识都围绕着会展项目

的策划、计划、组织、协调、管理和展后工作展开,为专业核心课程的开设提供依据;第二层次为相关性知识,是为学生更好地从事会展行业提供支撑性的知识,包括经济学、管理学、传播学、统计学、旅游学、组织行为学等基础知识和理论,为专业基础课的设置提供依据;第三层次为一般性知识,是学生继续深造或者就业所应该具备的基础知识,包括大学英语、高等数学、信息技术等方面的知识,为专业通识课和选修课的设置提供依据。人才培养过程中,为使学生对专业形成初步认识,必须注重各类知识传授,同时,定期邀请会展行业专家来学校开展相关讲座,合理安排课程实践、生产实习、毕业实习等实践课程,让学生深入了解会展行业企业和会展项目,知晓行业最新动态,熟练掌握会展销售、服务的技能,以便更好地适应未来岗位的需求。会展专业隶属旅游管理学科大类,教育部《旅游管理类教学质量国家标准》对专业学生应该掌握的知识要求如下:掌握哲学、法学、社会学、科学技术、语言文学、艺术、职业发展与教育培训等方面的通识性知识;系统掌握数理类、经管类、信息技术类等方面的基础理论知识与方法;熟练掌握管理学、经济学、市场营销、财务管理、旅游学概论、旅游接待业、旅游目的地管理、旅游消费者行为等旅游管理类专业理论知识与方法,鼓励掌握本学科的理论前沿及发展动态;了解旅游管理相关的法律法规和国际惯例。以上要求体现了学科、行业对会展专业人才的一般性和相关性知识的要求,对会展行业、会展项目的专业性知识体现在具体课程体系中。

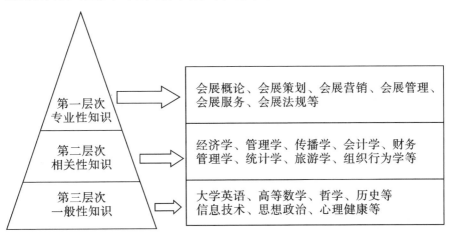

图 1-3　会展专业人才知识结构

二、会展专业人才能力结构

能力结构是指构成能力的诸要素相互联系的方式,以会展管理师会展项目管理能力为例,其结构要素包括资源整合能力、组织协调能力、市场调研能力、沟通交际能力等。顺利完成任何活动都需一般能力与特殊能力诸种结构要素协调配合,形成合理的结构。会展专业人才围绕会展项目开展调研、策划、销售、组织、协调、服务、评估等,其能力体系具有积累性、层次性、实践性和发展性特点。

(一)资源整合能力

资源整合是指对不同来源、层次、结构、内容的资源进行选择、汲取、激活和有机融合,使之具有柔性、条理性、系统性和价值性的复杂动态过程。会展项目举办涉及场馆、工商、消防、交通、旅游、酒店、餐饮、广告、金融、知识产权等各部门,这就需要会展职业经理人能够充分整合各方面的资源,服务会展项目的高效运营。做会展就是做服务,在各项会展服务提供过程中,需要展会组织者整合物流、搭建、广告、清洁、安保、旅游、酒店、餐饮等各方面的力量,为展商和观众提供高质量服务,促使展商和观众达到预期参展目标。

(二)组织协调能力

组织能力是个人为实现特定目标而有效地计划、协调和管理任务及资源的能力,包括时间管理、沟通、解决问题、决策制定和委派等技能。拥有良好的组织能力可以提高工作效率和生产力,从而带来更好的绩效和职业发展;还可以有效地管理时间和资源,减轻压力并提升整体幸福感。协调能力是指决策领导者应懂得科学组织设计原则,熟悉运用各种组织形式,善于用权,能够指挥自如,控制有方,协调人力、物力、财力,以获得最佳效果。组织协调能力在会展产业链中处于核心地位,展会安保、清洁、交通、人流、物流、财务、客户、品牌、危机及信息技术的有效运转离不开科学管理,从业人员组织协调能力是会展企业、会展项目得以正常运行的保障。

（三）团队领导能力

团队领导能力是指担任团队或其他群体的领导者角色的能力,主要表现在管理者为其所在团队设立绩效目标,在更宽泛的组织层面上维护所在团队的利益,为团队争取所需要的资源。对会展项目经理而言,其所肩负的责任就是领导他的团队按时、高效地完成会展项目的全部工作,不超出预算的情况下实现会展项目的预期目标;他必须具备良好的信誉,使项目团队成员认可他是有诚信、有效率、有能力的项目经理;具有灵活的人际关系,善于在各团队成员之间和公司各支持部门之间进行协调;有广泛的经营常识,指导各团队成员所负责工作的功能和经营管理方法,能够对团队成员进行合理的分工,能够将会展项目的外围工作交给适合的承包商完成;有高度的学习意愿与创新意图,使之成为团队内部营造创新环境、推动创新观念的关键人物。

（四）项目管理能力

项目管理能力是会展职业经理人必备的能力,需要掌控会展项目的各项进程,规定时间内高效完成项目目标。要制定一份完备的工作进度表,对展前、展中、展后在什么时间完成什么事进行详细规划,并在项目实施过程中监督执行;在会展项目发生变化时能够及时作出调整,能够在信息不完备的情况下做决定,预先进行风险确定、风险冲击分析以及风险应对计划,并在危机事件发生时正确进行处理;还应熟悉质量管理技巧,熟知会展服务质量的影响因素和控制策略,提升展商和观众满意度;要求掌握较强的合同管理技巧,了解合同签约中的关键法律原则;能与展商、观众、场馆、协会、员工等进行有效的交流;能够有效处理成本估计、计划预算、成本控制、资本预算以及基本财务结算等事务;涉及国际会展项目的还需要了解国际惯例和相关国家的语言、文化、习惯、法令规章等。

三、会展专业人才综合素质

（一）身心素养

没有强健的体魄,任何工作均不可能顺利完成。会展人才的身心素养包括身体素质、心理素质、思维素质等。这些素质影响个体的综合体能、环境适应力、情绪控制力、分析综合力以及社交能力形成。会展项目管理是一项极富挑战性的工作,特别是在展会期间兼顾各种利益相关者之间关系和投诉处理时,会展从业者需要良好的心理素质,遇到困难与挫折时,能保持镇定;要有敏锐的洞察力,善于倾听,能察言观色;要有饱满的工作激情和强烈的成功欲望,愿意冒险和创新,具有使命感,勤奋努力,锲而不舍,富有上进心。目前,高校会展专业学生存在不注重锻炼身体,体质较差,不能承受挫折和打击,性格内向,社交能力弱,容易冲动,情绪调控能力差等不利于会展项目运营相关工作开展的问题。

(二)专业素养

专业素养是会展人才的核心素质,会展业是一种服务性行业,需要从业者具备较强的服务意识,提供体贴周到的服务。目前,高校会展专业人才培养存在"重理论、轻实践"的现象,学生谈起西方经济学、管理学头头是道,遇到实际问题则束手无策,对参展商和观众的心理需求缺乏深入调研,会展营销和服务不到位,会展项目调研、策划和会展企业管理知识停留在课本上,浅尝辄止,对会展项目的把握缺乏高度、深度与广度。强化学习会展基础知识、专业知识,是提高会展专业素养最有效途径;通过参加认知体验、模拟创新、真实角色、科研创业等实践活动,是提高专业素养的有效保障;将会展理论学习与会展行业实践结合起来,以理论指导实践,并在实践中对理论进一步提升,方能提升会展专业素养。

(三)思政素养

政治素质是新时代人才必须具备的重要素质。优秀的会展人才应拥有正确的世界观、价值观和人生观,具有高尚的道德情操,对祖国和人民具有强烈的责任感与使命感;讲诚信,具有牺牲奉献精神,能吃苦耐劳,具有较强的集体主义和团队协作精神;法制观念强,能自觉遵纪守法,依法办事;具有较强的政治敏锐性与政治鉴别力。目前,高校会展专业学生思政素养方面的不足表现在自命清高,眼高手低;敬业精神不强,喜欢跳槽;金钱至上,奉献意识差;喜欢以自我为中心,集体观念、团队意识淡薄。思政素养不仅要在思政课和专业课程中进行渗透,还需要通过教师指导、实践参与、第二课堂等渠道加以培养。

(四)服务意识和敬业精神

会展项目成功的关键是组织者为展商和观众提供满意的服务体验,达到企业参展的预期目标,必然要求会展从业人员具备较高的服务意识和服务精神。人们的生活为何如此丰富多彩,正是由于有各种各样的会展活动存在,活动展示精彩,活动搭建平台。只有会展从业人员对自己所从事的工作充满热爱和忠诚,才能在职业活动领域,树立主人翁责任感、事业心,追求崇高的职业理想。因此,会展从业人员需要培养认真踏实、恪尽职守、精益求精的工作态度,保持其高昂的工作热情和务实苦干精神,才能确保会展项目成功举办,从而进一步助推会展业高质量发展。

第四节　国内外会展专业人才培养模式

一、德国会展专业人才培养

德国是欧洲会展业最发达的国家,也是举办品牌展会最多的欧洲国家。慕尼黑国际展览公司、科隆国际展览公司、汉诺威国际展览公司、法兰克福国际展览公司、杜塞尔多夫国际展览公司都是欧洲顶级的会展企业。双元制是德国职业教育的核心,学校和企业是会展专业人才培养的两个地点,学生不仅在学校接受理论知识,还在企业接受职业技能的培训,学校和企业共同完成学生的培养工作。

(一)产学研互动机制

德国职业教育实行双元制,属校企合作共建的办学体系。职业学院的学生和企业签订合同,在学校学习专业知识后,再到会展企业接受专业培训,学习和实训交替进行,保证了人才培养的质量。德国的会展教育将学校的学习与企业的培训相结合,强调学以致用。通过系统训练,学生在掌握知识的同时,锻炼了技能。学生需要参加行业协会组织的职业资格考试,考试通过后拿到职业资格证书,才能正式成为会展企业的员工。

（二）学生生源来自一线

德国高校会展专业的学生生源大部分来自一线展览公司，通过高校学习培训后再回到工作岗位中去。甚至有些院校专门为某些展览公司开设短期培训班，培训内容也贴近公司的需求及发展。这种类似"订单式"人才培养的方式，为学生的实习就业提供了保障，同时也为企业输送了更适合的人才。

（三）学制灵活工学交替

德国的会展教育既重视会展相关理论学习，又重视会展技能培养。专业学生每学期上三个月的理论课程之后，再进行三个月的专业实习。期末课程评价既有理论论文测验，又有会展实践实习考察。会展教育的实践环节每学期的实习都有不同的主题，同时也和理论学习知识有一定的相关性。在会展业发达的德国，这些实习贴近现实中的国际化展会，突显实习的实战性。灵活的学制，为学生适应工作提供了保障。

（四）模块化课程设计

德国会展教育课程设置分展览管理、大型活动管理、会议管理、工商管理、会展设计五大模块，打破传统的教学体系，实行模块式教学，同一模块可由不同的老师来教授课程，注重知识的实用性。实施过程中采取行动导向教学法和项目教学法，学生学习围绕会展项目展开，根据工作过程来策划、组织和实施项目。德国会展教育以提升学生的能力为目标，为德国会展业培养高水平专业人才。

（五）联合师资保障质量

教师在教学中和学生保持密切互动，吸取学生在一线实习的宝贵经验，搜集一线的最新信息，经过教师的整理分析、优化提升后，上升到理论的高度，再反馈给学生。这种教学相长的互动教学模式，教师和学生都有很大的提升。以奥森纳布吕克应用技术大学为例，该校专业教师都具有会展行业背景，甚至有些教师兼职开办会展相关公司或到会展公司担任顾问，同业界保持紧密联系，使讲授的知识更贴近业界，也为学生实习和就业提供渠道。

二、英国会展专业人才培养

英国是较早开设会展专业高等教育的国家,如今已拥有成熟完备的会展教育体系,成为产业发展的助推器。各高校根据自身优势,建设拥有自身特色、发展目标明确的会展管理专业。

(一)注重实践能力培养

英国高校会展专业授课过程中特别重视学生实践能力的培养。以普利茅斯大学为例,该校会展专业实践教学范围涉及课堂、校内、校外等多个领域。课堂实践教学通过学生做报告、论文或设计实现;根据课程要求,鼓励组织校园会展活动,提升专业实践能力;有针对性地选择校外会展活动,组织学生现场参观、指导学习,让学生们对会展业有更深层次的认识和了解。以上实践教学形式,巩固学生理论学习的扎实性,丰富学生对行业发展的认识,提高学生动手操作实践能力,毕业后学生可很快适应行业企业工作。

(二)密切联系行业企业

英国会展行业人才培养密切联系会展业界,重视学生实习就业。高校的会展专业通常会安排学生进行实习或参加一些兼职工作,在曼彻斯特城市大学,校方安排会展专业的学生与社会组织或慈善机构合作举办会展,但通常不提供资金,由学生举办募捐活动或寻找赞助商,院系与业内专家共同研发专业课程,使人才培养与产业需求无缝对接。在设计课程大纲之前,先向会展从业者请教他们在招聘工作中面临的挑战,以及目标候选人应具备的技能或素养,有目标地设计课程。英国高校十分注重与用人单位的对接、沟通与合作。威斯敏斯特大学会邀请资深从业者和业内专家为会展专业的学生进行就业指导,专业教师需要了解会展业最新动向和招聘信息,为学生就业提供帮助。

(三)注重凸显地域特色

英国会展教育会根据当地特色开设不同的校本课程或特设专业。英国影视文化发达,因此爱丁堡大学和利兹贝克特大学专门开设电影策展专业;伦敦世界旅游交易会是全球规模最大、专业水准最高的专业旅游展览,许多伦敦高校开设旅游会展专业或课程,格林威治大学的会展专业就以旅游会展见长;伦敦体育场馆林立,每年都会举办温布尔登网球公开赛、伦敦马拉松、英格兰足球超级联赛等体育赛事,一些也会开设体育赛事与会展管理课程;伦敦诺丁山狂欢节、泰晤士河节等当地节日庆典都会设有集市或交易会,因此节庆会展成为英国会展教育的方向之一,威斯敏斯特大学专门开设了全球会展与节庆管理课程。校本课程与特色专业的设置不仅体现了英国的地域文化特点,为当地传统优势产业服务,又能彰显高校鲜明的办学特色,具备极强的应用性与社会价值。

（四）教师团队合作授课

英国高校会展专业的教师通常来自专业的会展组织机构,或是企业中负责会展工作的资深从业者,他们具有丰富的实践经验,也能为学生提供就业创业方面的指导。课程主要采取两种教学模式:团队授课和双师授课。团队授课是一堂课有多位教师,各自负责自己专业领域的部分,发挥教师各自的专长,提升授课效果和效率;双师授课是一名教师负责授课,根据自己研究领域确定课程内容和实施,另一名教师做过程指导,负责解答学生学习过程中存在的疑问、困难以及作业的批改工作。类似国内的课程负责人和课程助理,这种授课形式可充分发挥各个教师的专长,可让教师各司其职,实现授课效果和质量的最大化。

三、美国会展专业人才培养

美国会展教育开展时间较久,已形成多层次、多学科、多种方式的教育体系,发展成为重要的会展管理知识培训输出国之一。其会展教育和人才培养模式具有以下特点。

（一）职业化教育课程体系

美国会展管理职业化教育课程体系包括学士学位、硕士学位和职业资格认证三个方面的课程设置。本科教育开设课程一般有广告学、人类学、艺术、商务管理、需求管理、餐饮管理、厨房管理、接待、住宿、法律、运动管理、生态、设计、观光与旅行、博物馆管理等。这些课程涉及会展策划、会展主题、会展营销、会展服务、展示设计等众多方面,不同学校的学科重点不同课程体系也有所差异。硕士学位教育中主要向学生提供高层次带有研究特征的相关课程。乔治·华盛顿大学会展管理研究生核心课程包括会议与展览、会展业风险管理、会展管理和会展娱乐管理等,同时提供经济学、旅游产业文化与环境学、统计学在旅游与酒店管理中的应用、旅游与旅行研究等课程;内华达大学向研究生提供服务业金融分析、市场营销系统、人力资源和接待行为管理、会议管理战略等。

(二)以学为主的教学方法

会展管理是一门实践性很强的学科,因此,美国多数大学都采用以学为主的教学方法,鼓励和要求学生通过主动学习获取知识。课堂教学过程中用互动启发式教学方法培养学生综合运用知识的能力,把理论知识和实际案例分析结合在一起。确保学生积极地参与课堂讨论,自由表达理解和看法,课后作业围绕案例进行分析并写出相关专业论文。实践教学中为让毕业生具备举办会展活动的能力,在校期间要求学生必须组织和管理至少一次实体会展活动,通过真实角色训练,使其掌握多种技能,确保可以应对会展管理、服务和策划的挑战,把握如何进行危机管理、人流管理、沟通技巧、团队合作等课堂上难以学到的环节。体验式教学法让学生沉浸于实体会展活动意境中,促进学生体验、学以致用、记忆、反馈。

(三)多元化教育主体

美国会展教育由高等院校、行业协会、咨询公司和中介机构提供,其中高等院校处于最主要的位置,提供正规会展管理方面的学位教育,也不把"有工作经验"作为学生入职的必备条件;行业协会、社会组织为会展从业人员技能提高提供培训,一般要求学员有会展方面的从业经验。从会展教育知识层次看,不同学校根据自己的专业特色和研究实力提供从一般职业培训到学士、硕士学位教育的多层次会展教育体系,主要内容包括会议和展览管理、体育赛事管理、节庆事件管理,甚至是个人事件管理。

(四)灵活的教育方式

美国高校除向学生提供正规会展教育外,还通过专业研讨会、书籍报刊、影像、网络、多媒体等信息途径为社会公众提供继续学习的机会。除有四年学士学位教育和两年硕士学位教育外,有些社区学院还提供两年专科会展教育。乔治华盛顿大学通过远程教育向全球 24 个国家和地区的学员提供相关教育与职业培训,学习时间也很灵活,学员可根据自身实际情况选择,该项目针对有会展工作经验基础,需要继续充电学习的从业人员,考虑到学员工作实际,课程安排在晚上或周末,要求学员24个月内完成学习任务,实际上这个时间并非硬性规定,具体实施中,最短完成时间是6个月,最长的则达36个月。

四、国内会展专业人才培养

应用型会展人才培养是国内会展教育界最为关注的话题,各高校根据不同学科背景、人才培养定位、优势条件等对人才培养模式进行探讨,形成了诸如项目驱动、工学交替、订单班、国际合作等多样化的人才培养模式,为我国会展产业的发展提供了大量专业人才。

(一)OBE人才培养模式

作为一种先进的教育理念,成果导向教育以结果为导向,强调学生中心地位,注重学生学习成果,注重融入传递式教学教育理念。以学生预期产出作为教学开展的基础和前提,教师通过构建和学生学习成果相对应的评价体系来调整教学方式及教学内容,将学生个人学习成果作为衡量学习效果的标准,不断提升高等教育教学质量。OBE模式强调学生的主体性作用,重视教师引导性及示范性作用发挥,OBE教育理念的应用,有助于实现应用型人才培养从"以内容理论知识为本"向"以学生综合能力为本"的重大转变,进而提升应用型人才培养水平。基于OBE理念的会展专业人才培养站在复合型人才培养视角,开展人才供需调查,明确专业人才培养目标,创新教学思路,对会展专业人才培养模式科学性、实效性、系统性充分讨论,确保实现人才培养目标与社会、行业需求相符合,人才培养模式与预设培养目标相符合,推动会展专业从"教"到"学"的灵活转变,达成课内学习与课外学习有效衔接,促使学生自主学习。将OBE理念的人才培养目标与毕业要求、行业要求、师资队伍相连接,重组会展专业课程,优化教学内容,建构各环节相互独立又相辅相成的课程体系,为专业人才培养提供保障。结合区域会展产业发展需要,从专业特色出发,促进"三主体—三目标—四层次"协同合作效应实现。即学校、教师与学生皆为主体,以培养能力、知识与素养为目标,理论教学与实践、训练、竞赛、项目同步并行层递式教学。加强校外的多元化校企合作实训,确保实践教学落到实处,形成科学的会展专业人才培养体系。

（二）项目驱动人才培养模式

项目驱动人才培养模式建立在建构主义理论基础之上,该模式改变以往由教师提出问题和项目,学生被动地解答问题完成项目的封闭性做法,而是在教师的激发和引导下,提出明确需求并给予各种参考思路,学生按照已有的知识、经验和兴趣,在与同学合作、讨论中,主动地发现问题、提出项目,在分析问题、解决问题、完成项目的过程中,使知识、经验和技能得到充实、丰富、整理、提升和重构,具有独到的开放性思维开发作用,从而提高学生自主学习能力和信息素养,培养其创新精神。会展专业人才培养围绕会展项目展开,决定了其利用项目驱动人才培养模式的必然性,可整合城市展览、节事、赛事、演艺等活动项目资源,通过参与体验认知学习的方式,提升学生综合能力。上海师范大学是国内最早开设会展经济与管理本科专业的院校之一,该校会展专业一贯采取项目驱动型教学模式,培养具有较强的创新能力、双语表达能力和人际沟通能力,能较好地胜任各类会议、展览会、商务交流等活动的策划、组织以及会展企业经营管理等相关工作的应用型、复合型人才。专业以综合性的校园实践活动为平台,采取项目管理方法和市场化运作手段,专业教师指导下学生自主策划并全程组织校园实体展会,以此贯通专业核心课程的实践教学环节,人才培养效果显著。一是教育理念上,从"会展经济与管理"向"活动管理"拓展,将会议、展览、婚庆、节事、演艺、赛事等都作为会展专业实践对象;二是专业培养目标突出培养学生项目管理能力,包括项目调研、策划、筹备、执行等,相关课程根据项目管理的不同阶段进行设计和安排,与学生知识技能和未来岗位操作对应;三是培养过程以综合性校园实践活动为平台,贯通策划、营销、管理、服务等相关专业课程;四是与实践基地、教务处、学生处等部门协调,灵活执行日常教学管理规范,为专业学生创造更多实践机会。

（三）工学结合人才培养模式

工学结合人才培养模式不同于传统学院式教育模式,是一种将课堂学习与工作学习相结合的教育模式,学而习之,习而再学,学中有习,习中有学,互相促进,实现理论和实践相结合、课堂与实习地点相结合、课堂学习与实习实践相结合。工学结合模式体现了教学过程的实践性、开放性和职业性,符合职业教育的本质规律。这种模式注重以就业为导向,课程设置上以实用为原则,师资选拔上强调双师素质和专兼结合,教学评价提倡多元综合评价。当前,国内诸多职业院校会展人才培养采用工学结合的形式,深化校企合作、产教融合,培育会展人才。工学结合人才培养需要构建基于职业活动的项目化课程体系,学生入学即开始面向工作岗位,学习目标性更强。由于学生入学后面对的是与实际企业相吻合的工作岗位,可以使每个学生尽早进入职业角色,有效地避免学生学习目的不明确的问题。学生在对本专业有一定程度了解后,可结合自己的兴趣、就业意向等,理性选择自己喜欢的岗位进行实习实践。后续所有课程、实践都围绕学生掌握岗位所需能力设置,同时与学生的兴趣相吻合,从而提高学生学习兴趣与积极性,让学生带着工作经验走向工作岗位。由于学生在校期间的系列实践活动均在真实行业企业环境中完成,岗位目标和职责非常明确,师资队伍、教学内容、教学案例等都来自企业一线,学生毕业之前就积累了丰富的工作经验,毕业之后能够很快适应行业企业工作,实现学习与就业的完美衔接。

(四)订单式人才培养模式

订单式人才培养模式是指企业根据自身人才需求及规格向高校下达人才培养订单,高校在企业主导和协作下按订单进行人才培养,所培养人才经企业验收合格后即被企业录用的一种人才培养模式。该模式下,校企双方协商签订人才培养合作协议,就共同利用双方的教育资源、共同参与人才培养等作出具体约定,拓展了职业教育教学资源,保证了人才培养质量。院校为企业培养所需要的、具备较强岗位知识和专业技能的员工,企业为高校提供了教学仪器设备、实习实训场地、实践教学人员等,弥补高校教育教学的"短板"。订单式会展人才培养实施过程中会展企业为使毕业生达到能够满足生产经营需要的目标,要求高校在课程开发、教学实施及评价等方面都要围绕企业实际岗位需求进行。教学内容不再由高校主管部门确定,传统学科取向教学模式将被会展企业需求取向模式所取代,使高校培养的人才能够"适销对路",毕业生所学技能知识与企业岗位需求实现了"零距离",大幅度提高了职业匹配度。实施订单式人才培养模式,使会展企业能从高校获得优秀毕业生,提高了企业员工整体素质,学校利用企业的设施、设备及场地进行教学,企业工程技术人员兼职授课或担任实习指导教师,实现了教学资源的有效扩大;参与订单培养的学生通过校企合作、工学结合、顶岗实习等途径,了解了企业文化,增强了岗位意识、敬业意识及协作精神等,提高了解决实际问题和实际技能操作的能力,为毕业后能够尽快适应企业工作环境奠定了良好基础。

(五)中外合作人才培养模式

中外合作办学是经过国家教育部门批准依法开展的教育活动,可采用4+0、3+1、2+2等教学模式,采取与海外名校、名企合作形式,通过学分转换、联合培养、文化体验、带薪实习等方式合作办学。随着全球一体化进程的加快,中外合作国际办学契合当下教育市场需求,满足了学生就业多元化、全面发展的需求。目前,我国已经形成了全方位、多层次的开放式教育格局,推动人文交流,培养高层次人才的同时,引进优质的外国教育资源,与国内教育资源融合嫁接,用国际化的视野培养高端复合型国际人才。诸如上海对外经贸大学和德国奥斯纳布吕克应用技术大学合办会展经济与管理专业,要求学生在完成教学方案规定的所有学分后,可同时获得中方毕业证、学位证和德方学位证。授课模式是"4+0",即4年都在上海对外经贸大学学习,德方教师来上海采用全英文讲授市场营销、战略管理、文化管理等16门专业课程。海南大学在现有办学优势基础上,引进爱尔兰都柏林理工学院(DIT)会展管理专业本科教学体系,培养具有全球视野和国际竞争力的创新型会展高级管理人才。项目学生拥有"双学籍"和"双导师",享受"双语言"和"小班化"的教学,分享DIT及欧盟部分高校的电子图书和教学资源。毕业生可直接申请并优先获得继续攻读DIT硕士学位的机会,优秀毕业生还可通过申请获得爱尔兰高校硕博连读的机会。

第二章　多元项目驱动会展专业人才培养模式

第一节　多元项目驱动会展专业人才培养理论基础

一、认知主义学习理论

学习的认知理论源于德国格式塔心理学派完形理论,该理论认为,学习不是外部环境支配下被动形成刺激与反应的联结,而是主动在头脑内部构建认知结构;学习不是通过练习与强化形成反应习惯,而是通过顿悟与理解获得期待。当有机体的学习依赖于他原有认知结构和当前刺激情境时,学习受主体预期所引导,而非受习惯所支配。

(一)认知主义学习理论的特点

认知主义学习理论重视人在学习活动中的主体价值,充分肯定学习者的自觉能动性;强调认知、意义理解、独立思考等意识活动在学习中的地位和作用;强调人在学习过程中的准备状态,认为个人的学习效果,不仅取决于外部刺激和个体主观努力,还取决于个人已有知识水平、认知结构、非认知因素,准备是任何有意义的学习赖以产生的前提;重视强化的功能,认知学习理论把人的学习看成积极主动的过程,重视内在动机与学习活动本身带来的内在强化作用;主张学习创造性,布鲁纳提倡的发现学习论强调学生学习的灵活性、主动性和发现性。要求学生自己观察、探索和实验,发扬创造精神,独立思考,改组材料,自己发现知识、掌握原理原则,提倡探究性学习方法。还强调通过发现学习使学生开发智慧潜力,调节和强化学习动机,牢固掌握知识并形成创新的本领。

(二)认知主义学习理论在会展人才培养中的应用

1.突出学习者的主体作用

会展专业实践项目将不同兴趣、不同班级,甚至不同年级学生集中在一起,成员之间相互交流、借鉴,充分发挥学生主体性;实践教学过程中以项目为载体,针对性、实践性、互动性强。项目涉及专业面较广,内容互相交叉、互相渗透,专业知识得以扩展、延伸和深化。项目成员能够更加主动地掌握本专业发展动态,具有较强综合实践能力。成员通过项目开发、校企交流等方式参与实践活动,使所学知识和技能能够面向企业和职场,积累宝贵的工作经验,学习目的更加明确,社会能力得到磨炼,就业后学生能很快融入企业,这些需要以学生主体性为前提。项目执行过程中采用学长制,实现高年级对低年级的传帮带,促进成员之间学习主体身份的认同,促进其责任意识和使命感提高。

2.重视学习环境的构建

认知主义学习理论强调主体在学习过程中主动且有选择地获取刺激并进行加工。学习者的知识水平、认知结构对学习有很大的影响。学习环境场所观认为,学习环境是学习者在追求学习目标和问题解决的活动中多样性工具、信息资源相互合作和支持的场所。会展项目场景正好为学习者提供良好的学习环境,新成员参与项目之前对其进行业务培训和综合表现考核,专业技术水平需要达到基本要求。另外,成员进入会展实践项目之后,会有考勤记录,需要参加学术沙龙活动,并总结所学知识。结合项目进程要求依据成员兴趣分配学习小组,高年级学院为学生创造了良好的学习环境。

3.强调学习的创造性

会展专业实践教学所依托的项目是在教师指导下由学生共同设计完成的,学生学习知识与技能的形式由被动接受转变为近距离交流与探讨。同时,学生通过实践发现问题、思考问题,有利于激发他们的强烈求知欲,培养其创造思维能力。会展实践项目的设计、开发过程中,学生有充分的自主权,不再被动地接受既成结论与事实,而是通过自己主动地探索、分析获取知识,有利于发挥学生的主体创造性。

二、建构主义学习理论

建构主义是行为主义发展到认知主义以后的进一步发展,由瑞士心理学家让·皮亚杰于1966年提出的,皮亚杰是当代建构主义的鼻祖,他坚持从内因和外因相互作用的观点来研究儿童的认知发展。认为儿童是在与周围环境相互作用的过程中,逐步建构起关于外部世界的知识,从而使自身认知结构得到发展。因此,他提出认识是以主体已有的知识和经验为基础的主动建构,这是建构主义观点的核心所在。

(一)建构主义学习理论内容

1. 建构主义的知识观

建构主义认为知识是人们对客观世界的一种解释、假设或假说,随着人们认识程度的深入而不断地变革、升华和改写,出现新的解释和假设。知识并不能绝对准确地概括世界的法则、提供对任何活动或问题解决都适用的方法,而是需要针对具体问题情境对原有知识进行再加工和再创造。任何知识在为个体接收之前,对个体来说没有什么意义,也无权威性可言,所以,教学不能把知识作为预先决定的东西教给学生,不要以教师对知识的理解方式作为让学生接收的理由,用社会性的权威压服学生。学生对知识的接收,只能由他自己建构完成,以他们自己的经验为背景分析知识的合理性。在学习过程中,学生不仅要理解新知识,而且要对新知识进行分析、检验和批判。

2. 建构主义的学习观

建构主义认为学习不是教师把知识简单地传递给学生,而是由学生自己建构知识的过程。学生不是简单被动地接收信息,而是主动地建构知识的意义,无法由他人来代替的。任何学科学习和理解都不像在白纸上画画,学习总要涉及学习者原有的认知结构,学习者总是以其自身经验来理解和建构新的知识和信息。即学习不是被动接收信息刺激,而是主动地建构意义,是根据自己经验背景,对外部信息进行主动选择、加工和处理,从而获得自己的理解。学习意义的获得是学习者以自己原有的知识经验为基础,对新信息重新认识和编码,建构自己的理解,建构主义者注重以原有的经验、心理结构和信念为基础来建构知识。

3.建构主义的教学观

建构主义认为教师不单是知识的呈现者,不是知识权威的象征,要重视学生自己对各种现象的理解,倾听他们的看法,思考他们想法的由来,并以此为据,引导学生丰富或调整自己的解释。教师的作用从传统传递知识的权威转变为学生学习的辅导者,成为学生学习的高级伙伴或合作者。教师是教学的引导者,并将监控学习和探索的责任由教师为主转向学生为主,最终使学生达到独立学习的程度。提倡情境性教学,学习者的知识是在特定情境下通过意义建构获得。教学要在与现实情景相类似的场景中进行,以解决学生在现实生活中遇到的问题为目标,因此,学习内容要选择真实性任务,不能对其做过于简单化的处理,使其远离现实的问题情境。教师并非将提前准备好的内容教给学生,而是在课堂上展示出与专家解决问题相类似的探索过程,提供解决问题的原型,引导学生探索。

(二)建构主义与项目驱动教学

项目驱动教学属于建构主义学派的一种方法,它将专业领域理论知识与实践相结合,以策划设计完成一项专业项目或完成一个作品为具体教学任务。依据学生所学专业、知识掌握情况和实践能力将学生分成若干项目组,每组3~5人,并通过共同探讨为项目组选择一个适合他们的专业项目,或各小组根据自身兴趣设计适合自己的项目。项目驱动教学有明确而具体的目标,涉及专业项目具有综合性,要求学生把已有理论知识、实践技能应用到项目完成过程中,从而将学习到的新知识、新技术应用到问题解决过程中,提升学生的专业综合实践及创新能力。学生学习任务结束时,由指导教师和学生共同对项目组成果进行评估。项目驱动教学让学生带着问题参与项目,这种方法倡导多学科融合,设计重点是让学生身处一个有意义的环境中,使其能够积极、主动地探索和解决问题。以建构主义理论为基础的项目教学,是以真实或模拟任务为起点,使学生运用各种内外部资源和亲身体验,在对选定项目的完成过程中获得知识和技能。重视实践,学生在对任务的实践过程中完成知识、态度及技能的获取。项目教学中强调的"实际"与"活动"正是杜威实用主义教学理论中所提倡的。会展专业人才培养围绕特定的会展项目展开,培养学生项目策划、营销、组织、运营和管理能力,强化项目沟通、协调等,利用建构主义学习理论的原理,指导会展专业项目驱动实践教学模式,培养高质量会展专业人才。

三、职业能力理论

职业能力是个体从事某种职业的多种能力的综合,是学生经过系统的职业教育学习过程后,所构建的适应其自身职业发展的综合能力,具体包括特定岗位所具备岗位专业能力、职业基本素质、职业发展潜能等有机整合的综合能力。

职业能力理论强调以先进的科学理念和教学思想为主导,以从业者职业价值最大化为宗旨,采用科学的职业能力培养模式,突出实践教学重要地位,注重提高和发展个体的职业综合能力,实现人力资源最优化配置,满足社会经济对高素质人才需要。职业能力理论是能力本位教育理论在新时期的进一步完善,具有较强实践价值和理论意义,有利于指导会展专业等具有实践性特征的人才培养。

以职业能力理论为指导制定的人才培养模式,是以科学理念为核心,以职业能力发展为主导的新型人才培养模式,强调实践教学对职业能力发展的重要作用,以培养从业者的一般能力、关键能力和综合能力为着力点,通过实践教学,培养学生职业综合能力和综合素质。在科学理念的指导下,该理论强调一般能力训练和培养,注重基础能力、专项能力、业务能力及其他能力的综合提高和发展;针对职业所需要的关键能力,突出强调培养从业者的资源整合能力、组织协调能力、应对风险能力、发现和解决问题的能力等;培养学生综合能力环节,强调学生基础能力、专项能力、业务能力、其他能力进行综合开发与训练,加强学生综合职业能力的培养,提高学生专业职业素养。职业能力理论是符合时代发展需要的创新理论,具有较强的时代意义和实践价值。基于职业能力理论的人才培养模式如图 2-1 所示。

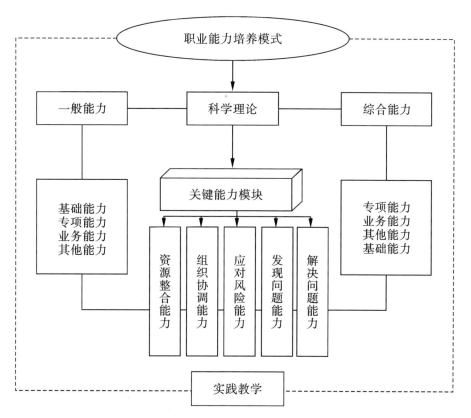

图 2-1　职业能力培养模式

四、同伴教育理论

同伴教育是相互认同的社会关系主体,通过各种渠道分享信息、知识经验与观点,相互传递思想、情感和态度,一起探寻并解决某些社会生活问题或共同围绕某些项目开展研究,促进彼此形成健康向上、积极乐观的人生态度,不断增强彼此的思想道德意识和科学文化素养,进而让生命获得充分发展的一种教育方式。

（一）同伴教育的特征

1. 关系组建自主

不论年龄还是认知水平差异,只要是相互认同的人都可以结为同伴,即学生与学生同伴、教师与学生同伴、家长与学生同伴,甚至社会成员与学生之间均可成为同伴,这样组建同伴关系有利于将社会成员引进校园,也有利于促进学生走向社会。

2. 主客角色可变

同伴教育有利于打破以教师作为教育主体的状态,教育者可从同伴群体中选择"骨干分子",即将"实施客体"作为"实施主体";实施过程中,可根据教育需要随时变换教育角色,让同伴群体中有经验的人变成教育者,原教育者变成"实施客体";可引进同伴群体外的优秀人才,使其成为"实施主体"。主体和客体角色可根据需要灵活变换。

3. 教育内容多元

教学内容不再仅是书本知识,还包括社会信息、生活经验、科技知识、思想道德、情感态度等。同伴之间可交流对某部电影或电视节目的认识、对某本书或某句话的理解,也可探究某习题的解答、某项目的实施或对某个社会问题的看法等。

4. 实施方式灵活

同伴教育有利于打破传统的讲授式的学习组织方式,同伴可在线下一起学习、讨论、实践;可使用微博、微信、抖音等新媒体平台进行线上教与学。同伴教育既可开展集体教学,也可由学生自发组织、自由组合开展个性化学习。

(二)同伴教育与会展专业项目驱动实践教学

同伴教育围绕特定实践项目在"展示学习成果""评价学习成效""交流学习"的过程中得以实现。会展实践项目实施都是团队行为,参加学科竞赛、进行校企合作实践,不管是老师要求,还是根据兴趣一致,围绕问题组建学习小组进行同伴学习是最为适合的。项目小组根据解决问题的需要进行人员分工,并让每个人按照分工自主活动。再根据问题解决情况,各组选取代表进行汇报。同伴参与解决问题的过程及对问题解决情况进行汇报的过程均可视为同伴教育。项目驱动中同伴教育围绕特定的会展实践项目完成共学和共教,实现人才培养的目标。同伴教育可看作同伴之间的"互教",即同伴面对面直接向其他人阐述自己的认识、观点、做法，或者借助个人网络学习空间与移动终端参与学习过程。一是共同探讨事情因果。学生可向同伴阐述自己对事情的理解以及这种认识的"结果"，也可请同伴讲述自己的观点及其认识的"原因"；二是共同展示学习策略。在给同伴解答某一问题的过程中，学生可向同伴介绍自己解决这个问题的方法和学习策略，也可请同伴介绍自己解决问题的方法和策略；三是共同经历实施过程。和同伴一起经历项目的实施过程，所有同伴一起参与项目选择、内容分工、方法设计、实践过程、成果交流、问题修正等。

五、利益相关者理论

利益相关者理论是 20 世纪 60 年代发展起来的一种企业治理的理念。该理论认为任何公司的发展都离不开各种利益相关者的投入或参与，比如股东、政府、债权人、雇员、消费者、供应商，甚至社区居民，企业不仅要为股东利益服务，同时也要保护其他利益相关者的利益。美国学者罗索夫斯基最早将利益相关者理论引入高等教育领域，提出"大学拥有者"的概念，并将其分为四个层次：最重要群体、重要群体、部分拥有者和次要群体。这种群体划分一定程度上代表了高等教育所属的利益关系，对推动高等教育的有效治理发挥重要作用。

高校虽然不是企业，但其本身也承担着人才培养、社会服务、科学研究、文化传承的重要职能。高校经费的来源也是多种多样，包括学生、国家、社会、行业企业、校友等，因此高校是典型的利益相关者组织。高校的利益获得者比较复杂，校内主体有学生、教师、行政管理人员、后勤保障人员等；校外主体有学生家长、用人单位、教育行政管理部门、社区、区域社会等。从与利益的紧密关系来看，可将利益相关者划分为四层（图 2-2）：第一层是核心利益层，该层有学生、教师和学校行政人员；第二层为重要利益层，包括校友、财政拨款单位等；第三层为中间利益层，包括与学校有契约关系的当事人，如科研经费提供者、贷款提供者等；第四层为边缘利益层，包括当地社区和社会公众等。大学的利益相关者复杂多样，这与当代社会大学在社会中扮演着越来越重要的作用相关联，大学已经从当初的"师生共同体或者师生行会"演变为众多利益相关者共同拥有的社会机构,协调处理好各种利益相关者之间的关系,解决不同利益者的冲突,才更有利于大学完成社会责任。

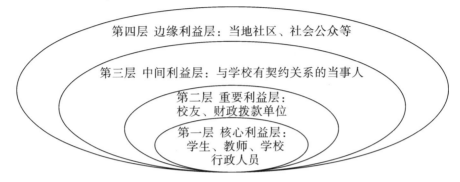

图2-2　高校利益相关者组织构成

第二节　多元项目驱动会展专业人才培养模式构建

一、多元项目驱动会展专业人才培养模式构建原则

(一)行业企业导向原则

2022年以来,会展业发展迅速。文旅融合会展、数字化会展、会展元宇宙等新业态、新技术层出不穷,会展策划师、会展营销师、会展职业经理人等高端会展人才需求迫切。高校会展专业人才培养的根本任务就是要培养具有较强实践能力和专业技能的学生,提高学生综合职业能力,缩短行业企业需求与学生职业能力之间差距,缓和会展教育供需错位、供求不平衡的矛盾,并实现会展专业人才的可持续发展。会展高等教育的快速发展,得益于行业发展的迫切需要。因此,依据会展专业的学科特点及本质要求,围绕各类会展项目和实践项目的会展应用型人才培养,要以会展行业企业需要为导向,关注会展行业对会展专业人才的新需求是构建会展专业应用型人才培养模式的必然要求。

（二）会展教育发展原则

会展人才培养模式构建要满足会展学科本身发展需要以及专业发展内在需求。各高校和专业都有其自身的发展特点，因此人才培养模式要突出高校和专业的优势，做到扬长避短，突出个性，同时考虑社会适应性问题。还应借鉴国内外经验，考虑会展学科的发展过程、发展规律和现阶段的特点，使会展学科更好发挥其主体作用。当前我国会展教育是会展专业人才培养最重要的组成部分。2015 年 10 月由教育部、国家发改委、财政部联合发布的《关于引导部分地方普通本科高校向应用型转变的指导意见》指出，高校把办学思路真正转到服务地方经济社会发展上来，转到产教融合校企合作上来，转到培养应用型技术技能型人才上来，转到增强学生就业创业能力上来，全面提高学校服务区域经济社会发展和创新驱动发展的能力。当前制定符合我国会展业和会展教育发展的新型人才培养模式成为新时代会展学科发展的要求。

（三）职业能力中心原则

项目驱动会展专业人才培养注重学生职业能力的发展，以职业能力为中心构建会展专业应用型人才培养模式。职业能力培养不同于职业技能的培养，其强调学生综合职业素质。会展专业具有较强的实践性和应用性，专业技能是专业人才培养的基本内容，现代会展业的发展要求专业人才要有较强的专业技能，还应具备一定理论水平和综合素质。会展高校宗旨和办学理念都应提高专业人才职业发展和综合素质。虽然各办学层次的培养目标有所差异，但会展专业学生应具备较强实践能力，掌握熟练专业技能同时提高自身的职业综合素质都是必需的。因此，培养具有较高综合职业能力的专业人才，是会展高等教育应完成的重要任务，建立会展专业应用型人才培养模式是提高会展专业人才综合职业能力的重要途径。

（四）社会文化需求原则

会展高校构建项目驱动人才培养模式时，要充分考虑区域经济文化特点，密切关注国际会展业的发展态势，建立以地区会展业发展为依托，以区域会展项目为载体，利用市场和企业，为区域会展市场培养高素质的应用型人才，这是构建项目驱动会展专业人才培养模式的基本出发点。教育为区域经济服务,人才培养的目的是为区域经济发展提供优质的人力资源。在会展专业应用型人才培养模式的构建过程中,要将区域文化内在特点与人才培养模式实施具体内容及策略进行整合,在课程设置、实践教学、毕业论文选题等方面凸显区域特色,做到服务地方经济发展的人才培养定位。实施过程中需要各地区会展高校、会展行业企业主管部门,结合区域经济特点和区域会展市场发展需要,灵活运用并采取恰当的教育策略,培养高质量会展专业人才。

二、多元项目驱动会展专业人才培养模式构建目标

培养什么人是教育必须解决的首要问题,关乎国家和民族发展的前途和方向。会展专业人才培养模式的构建目标就是培养什么样人才的问题。会展专业人才具有较强的实践性、综合性、创新性、适应性,因此,专业人才培养模式应以培养具有较好实践能力和较高职业素质的综合性应用型人才为最终目标,使专业人才能够适应会展业发展的新需求,适应会展企业岗位需求,缓解会展业的人才供求矛盾,同时实现学生职业生涯规划和职业发展,促进会展业可持续发展。因此,会展人才培养模式的培养目标:培养适应现代会展业发展的需要,具备较高的现代管理理论素养和系统的会展项目管理知识,具有一定的人文素质、国际视野、创新意识、创业精神、实践能力和社会责任,能在各类会展政府部门及其相关企事业单位从事经营、管理、策划、咨询、服务教学、科研等工作的应用型人才。

三、多元项目驱动会展专业人才培养项目资源库

从活动管理角度出发,结合会展专业和高校学院实际情况,项目驱动应用型本科会展专业的项目获取应该是多元的,从课程到专业、从学院到学校、从校内到校外、从教学到科研、从虚拟到实体等角度出发,形成认知性学习、实体性参与、模拟性参赛、自主性创新、学术性研究等多种项目,全方位构建专业人才培养项目资源库。会展经济与管理专业人才培养项目资源库如表2-1所示。

表2-1　会展经济与管理专业人才培养项目资源库

项目类别	项目内容(部分)	学生角色
认知性学习项目	课堂案例认知项目、行业实践认知项目、日常活动认知项目	学习、体验
实体性参与项目	团学活动参与项目、第二课堂体验项目、校企合作体验项目	体验、参与
模拟性参赛项目	仿真模拟参与项目、模拟公司运营项目、学科竞赛参与项目	参与、策划
自主性创新项目	校园展会自主项目、团学活动创新项目、专业综合创意项目	策划、组织
学术性研究项目	教师科研训练项目、学年论文训练项目、毕业论文设计项目	参与、研发

(一)认知性学习项目

根据认知学习理论相关研究成果,认知性学习是学生对会展项目的初步感知和学习。大一、大二年级阶段,学生对会展行业和项目认识不足,教师需从不同层面设置项目认知课程和实践环节,使学生在认知学习过程中增加对行业和项目的感受,建立职业自信,具体包括课内认知、日常认知和行业认知等。课内认知渗透在会展概论、活动管理等专业基础课中,通过案例分析、课堂思辨、项目展示等多种形式,让学生对各类会展项目有初步认识;日常认知是将所在城市或者校园内的各类会议论坛、展览展示、节庆赛事、演出演艺、商业庆典等纳入会展项目范畴,引导学生树立"大会展"理念;行业认知是通过具体区域会展行业调研,使其对会展项目和城市自然、人文、经济、产业等要素的关联具有整体认知,强化学生对会展行业和会展项目的系统认知。

(二)实体性参与项目

实体性参与项目是在认知性学习的基础上,学生直接参与到校内外项目运作中,获取对会展项目的真实感知,直接转化为能力提升的有效载体。传统高校依赖课堂实现育人功能,当前还需要通过学生参与课外活动培养其合作、沟通能力,在组织团队中培养其领导力、价值观和自我管理能力等。一是班会、运动会、校园文化节、演讲大赛、人才招聘会等,这些活动均属会展项目的范畴,专业教师可与辅导员对接,对班会、团会进行精心策划和组织,使其成为学生专业项目分享交流学习的高效平台;二是要求学生积极参与学校、学院组织的教学、学术等活动,用会展专业理论知识,从会展专业的角度审视活动经验与教训;三是学生以观摩者、志愿者的身份直接参与活动项目运作,从组展商、参展商、服务商、政府和媒体等角度审视会展项目本质,感悟会展项目魅力,增强对会展行业的整体认知。

(三)模拟性参赛项目

模拟性参赛项目是在理论学习和经验感知基础上,学生对会展项目市场调研、立项策划、宣传推广、组织运营、现场服务、会后评估等项目流程和企业管理过程中进行仿真模拟,在教师指导下参加大学生创新创业大赛、各类会展学科竞赛等,验证其对项目模拟仿真实效。仿真模拟项目是教师给学生提供一个真实行业市场竞争环境,学生团队在该环境中组建项目团队、模拟会展企业运营环境,通过市场调研、项目策划、招展与招商策划、风险预估、财务预算等环节,完成实训项目预期目标。具有模拟公司性质的会展工作室是进行模拟仿真项目最佳平台,会展工作室可入驻学校创业孵化园,按照公司项目运作,学生模拟开展公司相关业务,并逐渐向实体业务转变,诸如承办学院演讲大赛、文化艺术节、校园实体展会等。学校应给学生提供更多机会,引导学生积极参与国家、省市、学校等各类学科竞赛,赛教融合,专业教学贴近行业实际,激发学生的成就感和自信心。

(四)自主性创新项目

自主性创新项目是对模拟参赛性项目的具体实施,学生开展的具有完全自主性的创新性项目,学生作为活动项目的策划者、组织运营者,在教师引导下完全主导项目进程,诸如校园实体展会、学生创意团学活动等。校园实体展会是当前诸多高校会展专业进行实践教学选用的方式,其最大特点是可满足学生会展项目的全程参与。虽然活动在校内,但招展招商、宣传推广等诸多环节已远超校园范围,对学生综合素养的提升发挥重要作用。除校园实体展会之外,学生创意团学活动中的演讲大赛、文化艺术节、足球赛、专业策划大赛等均属会展项目范畴,完全可放手交给会展专业学生举办,让学生从低年级的参与角色转向高年级的主导角色。另外,还可依托课程举办婚庆秀、端午文化节、中秋诗话等富有文化创意的活动,这些活动虽小,但五脏俱全,其实施可为大学生创新创业奠定良好基础。

（五）学术性研究项目

应用型人才培养也需要具备一定的学术研究能力,对会展专业学生而言,亦可通过项目驱动提升其科研能力。一是选择部分优秀本科生参与教师科研项目市场调研、资料搜集、数据分析等环节,培养其科研意识,掌握科学研究方法;二是专业课程考核和阶段性考查上,鼓励教师采用开放性小论文考核方式,建议学生结合课程、结合行业、结合时事撰写符合学术规范的学术论文,以形成科学研究习惯;三是依托学校科学研究平台,承接政府、行业协会和企业纵向、横向研究项目,学生作为助教身份参与其中;四是本科毕业论文应抛弃纯理论的大而空专业选题,应贴近行业、接近专业、接近时事、贴近区域、贴近学生实际进行选题,解决行业企业真实问题,考虑和行业企业、地方政府对接选题,将毕业设计能否得到行业企业、地方政府部门认可作为论文答辩是否通过的重要依据。

四、多元项目驱动会展专业人才培养模式内涵

基于应用型本科高校人才培养要求,结合会展行业特点和人才需求,会展专业人才培养需以一定的教育理论和思想为指导,以培养应用型会展人才为目标,渗透 OBE 理念,以会展项目运营能力培养为主导构建会展专业课程体系,注重理论和实践教学相结合,培养适应会展行业需求的专业人才,将不同类型实践教学项目融入培养目标、课程体系、教学方法、实践平台、评价机制等全过程(图2-3),通过项目运营和实践教学,发挥多元性项目专业属性的内在逻辑和实践教学的外在张力,提升学生专业实践能力和综合素养。

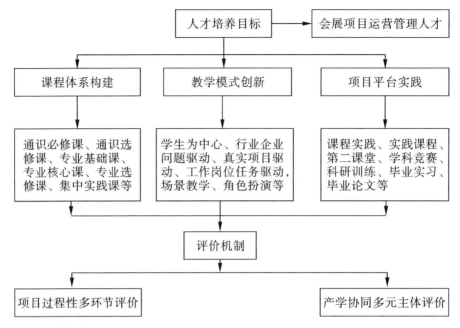

图2-3　多元项目驱动会展专业人才培养模式框架

(一)明确人才培养目标

明确人才培养目标是人才培养实践活动的起点和归宿,处于核心地位。应用型本科需针对生产实践一线培养应用型、技能型人才,强调"知行合一",重在"学以致用",完全区别于纯理论研究的学术型人才培养和"职业化"的纯技术人才培养。从服务行业企业、服务区域经济发展的角度构建应用型本科人才培养目标,地方应用型会展本科院校人才培养应立足区域实际,围绕会展项目,培养适应现代会展经济发展需要,具有跨界思维、分享、合作意识,具备较强独立思考、协调沟通与创新能力,熟悉会展活动项目运作流程的中、高级会展项目管理人员。会展活动不能只局限于会议或展览,要从"大会展"的角度出发,将会议、展览、节庆、演艺、赛事、婚庆、文化活动、商务活动等渗透其中,关注各类不同活动项目的共性,着重培养学生活动项目的组织运营、资源整合与协调能力。

(二)构建课程体系

根据 OBE 理念,会展专业课程体系应基于行业企业工作岗位,结合高校实际和地方特色设置基础课、核心课、选修课、实践课、创新创业素质拓展课等课程模块,并将多元项目驱动理念渗透其中,构建会展专业课程体系。基础课为会展项目运营提供基础知识,包括经济学、管理学、财务管理、商务礼仪、会展概论等;核心课程根据各类会展项目流程,设置会展市场调研、会展项目策划、会展市场营销、会展接待服务等课程;选修课从"大会展"概念外延出发,结合会展行业发展前沿,设置会议、节事、婚庆、体育赛事、新媒体、数字会展等课程,拓展学生知识和项目层面的宽度;集中实践课注重学生综合实践能力提升,设置会展行业调研实践、会展策划综合实践、校园展会综合实践、创意活动综合实践、毕业实习等课程,并将企业项目顶岗实习和社会志愿服务渗透其中;创新创业和素质拓展课除开设创新思维、创业基础、职业生涯规划相关课程外,还引导学生参与大学生"挑战杯"、创新创业大赛、全国商业精英挑战赛会展创新创业实践大赛等,以赛促学。

（三）改革教学模式

　　基于会展专业毕业生综合实践能力不强,不能很快适应行业企业需求的人才培养现状,应用型本科改革创新教学模式,应结合各类会展企业和项目需求,打破传统课堂理论教学方式,将更多的会展活动项目引入课堂、引入实践教学环节,提高学生团队协作和资源整合能力。一是课堂教学中依托特定项目,提前安排任务,增设创意展示、热点论坛、出彩直播等环节,激发学生参与的主动性和积极性,实现"要我学到我要学""我学会到我会学"的转变。二是集中实践教学中围绕校企合作项目、校园展会项目、策划大赛项目等,让学生以不同的身份和角色参与其中,提升综合能力和素养。三是日常第二课堂活动中,可依托教师的教科研项目,引导学生关注地方特色资源和文化,走向行业企业进行市场调研,掌握一手资料,为开发专业实践和创新创业项目、结合行业一线进行毕业论文选题奠定基础,同时提升学生科学研究的能力;当前双线混合教学模式为项目驱动式的教学带来更多便利,可充分利用线上教学资源和优势,课堂上连线会展行业专家、会展项目经理、展商、专业观众等,现身说法,理论联系实际,提升学习效果。

（四）搭建项目平台

　　建立多元项目驱动会展专业人才培养模式需搭建适合项目高效运作和

学生综合能力提升的实践项目平台。一是依托专业建设模拟公司性质的会展工作室,在教师指导下学生自主进行组织架构的设计和分工实施,按照公司模式运作虚拟和实体的由学生自主创新的会展项目,让学生在角色体验和项目参与过程中提升综合能力;二是筛选地方行业优势项目,联合行业协会和重点会展企业成立会展项目研发中心,在企业和教师指导下学生充分参与实体会展项目调研立项、市场推广、招展招商、现场服务、后期评估等环节,提升学生综合项目实践能力的同时,解决行业企业运营过程中的难题;三是学校和学院依托地方优势产业成立学术研究机构,如地方会展经济研究、节事文化研究等,通过教师承接行业企业纵向、横向项目,学生参与项目调研、数据收集等项目环节,提升其行业认知和科学研究能力。

（五）完善评价机制

人才培养评价必须是综合的、系统的、动态和多元的,需建立起学校、学院、教师、行业企业、项目团队、学生个体等多方评价机制,以提高评价的有效性和针对性。一是学校和学院负责对人才培养定位、过程和培养方法的评价,通过校级督导的形式使其符合现代教育理念和行业发展需求;二是教师评价体现在学生参与理论学习和项目运作后知识掌握、能力和素质的提升情况,含课程考试、项目实践效果和活动参与情况等;三是项目团队和学生评价注重团队力量发挥和学生自我参与机制,体现在团队成员之间的互评和学生自我评价;四是人才培养最终目的是要得到行业企业认可,行业企业评价体现出学生实际参与项目运作的效果,含日常企业短期顶岗实习、毕业实习和就业后的跟踪调查等,从行业适应能力和就业竞争力进行评价,力求最终达到企业从业人员素质要求。

第三节 项目驱动会展专业人才
培养模式构建因素

一、培养目标

(一)知识目标

知识目标是人才培养的基本目标,基于会展行业的综合性特点,会展专业人才需要掌握经济、管理、策划、营销、艺术、外语、法律等多方面的知识,属于"通才"型人才,其知识结构包括通识知识、专业基础知识、专业技能知识及其专业相关知识。通识知识是各专业学生均需掌握的基本理论知识,如政治理论、语言基础、计算机基础等;专业基础知识是会展专业学生需要学习的专业知识内容,如旅游学基础知识、会展概论基础知识、管理学基础知识、经济学基础知识等;会展专业技能知识包括会展策划、会展营销、展示设计、会展服务等基本专业技能知识。相应知识目标的确立为会展专业课程设置奠定基础,课程知识目标服务于专业知识的总目标。

(二)能力目标

能力目标是衡量会展专业人才培养质量的关键要素,包括实践能力及职业综合能力。实践能力是会展专业学生需要掌握的专业基本技能,如市场调研、会展创意、宣传推广、现场服务技能、文案撰写等。这些能力培养需要通过课程实践或实践课程获取;职业能力培养更侧重学生专业素养和综合能力,包括资源整合、团队协作、组织管理、沟通交际、自主学习等能力,需要学生在具体实践项目体验和实施经历中获取。会展专业人才培养模式能力目标的确立需要以知识目标为基础,以人才的职业能力需求为导向,使高校在完成专业技能培养的基础上,强化会展专业人才职业综合能力培养。

(三)情感和素质目标

情感目标是培养学生的职业情结,学生对自己所学专业的认同感和自豪感。人才培养过程中,需要利用各类会展项目和实践活动,关注学生情感诉求,帮助学生消除职业困惑,激发学生对专业学习的热情和兴趣,建立职业自豪感,从而有利于学生扎根会展行业,促进学生职业长远发展。

根据会展行业人才需求的素质要求,会展专业人才培养素质目标包括思想政治素质、专业素质、职业素质及身心素质等方面。思想政治素质就是要通过思政课程、课程思政的渗透培养学生正确的人生观、世界观和价值观,使其拥有理想信念,具有良好品质;专业素质要让学生掌握会展专业的知识并具有娴熟会展专业技能;职业素质包括职业道德、敬业精神,具有会展行业从业人员应该具备的组织协调能力、危机处理能力等;身心素质主要是指身体健康、人格健全和心理健康。

二、课程设置

课程是教学的基本组成单元,也是实现教学任务的载体,课程设置一直是人才培养模式的关键组成部分。随着社会经济的发展,会展新技术、新媒体和新业态层出不穷,对会展从业人员的素质要求也在不断改变,具体的人才培养模式课程设置也在紧密结合行业企业的需求更新和改进。课程设置是会展专业人才培养模式构建的基础,学生需要通过具体会展相关课程内容的学习和实践,掌握专业知识、强化专业技能、拓展专业思维、提高职业素质,从而实现从"会展人"到"会展人才"的转变。因此,培养会展专业人才的基础是设置科学的课程内容,需要构建专业完善的课程体系,并将课程体系的实施贯穿整个人才培养模式中,从而保证会展专业的人才培养质量。

三、教学方式

会展专业具有较强的应用性和实践性,人才培养需要更为灵活的教学方式,需要结合行业发展要求,突破传统讲授法为主导的方式,依托各类会展项目和实践活动,渗透案例、任务驱动、项目驱动、情景角色等教学方法,发挥学生主导作用,以学生为中心,激发学生主动参与课程学习的积极性和主动性,实现学生综合能力的提升和发展。教学方法的选择与时俱进,将对分课堂、翻转课堂等教学新理念和新技术融入应用型人才培养模式中。应用型会展专业人才的培养要依托项目,以培养学生综合职业能力为目标,通过多元化的教学方法,创新运用信息技术手段,不断提高教育教学水平,激发学生自主学习的兴趣,促进专业人才培养目标的实现。

四、师资队伍

师资队伍建设直接影响人才培养的质量,会展专业人才培养需要一支素质过硬、结构合理,具有较高理论水平和丰富实践经验的优秀教师队伍。以"内培外引、双轮驱动"为原则,加强会展专业人才培养师资队伍建设可从以下几方面入手:一是鼓励青年教师继续深造,提高学历层次,选派专业骨干青年教师到国外著名大学攻读硕士、博士学位;二是鼓励教师积极参加国内外会展学科学术交流,及时掌握国内外会展行业最新研究成果和发展动态;三是强化校企合作,创造条件选派优秀教师到企业挂职锻炼,建立教师定期轮岗制度,通过教师到企业参与实体项目运作,开阔视野、增长见识、积累经验;四是采取多种途径和政策积极引进高层次人才,聘请兄弟院校、行业企业著名专家教授作为客座教授和专业顾问;五是制定相关资助和扶持政策,进行"传帮带"活动,重视青年教师帮扶工作。

五、实践教学

会展专业人才培养需要构建完善的专业实践教学体系,拥有较强实践经验的师资队伍、设置科学合理的实践教学课程、建立完善的实践教学基地和实践教学保障机制。大一进行专业认知体验的实践活动,邀请行业老总、优秀毕业生返校分享行业心得,带领学生参观会展中心、艺术中心等场馆,引导学生走进会展企业,企业负责人现场说法,介绍公司业务和岗位需求,带领学生走进展会现场,感悟展会的各个利益相关者;大二进行项目组织能力培养和策划营销综合实践,依托会展策划、会展营销等专业课程,选定特定的会展项目进行市场调研,撰写会展项目立项策划书、宣传推广方案等,提升学生职业综合能力;大三进行项目服务、管理能力培养和企业组织管理实践,组建专业模拟公司会展工作室,从公司运营的角度举办校园实体展会,从项目市场调研、项目立项、项目宣传推广、招展招商等,到项目现场组织管理、后勤服务等,全程在教师指导下学生自主运作,提升学生综合实践能力;大四进行展会项目评估能力培养和毕业实习实践,可对校园实体展会实践进行全方位的评估,就展会相关活动举办进行创意设计,培养学生综合分析问题与解决问题的能力。同时依托毕业实习和毕业论文写作,学生直接走进会展企业参与岗位角色的实践,解决行业企业真实问题。

六、保障机制

人才培养模式各要素和环节中,需要科学有效的人才培养评价机制,保障应用型专业人才的提升水平和质量。要明确教学管理的流程,完善教学监控内容,包括教学条件、教学内容和教学结果三个方面。教学条件是提高教学质量的基础,可借助多媒体教室、图书馆、运动场、校内实验室、校外实践教学基地等硬件,师资、人才培养定位、人才培养方案、教学计划、课程设置等软件确保教学质量;教学内容由教师的"教"、学生的"学"组成,具体表现在对教师的备课方案、教学计划、教学内容、教学方法、教学改革、作业布置等教学行为规范进行监控,提高教学质量。对学生课前预习、课堂学习、课后复习、作业完成、实践教学参与等进行监控,形成良好的学风,确保学习效果。教学结果监控是指毕业生社会评价、实习单位对学生的评价、创新创业方面的成效、资格证书的获取、毕业论文质量等进行监控,确保高校人才培养和社会的契合度。要贯彻自上而下的多级教学质量监控机制,强化校级教学规章制度的执行和监督,注重学院教学规章制度的建设,教研室是组织教学安排、教学研究和教学过程监控的基本单位,可结合会展专业实际,改进课程体系,调整教学内容,师资、教材建设等,对教学进度、教学计划等加以监督和调控。

第四节　多元项目驱动会展专业人才培养方案设计

专业人才培养方案是开展人才培养工作和实现人才培养目标的纲领性文件,是实现高校人才培养目标的总体设计和根本性指导文件,是组织和评价专业教学环节的基本依据,包含专业名称与代码、专业简介、培养目标、毕业要求、学制与学位、主干学科、课程体系、教学进程安排等基本要素。地方应用型本科高校应当主动对接地方经济社会发展需要,从院校自身实际情况出发,及时修订和完善会展专业人才培养方案中的培养目标、毕业要求、课程体系等核心要素,以期为社会培育具有良好职业素养和能力的应用型专业人才。本节以河南牧业经济学院会展经济与管理专业人才培养方案制定为蓝本,围绕多元项目驱动,从方案制定、专业定位与培养目标、毕业要求与条件、课程体系等方面阐述相关内容。

一、会展专业人才培养方案制定的基本原则

(一)立德树人,全面发展

围绕"培养什么人、怎样培养人、为谁培养人"的根本问题,坚持把"立德树人"作为根本任务,依托各类会展项目,发挥课堂教学的主渠道作用,充分挖掘各类课程所蕴含的思想政治教育元素和承载的教育功能,专业课程与思想政治理论课同向同行、协同育人,推动以"课程思政"为目标的课堂教学改革。提升经济、管理、旅游、会展等社会科学基本素养,注重身心、德能、知行全面协调发展,培养德智体美劳全面发展的社会主义建设者和接班人。

(二)服务需求,严格对标

会展专业服务国家、地方会展经济发展、搭建会展平台,要紧密结合会展行业发展对会展专业人才的需求,依据《旅游管理类教学质量国家标准》和《普通高等学校本科专业目录(2023年)》等规范要求,结合学校总体定位

制定专业人才培养方案。确保社会需求与培养目标、培养目标与毕业要求、毕业要求与课程体系之间具有良好的对应关系,提高人才培养的社会适应度。渗透新文科建设内涵,依托"会展+",把现代信息技术融入会展策划、会展营销、会展管理、会展服务等专业相关课程,为学生提供综合性的跨学科学习,达到知识扩展和创新思维的培养,体现学科专业发展前沿。

(三)学生中心,成果导向

贯彻 OBE 理念,通过全面深入的行业企业调查研究,以校企共同设定的培养目标作为起点和归宿,设计能有效支撑培养目标实现的毕业要求;按照反向设计、正向实施的原则,制定毕业要求与课程关联矩阵,将毕业要求落实到具体课程,通过实施课程教学大纲形成有效课程教学,实现课程学习成果,支撑毕业要求达成。尊重学生个性发展,增加会展相关选修课程和实践教学环节,合理安排教学计划,为学生自主选择、自主学习和多元化发展留出足够的时间与空间。

(四)整体优化,突出特色

根据培养目标及毕业要求,系统优化理论教学和实践教学体系、通识教育和专业教育体系,明确每门课程或教学环节在目标达成、能力培养以及育人方面的作用,结合学校牧工商一体化定位和专业特色优势,选用商贸会展、乡村节事、文化演艺、智慧会展等选修模块,采用模块化的处理方法,使同类课程紧密结合,避免分类过细、脱节与重复,建立融会贯通、紧密结合、有机联系的课程体系。推进"分级教学、分流培养、项目驱动、定向就业",形成专业特色、打造专业亮点。

(五)能力本位,强化实践

强化通用能力和专业能力的协同培养,构建多层次、立体化、产学研互补的实践教学体系。明确会展专业实践教学要求,提高综合性、设计性、研究型实践环节开设比例,注重开发基于真实应用情境的项目、案例、问题等实践导向课程和综合性训练项目。将素质拓展和创新创业教育贯穿人才培养全过程,要求学生在校期间参加学科竞赛、创新创业、社会实践、课外活动项目的学习和训练,并将其纳入学分范畴。加强劳动教育,将劳动教育与专业教育相结合,注重提高学生劳动素质。

（六）深化改革，开放合作

会展专业面向会展产业需求，以学科前沿、产业和技术最新发展推动教学内容更新，设置综合课程、多视角解决问题的课程，推进在线开放课程建设与使用。完善优化教学模式、教学方法和考试方式，鼓励校企合作共建课程，探索"翻转课堂"和线上线下混合式教学，强化课后辅导，加强形成性考核，持续提升课堂教学的有效性。打通与政府、科研院所、企业、行业的合作通道，利用校内外各种优质资源，在人才培养的各环节实施产教融合、协同育人，推进教学科研基地共建共享。

二、项目驱动会展专业定位与培养目标

（一）专业定位

专业定位以高校办学定位为参照，结合社会需要、学院发展规划，为高校相关专业发展确定方向、目标、任务等而进行的一系列前瞻性战略构想和规划活动。专业定位是专业建设中的基础和顶层设计，大致涵盖专业建设规划、人才培养目标定位、与学校办学定位和专业结构布局的关系等方面内容。会展专业定位要以厚基础、强能力的素质教育和实践教育为宗旨，以具有良好的会展从业职业道德、专业心态和职业行为为操守，使学生掌握会展学科、企业运营、项目管理基础理论、专业知识和基本方法，培养能够利用会展相关理论、知识、方法分析和解决行业企业实际问题，适合会展业未来发展需求的复合型人才。会展专业定位要依据会展学科发展需求和会展行业企业需要，结合高校类别和总体人才培养定位，发挥高校在学科、区位、师资、传承、行业、团队等各方面的特长和优势，进行特色专业定位。河南牧业经济学院是河南省本科转型发展试点学校。学校秉承"区域性、行业性、开放型、应用型"办学总体定位，立足河南，面向行业，为服务地方经济和现代农牧业、食品加工业、商贸物流业等发展提供了强有力的人才支撑和智力支持。基于学校的基本办学定位，结合会展学科特点和行业企业人才需求确定会展经济与管理专业定位：立足中原、面向全国，培养会展理论基础扎实、实践能力突出，具有创新创业能力、跨界思维、分享合作意识，在政府部门及会展相关企事业单位从事活动策划、营销推广、展示设计、项目管理等岗位

工作,并具有一定科学研究能力的高素质应用型专门人才。

(二)培养目标

各级各类高校和专业要完成各自的任务,培养社会需要的合格人才,就要制定各自的培养目标。专业培养目标是专业人才培养方案的重要体现,是编制通识教育和专业教育课程教学体系、实践教学环节、创新创业教育等教学运行的前提。培养目标的确立要对接经济社会发展与人才需求,结合高校办学定位和培养适应区域经济社会和相关行业发展需要的高素质应用型人才的总体目标,坚持知识、能力和素质并重,精心凝练和科学制定能够体现本专业人才培养特色与优势的培养目标,对专业毕业生在毕业后5年左右能够达到的职业和专业成就进行总体描述,明确专业对应服务领域和可衡量的毕业要求。会展经济与管理专业隶属于旅游管理专业大类,《旅游管理类教学质量国家标准》对大类专业培养目标的表述为:培养掌握现代旅游管理基础理论、专门知识和专业技能,具有国际视野、管理能力、服务意识、创新精神,能够从事与旅游业相关的经营、管理、策划、规划、咨询、培训、教育等工作的应用型专业人才。不同高校的不同专业会根据学校层次、办学目标、所在区域、师资队伍、研究专长、服务面向等确定专业人才培养目标。作为地方应用型高校,河南牧业经济学院会展经济与管理专业的培养目标为:面向中原经济区经济社会发展需求,培养德智体美劳全面发展,适应现代会展经济发展需要,具有崇高理想信念和良好职业道德品质,掌握现代会展知识、理论与技能,熟悉会议、展览、节事等活动运作流程,理论基础扎实、实践能力突出,具有创新创业能力、跨界思维、分享合作意识,能够利用活动平台服务各类行业企业发展。

三、项目驱动会展专业毕业要求与条件

(一)毕业要求

毕业要求是专业学生毕业时应该达到的核心能力,也称为培养要求、培养规格等,是连接学校教学体系与外界需求的纽带。专业必须有明确、公开、可衡量的毕业要求,毕业要求应能支撑培养目标的达成,也是专业认证的重要指标。《旅游管理类教学质量国家标准》从素质、知识、专业能力、创

新创业四个方面阐述旅游管理类专业学生的培养要求。

1. 素质要求

具有优良的道德品质,具备正确的世界观、人生观和价值观;拥有良好的专业素养、团队协作精神、时代意识和国际视野;具备职业认同感、职业责任感和职业素养;身心健康,达到教育部规定的《国家学生体质健康标准》测试要求。

2. 知识要求

掌握哲学、法学、社会学、科学技术、语言文学、艺术、职业发展与教育培训等方面的通识性知识;系统掌握数理类、经管类、信息技术类等方面的基础理论知识与方法;熟练掌握管理学、经济学、市场营销、财务管理、旅游学概论、旅游接待业、旅游目的地管理、旅游消费者行为等旅游管理类专业理论知识与方法,鼓励掌握本学科的理论前沿及发展动态;了解旅游管理相关的法律法规和国际惯例。

3. 专业能力要求

具备获取和更新旅游管理相关知识的自我学习能力;具有将所学专业知识应用于实践的基本技能;具有旅游服务意识和管理能力;具备信息处理操作和应用的一般技能;熟练掌握一门外语并具备一定的听、说、读、写能力;具备专业文体的写作能力、较强的语言表达能力和沟通交流能力。

4. 创新创业要求

掌握创新创业活动所需要的基本知识;具备创新创业所需要的探索精神、创新意识和实践能力;了解行业环境、创业机会和创业风险;鼓励学生体验创业准备的各个环节,具备基本的创新创业素质。

各高校依据《旅游管理类教学质量国家标准》,结合专业的人才培养目标和专业特色,坚持知识、能力、素质协调发展,要求理论基础扎实以体现本科层次,实践能力突出以体现应用特色,综合素质高以体现高素质培养目标;具体描述需要学习的基本知识和基础理论、需要具备的专业实践工作方法与技能、需要掌握的专业基本能力。毕业要求应分解成明确精准、可落实、可衡量的若干指标(点),能有效支撑培养目标达成。

(二)毕业条件

毕业条件为专业学生在校期间应学习完成哪些课程、修够多少学分、获得什么资格证书等基本要求,以达到顺利毕业的条件。旅游管理类专业《旅游管理类教学质量国家标准》要求,会展经济与管理专业一般学制 4 年,规定各高校可以根据实际情况实行弹性学制(3~6 年);总学分 150 学分左右,建议学分控制在 140~160 分,各高校可根据实际情况制定课程学分和技能训练的基本要求,建立创新创业学分积累与转换制度。对完成培养方案规定的课程与学分的学生,考核合格,准予毕业。河南牧业经济学院会展经济与管理专业学生最低毕业学分为 161。其中通识教育必修课程 44 学分、选修课程 8 学分,学科基础课程 31 学分,专业必修课程 19 学分,专业选修课程 24 学分,集中实践环节 29 学分,课外创新创业 2 学分,素质拓展 4 学分。上海对外经贸大学作为中德合作的专业人才培养模式,其毕业要求的学分高达 178,其中必修课程 152 学分,选修课程 26 学分,实验和集中实践教学环节达到 45 个学分,要求学生完成中德双方大学培养方案规定的全部课程和学习任务,获得双方大学相应学分,才能准予毕业并获得毕业证书。根据奥斯纳布吕克应用技术大学的有关要求和规定,完成并通过中德合作会展经济与管理专业规定的所有课程的学习、专业实习及本科学位论文,并经德国合作方大学审查通过,才能获得德国合作方大学的学士学位证书。

四、项目驱动会展专业人才培养课程体系

课程建设是人才培养模式的重要组成部分,基于多元性项目驱动的会展专业人才培养模式需将各类项目融入课程体系和实践教学环节,利用案例、认知、参与、体验、创意、实施等,巩固学生专业理论,提升学生实践能力和综合职业能力。根据《旅游管理类教学质量国家标准》设置专业课程,形成旅游学概论、旅游目的地管理、旅游消费者行为、旅游接待业、会展概论、会展营销、会展策划与管理"4+3"专业核心课程体系。近年来,基于会展行业综合性特点,上海大学、福建商学院等高校相继设置会展专业,从传播学、艺术、数字设计等角度设置相关课程,凸显会展专业交叉的属性。课程体系是支撑毕业要求达成的基石,多元项目驱动会展专业人才培养模式课程体

系构建,应以行业发展人才需求为导向,培养具有职业综合素质的应用型人才,并将其贯穿人才培养模式的全过程,在课程目标、课程结构、课程内容、课程实施及其课程评价等方面建立起多维度立体化课程体系。

(一)课程目标

课程目标是课程本身要实现的具体目标,是期望学生通过课程学习后,在知识、能力、品德、体质等方面达到的程度,是课程体系的首要内容。相对于专业人才培养目标而言,其更加具体和明确。会展专业课程体系中课程目标应该与培养目标相符合,与会展业发展对会展人才的要求相接轨。新课程改革中提出的课程三维目标是知识与技能、过程与方法、情感态度与价值观。多元项目驱动会展专业人才培养模式课程体系培养目标需将活动项目观念融入主要课程学习和实践中,培养学生的学习能力、创新精神、分析与解决问题能力及其应变能力等,重在实现学生综合职业能力的提升和发展。以会展经济与管理专业核心课程"会展项目与管理"为例,其课程目标是依托特定会展项目,使学生掌握展会调研、立项分析、品牌塑造、后勤管理、招展招商、宣传推广、危机管理等基本知识,并将知识运用在展会项目策划和运营中,理论联系实际,提升学生市场调研和资源整合、沟通协调和活动运营、自主学习和团队协作能力,以德为先,培养学生创新意识、创业精神、职业素养和科学的价值观。

(二)课程结构

课程结构是课程各部分的配合和组织,规定了构成课程体系的学科门类,以及各学科内容的比例关系、必修课与选修课、分科课程与综合课程的搭配等,体现课程理念和课程设置的价值取向。课程知识构成是课程结构的核心问题,课程形态结构是课程结构的骨架。设置合理的课程结构是课程实施顺利开展的依据。旅游管理类专业《旅游管理类教学质量国家标准》规定的课程体系包括通识课程、基础课程、专业课程三大模块。通识课程模块包括公共必修课程、素质教育课程;基础课程模块包括数理类、经管类、信息技术类课程等;专业课程模块包括必修课程、选修课程、实践课程。河南牧业经济学院按照"通识教育课程+学科基础课程+专业课程+实践教学"四大平台构建课程体系(表2-2、表2-3、表2-4、表2-5)。通识教育课程分为通识教育必修和通识教育选修课程两类,同时必修按照《旅游管理类教学质量国家标准》开设,通识教育选修课程在全校开设的选修课中选择不同类别、不同学时要求课程,完成学习任务;专业必修课结合《旅游管理类教学质量国家标准》和专业行业需求开设;专业选修课划分为专业模块选修课、专业限选、专业任选课等,模块选修根据行业发展和就业趋向设置会展管理和活动策划两个模块,限选课程为凸显学校牧工商一体化特色开设,任选课程基于学院、专业特色,结合学生实际情况和未来发展开设多门课程,供学生选择;实践教学平台分基础性、综合设计性、研究创新性实践教学三个层次,包括独立实验课程与课内实验、集中实践环节、创新创业、素质拓展四个部分。

表 2-2 会展经济与管理专业通识教育课程教学计划表

课程类别		课程代码	课程名称	学分	总学时	学时分配		考核方式	周学时	开课学期	备注
						理论	实践				
通识教育课程	必修	6133001	大学生职业发展与就业指导	1	16	8	8	考查	1	1	
		6121001	大学英语读写1	2	32	32	0	考试	2	1	
		6121002	大学英语视听说1	2	32	32	0	考查	2	1	
		6125007	体育1	1	32	0	32	考试	2	1	
		6122025	中国近现代史纲要	3	48	48	0	考试	3	1	
		6100822	军事理论	1	32	32	0	考查	2	1	
		6118008	沟通与写作	2	32	24	8	考查	2	2	
		6117003	大学信息技术	3	48	16	32	考试	3	2	
		6122036	思想道德与法治	3	48	40	8	考试	3	2	
		6130001	心理健康教育	2	32	16	16	考查	2	2	
		6121003	大学英语读写2	2	32	32	0	考试	2	2	
		6121004	大学英语视听说2	2	32	32	0	考查	2	2	
		6125008	体育2	1	32	0	32	考试	2	2	
		6122040	习近平新时代中国特色社会主义思想概论	3	48	40	8	考试	3	2	
		6122041	毛泽东思想和中国特色社会主义理论体系概论	3	48	48	0	考试	2	3	

续表2-2

课程类别		课程代码	课程名称	学分	总学时	学时分配		考核方式	周学时	开课学期	备注
						理论	实践				
通识教育课程	必修	6121005	大学英语3	2	32	32	0	考试	2	3	
		6133002	创业基础	2	32	16	16	考查	2	3	
		6125009	体育3	1	32	0	32	考试	2	3	
		6121006	大学英语4	2	32	32	0	考试	2	4	
		6125010	体育4	1	32	0	32	考试	2	4	
		6122039	马克思主义基本原理	3	48	40	8	考试	3	4	
		61FXQJX	形势与政策	2	64	64	0	考查	—	1—8	每学期8学时
			通识教育必修课程小计	44	816	584	232	—	—	—	
	选修		艺术教育类	2	32	32	0	考查	2		
			自然科学类	2	32	32	0	考查	2		
			人文社科类	2	32	32	0	考查	2		任选2学时
			创新创业类	2	32	32	0	考查	2		
			体育健康类	2	32	32	0	考查	2		
			通识教育选修课程小计	8	128	128	0	—	—	—	
			通识教育课程合计	52							

表2-3 会展经济与管理专业学科基础课程教学计划表

课程类别		课程代码	课程名称	学分	总学时	学时分配		考核方式	周学时	开课学期	备注
						理论	实践				
学科基础课程	必修	6123022	高等数学1	4	64	64	0	考试	4	1	
		6120007	旅游学概论	3	48	40	8	考试	3	1	
		6120231	学科导论	1	16	16	0	考查	1	1	
		6120232	管理学	3	48	48	0	考试	3	1	
		6123023	高等数学2	4	64	64	0	考试	4	2	
		6120123	人力资源管理	2	32	24	8	考查	2	2	
		6120076	商务礼仪	2	32	24	8	考查	2	2	
		6115022	微观经济学	3	48	48	0	考试	3	3	
		6120188	组织行为学	2	32	32	0	考试	2	3	
		6105503	会计理论	2	32	32	0	考查	2	3	
		6105103	财务管理学	2	32	32	0	考查	2	5	
		6115020	统计学	3	48	48	0	考查	3	5	
			学科基础课程小计	31	496	472	24	—	—	—	

表2-4 会展经济与管理专业专业课程教学计划表

课程类别	课程代码	课程名称	学分	总学时	学时分配 理论	学时分配 实践	考核方式	周学时	开课学期	备注
专业必修	6120013	会展概论	3	48	40	8	考试	3	1	
	6120172	旅游接待业	2	32	32	0	考查	2	2	
	6120005	旅游消费者行为	2	32	24	8	考查	2	3	
	6120173	会展项目策划与管理	3	48	48	0	考试	3	3	
	6120174	旅游目的地管理	2	32	32	0	考查	2	4	
	6120024	会展市场营销	3	48	40	8	考试	3	4	
	6120135	会展政策与法规	2	32	32	0	考查	2	5	
	6120160	会展行业前沿与论文写作	2	32	24	8	考查	2	6	
		专业必修课程小计	19	304	272	32	—	—	—	
专业选修	限选	6102900	动物疫病与人类健康	2	32	32	0	考查	2	5	限选2学分
		6101166	现代畜牧工程与工艺	2	32	32	0	考查	2	5	
		6116063	大数据技术导论	2	32	32	0	考查	2	5	限选2学分
		6116087	人工智能导论	2	32	32	0	考查	2	5	
	会展管理	6119100	展示设计	2	32	24	8	考查	2	3	两个模块任选一个模块，修完全部学分
		6120058	会展广告	2	32	24	8	考查	2	4	
		6120053	数字会展	2	32	24	8	考查	2	5	
		6120022	场馆运营管理	2	32	24	8	考查	2	5	
		6120118	会议管理	2	32	24	8	考查	2	6	
	活动策划	6120041	体育赛事管理	2	32	24	8	考查	2	3	
		6120034	节事活动策划与管理	2	32	24	8	考查	2	4	
		6120040	婚庆策划与管理	2	32	24	8	考查	2	5	
		6120144	主题公园运营	2	32	24	8	考查	2	5	
		6120245	创意活动综合展示	2	32	0	32	考查	2	6	
	任选	6123027	线性代数	3	48	48	0	考查	3	3	第3、4学期限选3学分 第5、6学期限选2学分
		6120129	旅游审美	1	16	16	0	考查	1	3	
		6120014	文化创意产业	2	32	24	8	考查	2	3	
		6109088	平面设计软件综合	2	32	16	16	考查	2	3	
		6120153	大美中原	2	32	32	0	考查	2	3	
		6123026	概率论与数理统计	3	48	48	0	考查	3	4	
		6120227	研学旅行概论	1	16	16	0	考查	1	4	
		6120161	人文地理学	2	32	32	0	考查	2	4	
		6120006	传播学概论	2	32	24	8	考查	2	4	
		6120011	旅游新媒体	2	32	24	8	考查	2	4	
		6120063	企业活动管理	2	32	24	8	考查	2	5	
		6120008	会展奖励旅游	2	32	24	8	考查	2	5	
		6120139	演艺理论与实务	2	32	24	8	考查	2	5	

续表2-4

课程类别		课程代码	课程名称	学分	总学时	学时分配		考核方式	周学时	开课学期	备注
						理论	实践				
专业选修	任选	6120134	职业情商与心理素质	2	32	32	0	考查	2	5	
		6120233	市场调研	2	32	24	8	考查	2	6	
		6120039	"三农"会展	2	32	32	0	考查	2	6	
		6120193	SPSS 数据分析	2	32	24	8	考查	2	6	
		6120230	行政职业能力基础	2	32	32	0	考查	2	6	
			专业选修课程小计	24	384	328	56	—	—	—	
			专业课程合计	43	688	600	88	—	—	—	

表2-5 集中实践环节、创新创业、素质拓展教学计划表

课程代码	课程名称	学分	周数	开设学期	承担单位	场所	备注
6100823	军事技能训练	1	2	1	武装部、旅游学院	校内	
6120121	会展行业调研实践	1	1	2	旅游学院	校内、外	
6120046	会展策划综合实践	1	1	3	旅游学院	校内、外	
6120225	会展营销综合实践	1	1	4	旅游学院	校内、外	
6120048	校园展会综合实践	1	1	5	旅游学院	校内、外	
6120226	生产实习	12	20	7	旅游学院	校外	
6120330	毕业实习	2	6	8	旅游学院	校外	
6120155	毕业论文(设计)	10	10	7—8	旅游学院	校内、外	
6120168	创新创业	2	—	1—8	旅游学院	校内、外	
6120169	素质拓展	4	—	1—8	旅游学院	校内、外	
	合计	35					

会展专业项目驱动人才培养模式课程体系强调课程结构的科学性和创新性,其构建按照由简单到复杂、由具体到综合的逻辑顺序展开。第一,在理论课和实践课的分配比例上,结合行业发展需要和人才培养目标要求,适当提高实践课程比例,同时要关注必修课与选修课、通识课和专业课进行合理的比例设置;第二,建立灵活的课程结构机制,结合专业特色、学生就业、社会需求尽可能多开设选修课程,给学生多元选择,侧重学生的综合能力的培养;第三,建立完善课程结构梯度。第一学年开设通识课和专业基础课,让学生对会展专业有基本了解;第二学年和第三学年,重点开设专业核心课

程,着重培养学生的实践操作技能,同时配合灵活的选课机制,增设创新特色课程;第四学年让学生开始专业毕业实习,为期应不少于半年,学生通过到会议公司、组展公司、搭建、场馆、主题公园等活动相关企事业单位顶岗实习,获得毕业实习学分,通过专业实习对行业企业有深刻的认知,并在此基础上发现问题,找到毕业论文的选题,完成理论学习和实践的有机结合。科学、创新、灵活的课程结构能体现由简到繁、由单一到多元的学习过程,也能体现学生学习—实践—再学习的反思性过程。通过学生系列专业课程学习,提高自身专业知识水平和实践能力,完善专业综合素质,实现会展专业应用型人才培养目标。

(三)课程内容

课程内容是课程结构的具体表现形式,是实现会展专业人才培养目标的重要载体。随着当前会展业态发展,会展人才培养模式课程内容呈现多层次、复合性的特点。课程内容应着重培养学生的实践能力、综合职业能力和创新精神,使学生通过系统理论知识和实践技能的学习,建立完善知识和技能框架,实现综合素质和能力的拓展。会展人才培养模式课程内容包括理论基础课程模块和实践课程模块,前者包括公共基础课程、学科基础课程、专业课程,实践课程包括专业集中实践课程、生产(毕业)实习、毕业论文等环节。

1.公共基础课程

公共基础课程包括必修和选修两类课程,必修课程包括思想政治、外语、沟通与写作、信息技术、体育与健康、就业创业、军事教育等七类课程,由学校根据中宣部、教育部等相关规定,结合学校实际,统一课时、统一安排。公共选修课程打破学科专业壁垒,体现学科交叉、文理融合、学校特色,把人文素质教育和科学素质教育融入人才培养全过程,以完善学生的知识结构,提高学生的综合素养,包括艺术审美、人文社科、自然科学、校本特色等类别的课程,通过学习建立良好的综合知识储备和文化底蕴。

2.学科基础课程

会展专业学科基础课程包括数学类、经管类、信息技术类等,参照《普通高等学校本科专业类教学质量国家标准》进行设置。该类课程开设在大一、大二年级,通过课程学习,奠定会展学科基础知识机构,拓展专业理论知识广度,提高专业综合知识储备,提升专业综合知识素质。除通用的专业基础课程外,该类课程中可设置"学科导论"或"专业导论"课程,帮助学生了解学科专业前沿、行业发展方向、职业发展规划以及专业知识结构。

3. 专业课程

专业课程包括专业必修课、专业选修课程。专业必修课程应着重培养学生专业知识和核心专业能力,应在分析专业岗位关键知识和能力需要的基础上,参照《旅游管理类教学质量国家标准》中核心课程和专业实验进行设置。其中专业必修课程让学生掌握专业学习的理论知识内容,培养学生需要具备的知识、能力和素质,是提升会展专业学生综合职业能力的关键环节,如旅游学概论、会展概论、会展营销、会展策划与管理等。高校课程设置的创新特色体现在专业选修课程的开设,包括专业限选课、专业模块选修、专业任选课等,为充分保障专业人才培养的知识、能力、素质水平,根据专业服务面向和特色凝练而开设的限选类课程,学生需在限选范围内选修规定课程,并取得规定的学分,各专业根据专业实际需要灵活设置。模块选修是指专业应围绕高校人才培养定位和就业方向,聚焦学生职业能力培养,按照就业岗位群或相关职业资格标准,设置2~3个专业方向模块课程,由学生选修一个模块,完成所选模块的全部课程。河南牧业经济学院会展专业设置会展管理和活动策划两个模块,从纵向和横向上拓展会展行业范畴,各模块开设5门课程支撑模块知识能力培养。

4. 实践课程

会展经济与管理专业具有较强的应用性和实践性,实践教学是专业教学体系的重要组成部分,是实现应用型人才培养目标的重要环节。以会展项目为主导,该模块包括课程实践环节、集中实践课程环节、生产(毕业)实习环节、毕业论文实践环节、学科竞赛创新创业环节等。实践课程开设贯穿大学四年全过程,学习形式采用多元项目驱动形式进行。第一,课程实践依托会展概论、会展策划、会展营销、会展企业管理等专业课程的核心理论内容设置实践内容,如会展活动形式认知、策划主题选择、会议摆台训练等,巩固理论知识,提升专业素养;第二,集中实践课程是指利用1~2周的时间,结合行业企业需求,依托特定项目强化学生专业技能的培养。如会展行业调研实践、会展策划综合实践、校园展会综合实践等,注重培养学生市场调研能力、会展策划文案撰写能力、实体会展运营能力等;第三,毕业实习环节利用校外实践教学基地,依托特定的企业实体项目进行3~6个月的专业实习,注重学生专业综合能力和素质的培养,并为论文写作及就业奠定基础;第四,毕业论文实践在毕业实习基础上以地方会展行业、会展企业、会展项目等为对象选题,进行调研、数据处理、分析,真题真做,发现问题,解决问题,提升综合职业能力;第五,学科竞赛创新创业实践,依托创新创业、"互联网+"、挑战杯、学科竞赛等各类赛事,结合特定的会展项目参赛,提升学生创新创业能力。

(四)课程实施

项目驱动会展专业课程实施,注重转变传统教学方法,突出学生主体地位,采用启发式、情景式、任务式等教学方法和手段,强化师生互动和学生自主思维能力培养;采用多元化现代教学手段和教学方式,利用多媒体、微课、慕课、翻转课堂,基于图文并茂、音视频俱佳的形式,适时与行业企业专家连线,呈现会展项目现场场景,增强学生对专业抽象知识的理解,提高课堂教学效果;引入团队微活动教学法,通过学生团队自主创意、策划设计项目场景、进行网络或者现场体验,发挥学生想象力、创造力、组织协调和沟通能力,提高综合职业素养;引导学生树立终身学习理念,使其掌握新技术、新理论和新方法,跟上时代步伐,适应社会发展需要。注重学生自主能力培养,完善会展教育课程体系,建立可持续发展的会展人才培养过程,提高学生职业发展能力。

(五)课程评价

课程评价是课程体系构建的重要组成部分,不同评价主体都需要建立完善的评价机制和考核机制。基于多元项目驱动的会展专业课程评价特色体现在两个方面:第一,基于OBE理念,以会展项目为引领,以会展工作室为依托,整合政府、企业、媒体、学校、专业、教师、学生团队等各方面力量,从项目认知、体验,到角色扮演、项目实操等,考评学生的学习效果。成立督导组、采取听评课考评机制,考核教师课程的实施情况,建立教师学生双轨道评价机制,产教融合构建全员、全程会展专业课程培养评价体系;第二,打破空间、时间和学科界限,整合课内课外、校内校外、专业行业等各类会展项目,从课程目标、课程体系、教学方法、实践教学、师资队伍、学科竞赛、毕业论文、创新创业等方面进行渗透,构建全方位会展专业课程评价体系。

第三章　课程实践教学项目

第一节　"会展概论"课程实践教学项目

一、课程介绍

　　"会展概论"是会展经济与管理专业的必修核心课程,系统地介绍会展业发展普遍规律和一般方法,具有专业性、系统性、时代性、实用性与前瞻性。通过课程学习,让学生掌握会展和会展行业基本概念、基本理论和基础知识,深化学生对会展专业的认识和理解,了解会展工作内容和一般流程,发挥专业引导和树立专业自信的作用和价值。课程开设在大一第一学期,课时安排为48学时,其中理论学时32个,实践学时16个。内容包括会展概念、类型、作用和价值;会展行业和会展经济的内涵和影响因素;国内外会展行业发展现状和发展趋势;会议活动要素和流程;展览活动内涵、要素、类型和基本工作流程;节事活动基本概念、类型和工作流程;奖励旅游概念、价值、内容和工作流程。该课程设计总体思路为"以工作任务为中心,以活动项目为主体",采用理论和实际案例相结合方式,通过学生分组参与项目调研、分析、讨论、体验、参与、执行和总结,深化学生对专业的认识,通过课程实践项目培养学生分析问题、解决问题的能力和素养。

二、课程目标

(一)知识目标

该课程是会展经济与管理专业的专业核心课程,涵盖的知识范围比较广。课程学习要求学生必须掌握会展行业必备的基础知识和相关理论,为以后学习其他会展方面的专业知识奠定基础;要求学生了解会展行业的理论前沿和发展动态,熟悉国内外会展及活动产业的发展态势,培养学生有意识关注会展行业动态变化以及未来发展趋势的良好学习习惯。

(二)能力目标

会展行业和相关行业联系广泛而密切。经过课程的学习,在会展基本理论、知识的基础上,能够理论联系实际,明确会展活动媒介、平台的作用和价值,具备会展从业人员应用型人才所必需的会展业管理技术标准、规则,并具有很好的会展管理和会展策划能力,授课过程中着力培养学生自主搜集、分析资料的学习能力,为以后的学习和发展奠定基础。

(三)素质目标

会展业属于服务行业,要求学生具备会展服务理念和团队合作精神,教学过程中着力培养学生正确的服务价值观,提升学生对客服务意识,团结协作精神,养成良好的职业道德和习惯;同时融入"爱国爱家乡""中华优秀传统文化教育""社会责任感和使命感""奉献精神"等"德育"教育,使学生成长为心系社会、有时代担当的专业人才。

三、课程实践项目

结合"会展概论"课程内容和学生心理特征,实践教学环节主要为认知性体验项目,安排在相关理论学习之后,采用案例和任务驱动形式,让学生通过具体资料的收集、分析、讨论、PPT 制作和展示,从而深化对相关内容的认知和理解,属于验证性或者设计性实践项目(表 3-1)。实践教学环节设置 4 次,每次实践教学环节为 4 学时。

表 3-1 "会展概论"课程实践项目一览表

序号	实践项目	内容提要	学时	类型
1	会议项目认知实践	选择特定国际会议项目,收集相关资料,制作 PPT,团队微活动形式汇报	4	验证性
2	展览项目认知实践	选择当地展览项目品牌,收集相关资料,制作 PPT,团队微活动形式汇报	4	验证性
3	节事项目认知实践	选择当地品牌节事活动项目,收集相关资料,制作 PPT,团队微活动形式汇报	4	验证性
4	奖励旅游项目实践	选择特定企业为其策划设计奖励旅游项目,制作方案、PPT 讲义,微活动形式展示	4	设计性

(一)会议项目认知实践

1. 实践目的

培养学生资料收集、数据案例分析、筛选的能力和素养;提升学生会议项目相关理论知识、方法和技能运用能力;培养学生团队协作意识、能力和基本素养;培养学生 PPT 制作、语言表达能力和素养;掌握会议项目的基本要素及其在具体会议项目中的体现。

2. 实践内容和要求

该实践项目要求学生分组选择一项国际会议,搜集相关资料,筛选内容制作 PPT 进行课堂展示,展示内容包括会议名称、会议地点、会议时间、会议形式、会议目的、会议主题、会议议题、会议组织者、会议参与者、会议的成果和价值等。时间安排上,资料搜集、PPT 制作为 2 学时,分组展示和评价 2 学时。

具体要求:学生分组,每组 3~5 人,成员要有明确的分工,相关成果要求是集体智慧的结晶;各组选择展示的会议项目需为常规举办的国际会议项目,鼓励选择曾在国内举办的会议项目(博鳌论坛、APEC 峰会、G20 峰会、中国达沃斯论坛等);PPT 制作不少于 20 页,要求图文并茂,字号、字体、颜色背景搭配合理;PPT展示时间为8~10分钟,鼓励从活动角度出发,适当选用音视频和展示道具,创新采用团体场景式展示形式;要求结合课程所学会议项目相关内容和团队选择具体项目进行内容安排,力求做到理论联系实际;PPT展示结束后,各组根据教师评价,充实优化展示内容,并上传课程学习通平台,各团队成员撰写提交实践报告,实践报告包括实践项目名称、时间、地点、所属课程、指导教师、实践目的、内容和要求,实践流程、感悟和收获等内容。

3.实施流程

实施流程:理论学习—实践安排—资料搜集—PPT制作—展示演练—课堂展示—教师评价—修改完善—平台上传—成绩评定。

(1)结合课程内容,在会议理论知识学习的基础上,专业教师讲解课程实践项目的内容、要求和实施流程。

(2)学生分组按照实践要求讨论选择实践项目,根据实践项目分工任务进行相关资料搜集、研讨和筛选。

(3)根据收集、筛选的相关资料,制作PPT展示讲义,选题和PPT制作过程中专业教师需要全程跟进指导。

(4)根据实践项目选定的对象和PPT展示讲义相关内容设计展示方式,撰写展示义稿并进行团队演练。

(5)PPT课堂展示,注重团队协作。

(6)教师从实践项目选题、资料搜集提炼、PPT制作、语言展示、场景设置、时间控制等方面进行评价。

(7)学生团队根据授课教师评价和建议修改完善PPT讲义,上传学习通网络平台,并提交纸质版实践报告。

(8)教师根据PPT成果展示情况和实践报告进行成绩评定,并作为平时成绩的重要组成部分计入课程综合评价。

(二)展览项目认知实践

1.实践目的

通过该实践项目,培养学生资料收集、案例研究、信息筛选的能力和素养;提升学生展览项目相关理论知识、方法和技能运用能力;培养学生团队协作意识、能力和基本素养;培养学生 PPT 制作、语言表达、场景塑造能力和素养;掌握展览项目的基本要素及其在具体展览项目中的应用;了解所在城市展览项目资源和产业对接情况。

2. 实践内容和要求

该实践项目要求学生组建团队分组在本地(或本省域)选择一项品牌展览活动,搜集相关资料,筛选内容制作 PPT 进行课堂展示,展示内容包括展览会名称、时间、地点(含场馆)、活动组织者、参展商、专业观众、同期活动、展览举办条件和优势、展览价值体现等。时间安排上,资料搜集、PPT 制作为 2 学时,分组展示和评价为 2 学时。

具体要求:学生分组,每组人数 3～5 人,实践项目实施过程中要有明确的分工(资料搜集、PPT 制作、课堂展示等)和协作;实践项目对象选择和内容确定要求紧密结合课程所学展览会项目相关内容,力求做到理论联系实际;建议项目选择高校所在地固定举办三届以上的品牌展览项目(以郑州为例:郑州全国商品交易会、郑州汽车后市场博览会、郑州物流展、郑州国际汽车展、郑州国际糖酒会等),以便资料获取和调查;PPT 制作不少于 20 页,要求图文并茂,字号、字体、颜色背景搭配合理;PPT 展示时间为 8～10 分钟,鼓励学生从活动运营角度出发,基于任务驱动、角色扮演等创新展示方式,适当选用音视频和展示道具,营造展示场景;课堂展示结束后,根据教师评价,各团队充实优化展示内容,上传课程学习通平台,团队成员撰写提交实践报告。

3. 实施流程

实施流程:理论学习—实践安排—资料搜集—PPT 制作—展示演练—课堂展示—教师评价—修改完善—平台上传—成绩评定。

(1)在课程展览项目相关理论知识学习基础上,专业教师讲解课程实践项目的内容、要求和实施步骤。

(2)学生分组按照实践项目要求,团队讨论选择实践展览项目,根据实践任务分工进行相关资料搜集、研讨和筛选。

(3)根据收集的展览会的相关资料,制作 PPT 展示讲义,实践项目选题和 PPT 制作过程中专业教师需要全程跟进指导。

(4)根据实践项目对象和PPT展示讲义相关内容设计展示方式,营造展示场景,撰写展示文稿并进行演练。

(5)PPT课堂展示,注重团队协作。

(6)教师从选题、资料搜集提炼、PPT制作、语言展示、场景设置、时间控制等角度进行评价。

(7)学生团队根据教师评价和建议修改完善PPT讲义,上传学习通网络平台,并提交纸质版实践报告。

(8)教师根据PPT成果展示情况和实践报告进行成绩评定,并作为平时成绩的重要组成部分计入课程综合评价。

(三)节事项目认知实践

1.实践目的

通过课程学习,培养学生资料收集、案例研究、信息筛选的能力和素养;提升学生节事项目相关理论知识、方法和技能运用能力;培养学生团队协作意识、能力和基本素养;培养学生PPT制作、语言表达、场景塑造能力和素养;掌握节事项目基本要素及其在具体节事活动项目中的体现;了解所在地区节事项目现状及其和节事资源的衔接情况。

2.实践内容和要求

该实践项目要求学生分组在本省域范围内选择一项大型节事活动,搜集相关资料,制作PPT进行课堂展示,展示内容包括活动名称、时间、地点、活动组织者、活动参与对象、期间系列活动、节事活动依托载体、节事活动价值体现等。时间安排上,资料搜集、PPT制作2学时,课堂展示和评价为2学时。

具体要求:学生分组,每组3~5人,实践项目实施过程中要有明确的分工(资料搜集、PPT制作、课堂展示、场景策划等)和协作(最终展示方式和内容需要团队研讨决定);实践项目对象选择和内容确定要求紧密结合课程所学节事活动项目相关内容,力求做到理论联系实际;节事项目选择高校所在省域范围内(河南牧业经济学院所在的河南省,可供选择大型节事活动,如郑州少林武术节、信阳国际茶文化节、南阳玉雕文化节、三门峡黄河旅游节、商丘华商文化节、洛阳牡丹文化节、开封菊花文化节等)固定举办三届以上的品牌节事活动项目,以方便资料获取和调查;PPT 制作不少于 20 页,要求图文并茂,字号、字体、颜色背景搭配合理;PPT 展示时间为 8~10 分钟,鼓励从活动角度出发,基于任务驱动、角色扮演等创新展示方式,适当选用音视频和展示道具,营造展示场景;课堂展示结束后,教师进行评价,各团队进一步充实优化展示内容,并上传课程学习通平台,团队成员撰写并提交实践报告。

3. 实施流程

实施流程:理论学习—实践安排—资料搜集—PPT 制作—展示演练—课堂展示—教师评价—修改完善—平台上传—成绩评定。

(1)在课程节事活动项目理论知识学习的基础上,专业教师讲解课程实践项目的内容、要求和实施流程。

(2)学生分组按照实践项目要求,团队讨论选择实践节事活动项目,根据实践任务分工进行相关资料搜集、研讨和筛选。

(3)根据收集的节事活动项目相关资料,制作 PPT 展示讲义,实践项目选题和 PPT 制作过程中专业教师需要全程跟进指导。

(4)根据实践项目对象和 PPT 展示讲义相关内容设计展示方式,营造展示场景,撰写展示文稿并进行演练。

(5)PPT 课堂展示,注重团队协作。

(6)教师从活动选择、资料搜集提炼、PPT 制作、语言展示、场景设置、时间控制、活动效果等角度进行评价。

(7)学生团队根据教师评价和建议修改完善 PPT 讲义,上传学习通网络平台,并提交纸质版实践报告。

(8)教师根据 PPT 成果展示情况和实践报告进行成绩评定,并作为平时成绩的重要组成部分计入课程综合评价。

(四)奖励旅游项目实践

1. 实践目的

通过课程实践项目,提升学生奖励旅游项目理论知识、方法和技能运用能力;掌握奖励旅游项目基本要素及其在具体奖励旅游项目实践中的体现;培养学生团队协作意识、能力和基本素养;培养学生 PPT 制作、语言表达、场景塑造能力和素养;掌握奖励旅游项目策划的基本流程和注意事项;了解所在地区奖励旅游发展情况和奖励旅游资源禀赋。

2. 实践内容和要求

在奖励旅游的日程中,根据企业组织该活动的意图与宗旨,要安排如颁奖仪式、主题晚宴、先进事迹报告、企业发展战略研讨、工作计划讨论等会议活动,做到会、奖结合,因此奖励旅游是会展市场的重要组成部分。该实践项目要求学生分组完成,选择当地企业,结合企业特定需求,为其策划设计一次奖励旅游项目,撰写奖励旅游方案,制作 PPT 讲义,进行汇报。展示内容包括项目名称、奖励旅游项目目的、组织机构、参与人员选择、线路安排、活动设置、后勤保障、预算、危机管理和注意事项等。时间安排上,策划方案、PPT 制作为 2 学时,课堂展示和评价为 2 学时。

具体要求:学生分组,每组 3~5 人,实践项目实施过程中要有明确的分工(选题和资料收集、PPT 制作、课堂展示、场景策划等)和协作(选题、方案确定、场景展示等需要团队研讨共同决定);实践项目企业和目的地选择与内容安排要求紧密结合课程所学奖励旅游项目策划相关内容,力求做到理论联系实际;奖励旅游项目开展企业或者奖励旅游项目目的地尽量选择当地,以方便资料获取和调查;PPT 制作不少于 20 页,要求图文并茂,字号、字体、颜色背景搭配合理;PPT 展示时间为 8~10 分钟,鼓励从微活动运营角度出发,基于任务驱动、角色扮演等进行场景设置;课堂展示结束后,教师从企业和目的地选择、项目开展宗旨、线路设计和活动安排、人员选择等方面进行评价,各团队进一步充实优化展示内容,并上传课程学习通平台,撰写并提交实践报告。

3. 实施流程

实施流程:理论学习—实践安排—项目选择—资料搜集—PPT 制作—展示演练—课堂展示—教师评价—修改完善—平台上传—成绩评定。

(1)在课程奖励旅游项目理论知识学习的基础上,专业教师讲解课程实践项目的内容、要求和实施流程。

(2)学生分组按照实践项目要求,团队讨论选择奖励旅游开展企业和奖励旅游目的地,根据实践任务分工进行相关资料搜集、研讨和筛选。

（3）根据收集的奖励旅游实践项目相关资料,确定奖励旅游项目线路设计和活动安排,撰写策划方案。

（4）根据策划方案,制作 PPT 展示讲义,奖励旅游实践项目选题和 PPT 制作过程中专业教师需要全程跟进指导。

（5）根据实践项目企业需求和目的地实际以及 PPT 展示讲义相关内容设计展示方式,营造展示场景,撰写展示文稿并进行演练。

（6）PPT 课堂展示策划方案,过程中注重团队协作。

（7）专业教师评价,学生团队根据教师评价和建议修改完善 PPT 讲义,上传学习通网络平台,并提交纸质版实践报告。

（8）教师根据 PPT 成果展示情况和实践报告进行成绩评定,并作为平时成绩的重要组成部分计入课程综合评价。

第二节　"会展项目策划与管理"课程实践教学项目

一、课程介绍

该课程为会展经济与管理专业的专业核心课,课程基于商务策划的基本思想、原理、方法,围绕会展项目,对其立项策划、可行性分析、宣传推广策划、招展招商策划、现场管理策划、危机管理策划、活动进程策划、相关活动策划等内容进行讲授和实践,让学生掌握会展项目调研、策划、宣传推广、组织运营等基本理论和知识,并将其运用在展会项目策划和运营中,理论联系实际,提升创新思维、展会项目策划的能力和素养。该课程具有较强的实践性,在教学中,注重学生实践能力的培养和训练。教师根据会展项目策划、筹备、实施、收尾的具体流程设计课程教学内容和顺序,使每一个教学单元都能与具体能力训练目标对应起来,做到有的放矢。基于 OBE 理念,从项目运营角度确定课程教学内容和实践教学环节,课程总课时为 48 学时,其中理论课时 32 个,实践学时 16 个。理论授课内容包括会展项目立项策划、会展项目可行性分析、会展主题策划、会展品牌形象策划、会展商务服务方案策划、招展、招商与营销推广策划、会展现场服务与管理方案策划、会展附设活动策划、会展危机管理方案策划等。以项目工作流程为导向整合教学内容,建立课程系统教学理论框架,结合典型教学案例、课程见习、学科竞赛、校外短期顶岗实习、校园会展活动等,使真实的岗位工作内容与课程教学内容巧妙地融合起来,让学生在课堂内外都能够融入岗位情境,增强理论和实践之间的联系,便于知识掌握和能力培养。

二、课程目标

(一)知识目标

掌握策划和会展策划的基本原理、方法和技巧,明确展会项目策划的基本要素、基本流程、基本原理和发展趋势。掌握展会项目的立项策划、形象策划、后勤策划、招展策划、招商和宣传推广策划、现场策划、时间进程和危机管理策划、相关活动策划、线上会展活动策划、策划效果的评估等基本知识。

(二)能力日标

能够利用商务和会展策划的相关理论,进行展会项目的创意策划,依托特定资源,选定特定主题,撰写展前、展中、展后各种策划文案;能够有效地进行展会现场服务和会展客户关系管理;可以进行招商、招展的策划和实施;能根据不同的展会项目策划同期各类活动,培养学生市场调研和资源整合能力、沟通协调和活动项目运营能力。

(三)素质目标

在展会项目活动策划知识和理论掌握基础上,注重展会项目策划能力提升,培养学生的专业兴趣;通过项目活动运作,增强行业信心;通过展会项目职业角色体验,培养学生职业道德素质;让学生充分认识到会展活动在人们生活中的重要意义,明确美好生活的创造离不开丰富多彩的活动,树立学生正确的世界观、价值观和活动观。

三、课程实践项目

会展策划技能是会展从业人员应该具备的最基本能力和素养,也决定了该课程实际操作性较强的特点,传统的以教师为中心的授课方式不能满足课程的教学需求,需要转变教学模式,形成以学生为中心,突出实践操作的方式进行教学,对实践教学进行颠覆式创新和改革,提升学生的综合专业素质。课程实践环节承接课程相关理论内容,通过学生调研、策划、设计、撰写、制作和展示等,达到课程理论和实践相结合的目的(表3-2)。实践教学环节共4次,每次4课时,共16课时。

表3-2 "会展策划"课程实践项目一览表

序号	实践项目	内容提要	学时	类型
1	会展项目策划心智图绘制	围绕展览项目策划,选取特定关键词,分层级绘制会展项目策划心智图	4	设计性
2	展览项目立项SWOT分析	依托当地特色资源和产业,选择特定主体展览活动进行SWOT分析	4	验证性
3	会展项目观众邀请函制作	依托实践项目2选定的展览项目,利用H5形式针对观众制作观众邀请函	4	设计性
4	展会活动开幕式方案与实施	依托实践项目2选定的展览项目,撰写活动开幕式方案,并在课堂上演练部分环节	4	设计性

(一)会展项目策划心智图绘制

1.实践目的

通过会展项目策划心智图绘制,深化学生对"会展策划"课程内容的理解和掌握;让学生理解会展项目策划是一项系统工程,立项策划、后勤保障、招展招商、宣传推广、现场服务等各要素之间具有紧密联系;培养学生发散思维和联想思维能力;培养学生创新思维知识、方法和技能的运用能力。

2.实践内容和要求

该部分内容为课程创新思维方法的实践环节。会展项目策划是一项系统工程,从会展项目立项到招展招商,从宣传推广到后勤保障,各部分之间相互支撑、相互关联,可很好地利用心智图进行展现。该实践项目要求学生从展览项目策划为基点,进行发散思维,分级构建绘制会展项目策划的心智图。

具体要求:会展项目策划心智图的绘制至少分三级,分级越多,越能详细展示会展项目策划的具体要素和任务;要结合会展项目策划的具体任务设置要素和层级,注重关键词的选择,力求完整展现会展项目策划的系统性和条理性;鼓励采用手工绘制,A3 纸张大小,用彩色笔表示不同的分支要素,色彩是各种形式思想的最主要的刺激物,尤其是在增加创造力和记忆力方面。但是要注意颜色搭配的协调性,防止使用过于花哨、鲜艳的颜色影响思维导图的整体效果。亦可采用电脑或手机软件绘制,确保思维导图的规范性;规定时间内完成心智图的绘制,拍照保存 JPG 图片格式,上传学习通作业平台系统;心智图为了更好地组织和展示信息,因此在画思维导图时,应尽量简洁明了地表达信息。每个思维导图分支上应该只包含一个主题,使用关键词和短语来概述。

3. 实施流程

实施流程:方法讲解—实践安排—内容选择—关键词梳理—心智图绘制—平台上传—教师评价—课堂展示—修改完善—成绩评定。

(1)教师讲解心智图作用价值及绘制方法。

(2)在心智图方法学习基础上,教师讲解课程实践项目的内容、要求和实施流程。

(3)学生根据课程内容,结合会展策划流程和任务,确定心智图层级和相关内容。

(4)学生个体选定各层级内容和关键词,利用手工、电脑或者手机软件绘制会展项目策划心智图。

(5)将绘制完成的心智图拍照或保存图片格式上传学习通作业平台,提交实践作业。

(6)教师在系统中对作业进行评价,并将优秀作品放在课堂上进行展示和讲解。

（7）学生结合教师评价和讲解，对自己的心智图进行修改完善，并再次上传学习通网络平台。

（8）教师根据实践过程中学生课堂表现、心智图绘制情况进行成绩评定，并作为平时成绩的重要组成部分计入课程综合评价。

（二）展览项目立项 SWOT 分析

1. 实践目的

通过选择特定项目的 SWOT 分析，理论联系实际，培养学生知识理论应用能力，深化学生对会展项目环境评价 SWOT 方法的认知和理解；培养学生团队合作意识和能力；培养学生提出问题、分析问题和解决问题的能力；通过选题和分析，促使学生对家乡资源和产业的认识和了解，并培养学生的主人翁意识和文化自信；培养学生 PPT 制作、语言表达、场景塑造能力和素养；培养学生资料收集、信息获取、数据筛选能力和素养。

2. 实践内容和要求

SWOT 方法是展会项目市场环境综合评价的有效工具。该课程实践项目要求学生分组进行，设定特定会展企业或者办展单位，结合自己家乡资源和产业优势进行展会项目立项策划，选择特定主题展会项目，收集相关资料，分析该项目在该地举办的优势、劣势、机遇和挑战，通过分析提出展会项目发展战略。最终制作汇报 PPT 进行课堂活动展示。

具体要求：学生分组完成实践项目，每组 3~5 人，成员自由结合，分工明确，鼓励按照家乡所在地组队，方便选题和调研；要求各组选择特定区域和城市，对区域优势资源、产业和市场进行分析，结合影响会展项目举办的因素进行调研；要求学生利用网络、电话、访谈等方式进行调研，分析办展单位内部和外部各种环境要素，列出办展单位举办该展会的优势、劣势、机遇和威胁；要求学生完成分析后制作 PPT 进行展示，PPT 页数不少于 20 页，展示时间 8~10 分钟；要求学生展示采取微活动形式，注重音视频、展示道具的使用和展示场景的营造；要求学生团队在规定时间之前将最终形成的成果上传学习通网络平台，作为课程作业和课程资源的一部分。

3. 实施流程

实施流程：理论学习—实践安排—项目选择—项目调研—项目分析—

完成文案—制作 PPT—课堂展示—教师评价—修改完善—平台上传—成绩评定。

（1）学生学习 SWOT 分析法内容和分析方法，为实践项目开展奠定理论基础。

（2）教师讲解实践项目的内容、要求和操作流程，并指导学生团队开展实践工作。

（3）学生选定特定区域进行资源、产业、市场等方面的调查分析，选定特定展会项目，并结合 SWOT 方法进行分析。

（4）团队协作完成展会项目 SWOT 分析文案，并根据文案内容制作展示 PPT。

（5）设置特定场景，结合 PPT 课堂进行实践项目展示。

（6）教师对各组实践项目展示情况进行评价。

（7）学生结合教师评价修改完善项目成果，将修改后的成果上传学习通网络平台。

（8）教师结合学生文案、PPT 讲义、展示情况，从选题、要素分析、战略选定、PPT 制作、展示效果等方面评定成绩，并作为平时成绩重要组成部分计入课程综合评价。

（三）会展项目观众邀请函制作

1. 实践目的

通过会展项目观众邀请函制作实践教学环节，培养学生知识理论应用能力，深化学生对会展项目观众邀请函的认知和理解；培养学生团队合作意识、能力和素养；培养学生提出问题、分析问题和解决问题的能力；培养学生资料收集、信息获取、数据筛选能力和素养；培养学生广告平面设计、语言表达、场景塑造能力和素养。

2. 实践内容和要求

观众邀请函就是根据展会实际情况编写的、针对展会目标观众用来进行展会招商的宣传材料，数字经济时代，观众邀请函多利用 H5 形式呈现，采取微信公众号、视频号等形式推送目标观众。该实践项目要求学生承接 SWOT 立项分析的活动项目，选定特定内容，针对目标观众制作 H5 形式的观众邀请函。

具体要求:要求学生分组完成实践项目,每组 3～5 人,鼓励课程分组和之前实践环节保持一致,方便任务分工和实践工作开展;展会项目选择要求和之前 SWOT 立项分析项目保持一致,方便数据获取和内容选定;根据观众邀请函的作用和价值,确定邀请函的版式和内容,主要内容包括但不限于展示基本情况、展会招展情况、展会期间同期活动、展会特色等;邀请函的制作内容要全面准确、简单实用、版式美观大方,适合手机页面观看;要求学生团队明确制作展会项目邀请函的思路,采取合适的形式进行课堂展示;要求学生团队在规定时间之前完成实践项目成果并上传学习通网络平台,作为课程作业和课程资源的一部分。

3. 实施流程

实施流程:理论学习—实践安排—项目选择—项目调研—项目分析—完成文案—制作 PPT—课堂展示—教师评价—修改完善—平台上传—成绩评定。

(1)观众邀请函内容、H5 制作要求方法的知识学习。

(2)教师讲解实践项目的内容、要求和操作流程,并指导学生团队开展实践工作。

(3)学生团队选定特定项目并商讨确定观众邀请函制作的内容、版式设计等。

(4)选用特定软件制作展会项目观众邀请函。

(5)各组课堂展示实践项目成果,重点讲解展会邀请函的制作思路、方法和过程。

(6)教师对各组实践项目展示情况进行评价。

(7)学生团队修改完善实践项目成果,并将修改后的成果上传学习通网络平台。

(8)教师结合展会邀请函的制作过程、展示情况等方面进行成绩评定,并作为平时成绩的重要组成部分计入课程综合评价。

(四)展会活动开幕式方案和实施

1. 实践目的

通过展会开幕式方案撰写和活动实施,培养学生知识理论应用能力,深化学生对会展项目开幕式的认知和理解;培养学生团队合作意识、能力和素养;培养学生文案撰写能力,结合项目需要提出问题、分析问题和解决问题的能力;培养学生资料收集、信息获取、数据筛选能力和素养;培养学生资源整合、语言表达、场景塑造能力和素养。

2. 实践内容和要求

活动开幕当天,相关政府部门领导、企业高层及行业专家参加,为企业拓展人脉、发掘潜在客户、寻找合作伙伴提供难得的机会。该实践项目要求学生利用各组所立项的展会项目撰写开幕式方案并在课程上实施展示。

具体要求:要求学生分组完成实践项目,每组 3~5 人,各课程实践项目分组和之前保持一致,便于活动开展和项目实施;展会开幕式方案撰写和实施项目选择要求和之前 SWOT 立项分析项目保持一致,方便数据获取和内容选定;确定开幕式时间、地点、出席主要嘉宾和主要媒体、确定开幕的方式和主要流程,明确开幕式物料的准备和工作人员的分工;开幕式方案策划要真题真做,符合展会实际和工作开展,同时兼顾课堂展示特点,做到内容和形式的完美对接;开幕式实施过程中团队要有明确分工,可借用相关人员参与开幕式实施,主要创意、策划和安排要来自团队;课堂展会开幕式展示要按照微活动运营的程序进行,有始有终,合理利用音视频、展示道具、群演等,注重形式多样化;要求学生团队在规定时间之前完成开幕式策划方案并上传学习通网络平台,作为课程作业和课程资源的一部分。

3. 实施流程

实施流程:理论学习—实践安排—项目选择完成文案—场景营造—活动演练—课堂展示—教师评价—修改完善—平台上传—成绩评定。

(1)在学生学习开幕式策划理论和知识基础之上,教师讲解实践项目要求和操作流程,并指导学生团队开展实践工作。

(2)学生团队选择特定展会项目商讨方案确定展会开幕式的时间、地点、参与对象、流程和活动安排等。

（3）撰写展会项目开幕式方案。

（4）根据方案设计场景，进行展会开幕式方案实施的筹备和人员安排。

（5）学生课下进行展会开幕式微活动的演练。

（6）各组展会项目开幕式展示，展示时间为 8～10 分钟，注重开幕式形式创新和流程。

（7）教师对各组开幕式方案和展示效果进行评价。

（8）学生团队结合教师评价修改完善开幕式方案，并上传学习通网络平台。

（9）教师从方案内容、展示效果等方面进行成绩评定，作为平时成绩的重要组成部分计入课程综合评价。

第三节 "会展市场营销"课程实践教学项目

一、课程介绍

该课程是会展经济与管理本科专业的核心课程，通过课程学习，使学生系统地了解有关会展营销的基本理论，掌握会展营销相关知识，形成对会展营销框架体系总体认识，进一步了解会展营销的特点和作用。结合案例分析和实践操作，使学生更加清晰地认识会展营销实践活动，能够运用所学知识分析不同会展活动类型运作流程的现象规律，加深对会展行业认知，形成会展营销理念和思维，为后续其他专业课程学习和会展营销管理工作奠定基础。

基于 OBE 理念，从会展项目市场营销角度确定课程教学内容和实践教学环节，课程总课时为 48 学时，其中理论课时 32 个，实践学时 16 个。理论授课内容包括会展营销概念、主体、对象、发展现状和趋势、会展营销分析和营销调研、会展营销顾客和行为特征、会展市场细分和目标市场定位、会展产品和品牌战略、会展服务和产品定价、会展营销渠道和供应链管理、会展促销和营销传播组合等。本课程以会展营销实际操作能力为重点,力求与行业紧密合作;基于工作过程进行课程开发和设计,围绕学生综合素质与能力的培养进行教学设计与组织,变填鸭式、灌输式教学为探索式、互动式教学。引导学生探究知识的兴趣、努力激发学生提升能力的欲望。教学立足于会展市场营销,避免抽象的学科概念,以"情境化""现实化""时代化"为标准,突出实践教学环节。

二、课程目标

(一)知识目标

掌握会展市场营销的发展及趋势、会展营销环境、市场调研;掌握市场细分和定位的内容和方法;掌握会展顾客和行为特征;掌握会展产品的营销策略和定价方法;掌握会展产品与品牌战略;掌握会展分销渠道与供应链管理;掌握营销组合中相关销售技巧;掌握会议营销的特点和营销策略;掌握展览会营销的策略和过程。

(二)能力目标

理论联系实际,能够利用所学知识对会展市场环境进行分析;掌握会展市场调查的基本组织方式和市场调查的基本方法;能够运用市场细分的若干方法,推出相应的目标市场策略和市场定位策略;能够针对具体会展企业选择和设计产品策略与价格策略;能够结合相关案例对某会展企业实施的分销策略进行利弊分析;根据具体市场条件选择与设计促销策略,能够设计与组织践行相关促销活动。

(三)素质目标

通过会展营销观念和理论、方法的系统学习,结合会展专业发展趋势和面临的营销问题,及会展营销新技术的运用,让学生认识会展行业的营销特性,培养学生对专业学习的兴趣与积极性,形成主动学习,积极思考的专业态度。利用营销环境分析和营销策略运用能力,提高会展营销工作专业素养。通过团队协作任务作业,培养学生团队合作精神,组织协调沟通、独立思考及语言表达等综合素质能力。

三、课程实践项目

该课程具有较强实践性,需要在理论教学循环中边讲边练,将会展营销中的成功与失败案例进行分析,并让学生讨论,教师点评,将理论和实践结合,教师讲解效果大大提高;结合课程中环境分析、营销计划等环节,让学生动手操作,进行实际调研和设计,形成成果,在实践中得到锻炼;理论课程结束后,进行课程设计。学生以分组形式完成综合设计方案,方案包括环境分析、市场细分、市场定位、营销策略的制定、营销计划与组织、营销控制等的基本过程(表3-3)。课程集中性实践教学环节设置4次,每次4课时,共16课时。

表3-3 "会展营销"课程实践项目一览表

序号	实践项目	内容提要	学时	类型
1	会展项目市场细分与目标市场定位	依托家乡或者高校所在区域或城市选择特定主题项目进行市场细分,并明确市场定位	4	设计性
2	参展商信息获取与数据库建设	利用不同渠道和方式获取各组选定会展项目的展商信息,并组建展商数据库	4	验证性
3	会展项目招展方案撰写	根据所选定的展会项目和活动目标撰写展会项目招展方案	4	设计性
4	展会项目招展话术和技巧训练	根据招展方案和展会项目实际情况,拟定招展话术,并进行电话招展演练	4	验证性

(一)会展项目市场细分与目标市场定位实践项目

1. 实践目的

通过具体展会项目的市场细分和目标定位实践环节,理论联系实际,培养学生理论应用能力,深化学生对会展市场细分、目标市场定位理论的认知和理解;培养学生资料收集、信息获取、数据筛选能力和素养;培养学生团队合作意识和能力;培养学生提出问题、分析问题和解决问题的能力;通过实践,让学生掌握会展市场细分的依据、方法和流程,熟悉会展目标市场定位的策略;培养学生 PPT 制作、语言表达、场景塑造能力和素养。

2. **实践内容和要求**

会展市场定位是指会展企业根据市场细分结果、市场竞争状况和自身资源条件,建立和发展差异化竞争优势,使自己的产品和服务在展商和观众心目中形成区别并优于竞争对手的独特形象。该实践项目要求学生根据市场细分和市场定位的理论,分组研讨,选择特定的会展项目进行市场细分和市场定位,撰写市场细分和定位方案,为后期实践项目营销策略实施奠定基础。

具体要求:要求实践项目分组完成,每组 3~5 人,要求组员在该课程所有实践环节中保持一致,以便相关工作的开展和延续;要求学生实践项目开展前务必熟悉会展市场细分和目标市场定位的理论和方法,理论联系实际;真题真做,会展项目的选择结合家乡或高校所在地资源和产业优势选定,要求是尚未举办过的项目,以便对其市场细分;要求学生团队合作完成实践项目,实施过程中务必充分发挥小组研讨、头脑风暴、集体决策的作用;要求学生撰写会展项目市场细分和市场定位方案,字数不少于 2000 字,对市场细分的标准和细分市场要有深入的分析,目标市场的定位要准确合理;项目实施过程,鼓励学生利用校企合作企业资源,将优秀毕业生、企业项目负责人等纳入实践项目顾问,借用外援力量协助完成实践项目,确保实践项目的科学性。

3. **实践流程**

实践流程:实践项目讲解—实践项目选择—市场调研—市场细分—市场定位—文案撰写—PPT 制作—课堂展示—教师评价—修改提交—成绩评定。

(1)结合理论学习内容,教师对实践项目的内容、要求和流程进行讲解。

(2)学生团队小组设定虚拟办展单位,开展研讨、头脑风暴,确定会展项目主题,会展项目选题要求方便调研和资料获取为宜。

(3)结合各组所选用的会展项目主题,通过网络、电话等形式进行资料搜集和调研,调研过程中关注该主题会展项目展商市场现状和已有竞争者状况。

(4)根据调研情况确定细分市场,并对各细分市场结合办展单位优劣势、外在经济形势等进行分析,确定目标市场定位。

(5)团队指定专人执笔撰写市场细分和目标市场定位方案,并制作汇报PPT讲稿。

(6)将各组的实践成果利用PPT形式进行汇报,汇报方式要求团队微活动形式,尽可能引入音视频和相关道具及演示场景。

(7)任课教师根据各组的成果汇报情况,从选题、市场细分、会展目标市场定位、文案和PPT制作、课堂展示汇报等方面的表现进行评价,提出建议。

(8)各组根据教师评价修改完善文案和汇报稿,提交学习通网络平台,教师通过网络平台进行成绩评定。

(二)参展商信息获取与数据库建设实践项目

1. 实践目的

通过展商信息获取和数据库建立实践教学,理论联系实际,培养学生理论应用能力,深化学生对展商数据获取路径和数据库建设的认知和理解;培养学生资料收集、信息获取、数据筛选能力和素养;培养学生团队合作意识和能力;培养学生提出问题、分析问题和解决问题的能力;让学生掌握会展项目招商数据获取的途径和数据库建设的方法,并能够有效指导实践环节;培养学生 Excel 表格制作、语言表达、场景塑造能力和素养。

2. 实践内容和要求

拥有一定数量和质量的展商是展会成功举办的重要标志,该实践项目要求学生分组根据特定的展会项目,通过各种渠道和途径收集一定数量目标参展商的相关信息,并按照一定规则排序形成会展项目目标展商数据库。

具体要求:实践项目分组完成,每组 3 ~ 5 人,要求组员在该课程所有实践环节中保持一致,以便相关工作的开展和延续;要求学生团队实践项目开展前务必熟悉参展商信息来源途径和目标展商数据库建库的理论和方法,以便后续开展工作;真题真做,会展项目的选择结合家乡或高校所在地资源和产业优势选定,要求是尚未举办过的项目,目标展商信息真实;要求学生团队合作完成实践项目,实施过程中务必充分发挥小组研讨、头脑风暴、集体决策的作用,并有明确的分工,确保组内各成员实践能力和素养都得到提升;要求各组学生获取展商的数据量不少于30条,并利用 Excel 表格对各条数据按照名称、地址、联系方式、企业类别、产品信息等进行排列;项目实施过程中,鼓励学生对接校企合作企业,以企业首次举办地的项目为对象,为其展商数据库的建立提供数据。

3.实践流程

实践流程:实践项目讲解—实践项目选择—学生团队分工—展商信息获取—展商信息筛选—展商数据库建设—课堂展示—教师评价—修改提交—成绩评定。

(1)结合已有的理论学习内容,教师对实践项目的内容、要求和流程进行讲解。

(2)学生团队小组研讨,确定展会项目选题和目标展商信息获取的途径,制定计划,并进行分工实施。

(3)各组按照计划和分工,通过网络、电话、行业协会、专业报告等渠道收集目标展商相关信息,并对信息进行合理筛选。

(4)各组根据收集的信息,利用 Excel 表格为工具进行数据库的组建,并确保一定的数据量和数据的真实性。

(5)各组课堂展示目标展商信息收集的内容、过程、感悟和数据库成果。

(6)任课教师从各组展商信息获取的途径、质量、数量、数据排列情况、展示情况等方面进行评价,提出建议。

(7)各组根据教师评价修改完善目标展商数据库,并提交学习通网络平台。

(8)教师网络评价进行成绩评定,作为课程平时成绩的一部分计入课程综合评价。

(三)会展项目招展方案撰写实践项目

1.实践目的

通过会展项目招展方案撰写,理论联系实际,培养学生理论应用能力,深化学生对招展方案相关知识和理论的认知和理解;培养学生资料收集、信息获取、数据筛选能力和素养;培养学生团队合作意识和能力;培养学生提出问题、分析问题和解决问题的能力;通过实践,让学生掌握会展项目招商数据获取的途径和数据库建设的方法,并能够有效指导实践环节;培养学生文案撰写、PPT 制作、语言表达、场景塑造能力和素养。

2. 实践内容和要求

招展方案是在招展策划的基础上,为展位营销而制定的具体执行方案,是对会展工作的整体规划与总体部署。该实践项目要求学生分组,依据特定的会展实践项目,通过市场调研,根据所掌握市场信息,编制展会项目招展方案,并为后期招展的实施奠定基础。

具体要求:实践项目要求学生分组完成,每组 3~5 人,要求组员在该课程所有实践环节中保持一致,以便相关工作的开展和延续;要求学生实践项目开展前务必熟悉招展方案内容和制作要求的理论和方法,理论联系实际;真题真做,招展方案要结合具体策划的项目进行,对产业分布的调研要真实,提出的招展宣传和营销策略要契合实际,对展会项目后期招展策略的实施具有指导价值;要求学生团队合作完成实践项目,实施过程中务必充分发挥小组研讨、头脑风暴、集体决策的作用;要求学生团队合作撰写招展方案,字数不少于3000字,内容要全面,要结合项目的实际情况进行取舍和策略选择;要求招展方案完成后择要点制作 PPT 进行课堂汇报,汇报时间为 8~10 分钟;可利用优秀校友、校企合作企业资源,将行业企业人员纳入实践项目顾问角色,确保招展方案的合理性和科学性。

3. 实践流程

实践流程:实践项目讲解—实践项目选择—市场调研—小组研讨—文案撰写—PPT 制作—课堂展示—教师评价—修改提交—成绩评定。

(1)结合课程招展方案内容和撰写要求学习内容,教师对实践项目的内容、要求和流程进行讲解。

(2)学生团队小组设定虚拟办展单位,确定会展项目主题,会展项目选题要求方便调研和资料获取为宜。

(3)结合各组所选用的会展项目主题,分工通过网络、电话等形式进行资料搜集和调研,为招展方案相关内容的撰写奠定基础。

（4）根据调研情况，各组进行研讨确定展会招展方案的撰写思路和主要内容，选择执笔人进行文案撰写。

（5）将各组的实践成果利用 PPT 形式进行汇报，汇报方式要求团队微活动形式，尽可能引入音视频和相关道具和演示场景。

（6）教师从各组招展方案的撰写、PPT 制作和汇报等情况进行评价，提出合理化建议。

（7）各组根据教师评价修改完善招展方案，条件许可征询行业企业专业人员意见，最终实践成果提交学习通网络平台。

（8）教师通过网络进行成绩评定，作为课程平时成绩的一部分计入课程综合评价。

（四）展会项目招展话术和技巧训练

1. 实践目的

经过展会项目招展话术和技巧演练，理论联系实际，培养学生理论应用能力，深化学生对招展策略和技巧认知和理解；培养学生语言表达、沟通技巧和应急处理能力和素养；培养学生提出问题、分析问题和解决问题的能力；通过实践项目演练，让学生了解招展工作在展会项目运营中的重要性，并对会展从业人员业务有初步的认知；通过实践项目，让学生能够敏锐地分析展商客户资料，拥有熟练的电话销售技巧和电话礼仪；通过电话招展演练和角色扮演，让学生初步具备职业精神和素养，为今后毕业实习和就业奠定基础。

2. 实践内容和要求

展位营销是综合利用展会营销的手段和方式，结合招展工作人员的努力和展会相关内容的有形展示，将展会的展位销售出去的招展活动。电话营销仍然是展会销售的主要手段，能使办展机构在一定时间内，快速将信息传递给目标客户，及时抢占目标市场。该实践项目要求学生根据课程实践项目 2 目标展商数据库收集的信息和实践项目 3 招展方案内容，通过电话形式模拟演练者真实演练电话销售技巧，为学生毕业实习和就业奠定基础。

具体要求：该实践项目要求分组完成，每组 3～5 人，各成员通过招展人员、参展企业负责人等不同角色扮演互换，通过电话演练展会项目招展过程,提升沟通和交际能力;要求学生实践项目开展前提前学习电话招展的技巧和方法,根据目标展商数据库提供的信息,提前了解展会项目的基本情况,准备电话销售脚本,以应对不同展商的问题;提前演练自我介绍,做好电话销售的心理准备,注重电话销售的开场白,确保销售通话的顺利进行;要求学生每次电话销售演练时间不少于 3 分钟,内容包括开场白、项目介绍、问题答疑、后续对接等相关事宜;要求学生团队演练结束后,选择最优场景拍摄招展短视频,作为实践作品上传学习通平台,作为课程后期资料;条件允许情况下,鼓励学生利用校企合作企业项目进行真实展会项目的招展,并接受会展企业的招展话术培训。

3. 实施流程

实施流程:实践项目讲解—实践项目选择—电话销售话术准备—电话销售话术演练—招展视频拍摄—优秀招展场景展示—专业教师点评—修改提交课程平台—教师成绩评定。

(1)结合展位营销的理论和电话营销手段和方法,教师对实践项目的内容、要求和流程进行讲解。

(2)学生组建团队,结合已有展会项目目标数据库展商信息,对营销客户信息分析,并准备销售话术和电话营销的脚本。

(3)教师指导下学生分组进行电话销售的角色演练,每组成员之间需要互换身份,要求组内各成员招展能力和素养都得到锻炼。

(4)根据各组的演练情况,选择最优场景拍摄招展场景的视频材料,时长 3 分钟左右。

(5)教师选择优秀场景在课堂上进行展示,要求学生进行评价,教师也从专业角度进行点评,本阶段还可以邀请行业企业专业人员走进课程进行现场点评和现场指导。

(6)学生团队根据教师和专业人员点评意见,优化招展演练过程和招展视频,最终将实践项目成果上传学习通平台。

(7)授课教师根据各组招展过程中语言组织、沟通礼仪、销售技巧、视频拍摄、特殊情况处理等进行实践项目评分,并将其作为平时成绩的一部分计入课程综合评价。

第四节　"会展企业管理"课程实践教学项目

一、课程介绍

　　该课程为会展经济与管理专业必修课程,通过会展企业管理相关内容学习和实践,培养学生分析问题、诊断问题的能力,提高学生系统性思维管理的能力,为学习"企业参展实务""会议运营管理"等相关课程奠定基础。课程基于 OBE 理念,从会展企业管理角度确定课程教学内容和实践教学环节,课程总课时为 48 学时,其中理论课时 32,实践学时 16。课程教学遵循学生职业能力培养的基本规律,以会展企业真实工作任务为依据,整合、序化教学内容,科学设计学习性工作任务,理论与实践紧密结合,将实训、实习等实践性教学融入课程教学、人才培养的全过程。结合行业发展需求及未来趋势,实现教学内容的再创造,实现教学方法的课堂创新,包括开放式、开发式、启发式、探究式和合作式教学方法的融合使用,从而使课程知识在合理的脉络体系里准确和有效传递。实践教学方面,结合课堂讲授内容,实现课内外教学相结合,实现会展企业和会展项目管理的过程体验式教学,能够将教师的指导融进会展企业和会展项目管理的领导决策层,将学生的实务学习融进企业管理的执行过程,从而使学生能够在教师的专业性指导下以及专业性实务体验中得到核心专业素养的熏陶和发展。

二、课程目标

(一)知识目标

　　理解会展企业管理的相关理论;掌握会展企业战略分析、评价与选择的一般方法;熟悉会展企业组织结构设计的影响因素和类型,会展现场信息化管理系统的结构;掌握会展项目管理的主要内容,会展企业目标市场的选择和定位方法,会展企业客户关系管理的内容、方法和策略,会展企业财务管理中的预算管理、风险防范和融资方式,会展企业各种危机类型的处理及会展企业员工的招聘、培训、开发和绩效管理过程;熟悉会展企业文化功能。

(二)能力目标

能理解会展企业管理的理论并与实际相结合;和创新创业相结合,能够进行企业注册,企业项目商业分析,能够结合企业实际进行企业组织架构和企业制度制定,能够结合企业定位进行会展企业项目的开发,能有效地进行会展客户关系管理、财务管理、危机管理、人力资源管理;能运用所学知识构建会展企业的激励机制及企业文化的建设。

(三)素质目标

通过实操演练,提升专业兴趣;通过职业角色体验,培养职业道德素质;通过职场认知和学习,树立正确的价值观。结合社会和行业热点及典型企业的典型事迹,融合会展企业的战略管理、组织与制度管理、营销管理、客户关系管理、信息管理等相关内容,渗透课程思政,培养学生爱国热情、企业家精神和民族自信,培养社会主义建设者和接班人。

三、课程实践项目

该课程从企业管理角度构建课程内容,具有较强实践性,结合理论课程知识重点、难点,设置实践教学环节。授课过程中,创设模拟仿真职业环境,以工作过程为主线,工作项目为核心,让学生在模拟真实职业环境中提出问题、分析问题、解决问题,从案例到理论,再到实践,从师生互动讨论中综合职业能力得到提升(表3-4)。课程集中性实践教学环节设置4次,每次4课时,共16课时。

表3-4 "会展企业管理"课程集中实践项目一览表

序号	实践项目	内容提要	学时	类型
1	模拟企业会展工作室组建	对接创新创业实践,筹建模拟会展企业,根据企业业务开展搭建企业组织架构	4	设计性

续表 3-4

序号	实践项目	内容提要	学时	类型
2	会展项目财务预算与融资方案制定	根据项目开展情况进行会展项目财务预算,结合财务管理知识提出会展项目融资计划	4	设计性
3	会展项目危机处理方案制定	根据企业会展项目的管理实际情况,制定展会项目管理危机处理方案	4	设计性
4	会展企业员工招聘现场演练	基于人力资源招聘的相关理论,设置特定岗位的员工招聘现场演练	4	验证性

(一)模拟企业会展工作室组建

1. 实践目的

通过模拟企业会展工作室组建实践,理论联系实际,培养学生理论知识应用能力,深化学生对会展企业筹建、组织架构等方面知识的认知和理解;培养学生团队合作意识、能力和素养;培养学生提出问题、分析问题和解决问题的能力;结合企业管理的相关理论和会展企业业务的相关内容,通过会展企业筹建实践,培养学生创新创业能力和素养;培养学生 PPT 制作、语言表达、场景塑造能力和素养;培养学生学习会展企业的经营与管理思想,并有效提升学生创意策划、组织管理等方面的能力和素养。

2. 实践内容和要求

会展企业组织工作包括市场调查、战略制定、组织架构、制度确立、企业文化、宣传推广等多项内容,该实践项目选择高校会展工作室作为模拟企业,根据业务开展情况对其组织结构进行设计。

具体要求:实践项目要求学生分组完成,每组 3～5 人,要求组员在该课程所有实践环节中保持一致,以便相关工作开展和延续;要求学生实践项目开展前务必熟悉企业组织结构设计的理论和方法,理论联系实际;会展工作室组织结构设计要符合会展专业实际,结合工作室具体开展的业务进行组织架构和部门设置;要求学生团队合作完成实践项目,实施过程中务必充分发挥小组研讨、头脑风暴、集体决策的作用;要求学生团队合作完成会展工作室组织结构设计,绘制工作室组织结构框架图;要求组织结构绘制完成后进行课堂汇报,汇报时间为 5 ~ 8 分钟;可利用优秀校友、校企合作企业资源,将行业企业人员纳入实践项目顾问角色,确保设计方案的合理性和科学性。

3. 实践流程

实践流程:实践项目讲解—实践项目学习—小组研讨—管理幅度设计—管理层次设计—部门设置—岗位设置—绘制组织架构图—课堂展示—教师评价—修改提交—成绩评定。

(1)小组学习企业组织结构设计的相关理论和方法,在此基础上教师对实践项目的内容、要求和流程进行讲解,作出要求。

(2)学生团队根据教师要求,了解会展工作室组建的意义和价值、开设的主要业务、今后的发展规划和组织战略。

(3)学生团队在了解会展工作室组建基础之上,结合组织结构设计理论,进行头脑风暴,提出不同类型的设计方案,并进行筛选。

(4)团队成员同心协力从管理幅度、管理层次、部门设置、岗位设计等角度确定最终组织结构的方案,并利用相关软件绘制会展工作室组织架构图。

(5)将各组绘制的组织架构图进行展示汇报。

(6)任课教师对各组实践完成情况进行评价,提出合理化建议。

(7)各组根据教师评价修改完善,条件许可征求行业企业专业人员意见,最终实践成果提交学习通网络平台。

(8)教师网络评价进行成绩评定,作为课程平时成绩的一部分计入课程综合评价。

(二)会展项目财务预算与融资方案制定

1. 实践目的

通过会展项目财务预算与融资方案撰写,理论联系实际,培养学生知识理论应用能力,深化学生会展项目财务管理、预算和融资等方面知识的认知和理解;培养学生资源整合、组织协调、团队合作意识、能力和素养;培养学生提出问题、分析问题和解决问题的能力;结合特点会展项目财务预算和企业融资实践项目的实施,培养学生创新创业能力和素养;培养学生 PPT 制作、语言表达、场景塑造能力和素养。

2. 实践内容和要求

财务管理内容包括筹资管理、投资管理、营运资金管理、成本费用管理、财务预算管理、财务分析评价等。该实践项目针对会展项目的成本(场馆租赁、宣传推广、招展招商、会议和相关活动等)、收入(展位费、参会费、广告费、赞助费等)进行预算,并对资金筹措进行规划,撰写资金预算与融资方案。

具体要求:实践项目要求学生分组完成,每组 3～5 人,要求组员在该课程所有实践环节中保持一致,以便相关工作的开展和延续;实践项目开展前要求学生熟悉会展项目财务管理、财务预算、企业融资等方面的理论和方法,确保理论联系实际;展会项目财务预算要结合具体的展会项目进行,对展位收入、门票策略、场馆租赁、宣传推广、现场搭建、专家邀请等方面的费用收入支出要符合项目举办地的真实情况;要求学生团队合作完成实践项目,实施过程中充分发挥小组研讨、头脑风暴、集体决策的作用,确保每一位组员实践能力和素养都得到提升;要求学生团队合作撰写预算和融资方案,字数不少于 2000 字,内容要全面,项目收支、资金筹措渠道合理;要求展会项目预算和融资方案完成后择要点制作 PPT 进行课堂汇报,汇报时间为 8～10 分钟;可利用优秀校友、校企合作企业资源,将行业企业人员纳入实践项目顾问角色,确保展会项目预算的合理性和科学性。

3. 实践流程

实践流程:实践项目讲解—实践项目选择—项目收支调研分析—小组研讨—文案撰写—PPT 制作—课堂展示—教师评价—修改提交—成绩评定。

(1)基于课程会展项目财务管理、财务预算等方面理论学习内容,教师对实践项目的内容、要求和流程进行讲解。

(2)学生团队选择特定展会项目作为实践对象,项目选择建议和同课程其他实践项目对象保持一致,方便调研和数据获取。

(3)各组结合所选用的会展项目主题,分工通过网络、电话等形式进行项目预算调研,确定各类收支预算情况。

(4)根据调研情况,各组进行研讨确定展会项目预算和融资方案撰写思路和主要内容,选择执笔人进行文案撰写。

（5）各组将实践成果利用PPT形式进行汇报,汇报方式鼓励采用团队微活动形式,营造活动场景。

（6）任课教师从展示项目财务预算和融资方案的内容、合理性、PPT制作和汇报等情况进行评价,提出合理化建议。

（7）各组根据教师评价修改完善预算和融资方案,鼓励征求行业企业从业人员意见完善方案,实践成果提交学习通网络平台。

（8）教师网络评价进行成绩评定,作为课程平时成绩的一部分计入课程综合评价。

（三）会展项目危机处理方案制定

1. 实践目的

通过会展项目危机处理方案撰写,理论联系实际,培养学生知识理论应用能力,深化学生对展会项目危机事件、危机管理等方面知识的认知和理解;培养学生团队合作意识、能力和素养;培养学生提出问题、分析问题和解决问题的能力;结合企业和会展项目危机管理的相关理论,通过会展项目危机处理方案的撰写和展示,培养学生创新创业能力和素养;培养学生PPT制作、语言表达、场景塑造能力和素养;培养学生的危机意识和危机处理能力,并使其能够结合自己的生活、学习进行有效的危机预警和处置。

2. 实践内容和要求

会展危机指影响参展商、参展观众、相关媒体等利益相关主体对会展的信心或扰乱会展组织者继续正常经营的非预期性事件。该实践项目要求学生分组完成,选定特定展会项目进行危机识别,撰写危机预警方案,并制作PPT进行课堂展示。

具体要求:实践项目要求学生分组完成,每组3~5人,要求组员在该课程所有实践环节中保持一致,以便相关工作的开展和延续;要求学生实践项目开展前熟悉展会危机管理的理论和方法,确保理论联系实际;危机处理方案要结合具体的展会项目进行撰写,对展会项目运营过程中存在的安全隐患分析和预警方案要合理,契合实际;要求学生团队合作完成实践项目,实施过程中务必发挥小组研讨、头脑风暴、集体决策的作用,确保组内每位同学实践能力和素养都得到提升;要求学生团队合作撰写危机处理方案,字数不少于 3000 字,内容要全面,要结合项目的实际情况进行取舍和策略选择;要求处理方案完成后择要点制作 PPT 进行课堂汇报,汇报时间为 8～10 分钟。

3. 实践流程

实践流程:实践项目讲解—实践项目展会选择—市场调研和分析—小组研讨具体决策—危机管理方案的撰写—PPT 制作—课堂展示—教师评价—修改提交—成绩评定。

(1)结合课程危机管理理论学习内容,教师对实践项目的内容、要求和流程进行讲解。

(2)学生团队确定会展项目主题,会展项目选题建议所有课程实践环节保持一致,方便调研和资料获取。

(3)结合各组所选用的会展项目主题,分工进行项目调研和可能出现危机类型的识别,为危机管理方案的撰写奠定基础。

(4)通过项目调研和分析、小组研讨形式确定展会项目危机类别和具体对策建议以及文案撰写思路,选择执笔人进行文案撰写。

(5)将各组的实践成果利用 PPT 形式进行汇报,汇报方式要求团队微活动形式,尽可能引入音视频和相关道具和演示场景。

(6)任课教师结合各组危机管理方案的撰写、PPT 制作和汇报等情况进行评价,提出合理化建议。

(7)各组修改完善危机管理方案,连同汇报 PPT 实践成果提交学习通网络平台。

(8)教师网络评价进行成绩评定,并作为课程平时成绩的一部分计入课程综合评价。

(四)会展企业员工招聘现场演练

1. 实践目的

通过会展企业员工招聘现场演练,理论联系实际,培养学生知识理论应用能力,深化学生对会展企业人员素质和人员招聘流程等方面知识的认知和理解;培养学生资源整合、组织协调、团队合作意识、能力和素养;培养学生提出问题、分析问题和解决问题的能力;结合会展企业招聘要求、招聘流程等企业人力资源管理的相关内容,通过企业招聘环节演练,培养学生企业运营、创新创业能力和素养;培养学生沟通技巧、语言表达、场景塑造能力和素养;培养学生企业招聘活动策划、组织和实施的能力和素养。

2. 实践内容和要求

人力资源是会展企业最重要的资源,人力资源管理是企业管理的核心,企业正是通过对人员的任命和调配开展企业管理活动的。该实践项目要求学生分组结合会展工作室业务岗位需要,根据岗位职责设置招聘标准进行人员招聘,现场进行人员招聘的演练。

具体要求:学生分组完成,每组 3~5 人,组员在该课程所有实践环节中保持一致,以便相关工作开展和延续。要求学生实践项目开展前务必熟悉会展企业人员需求岗位职责和招聘流程的理论和方法,理论联系实际;真题真做,招聘结合会展工作室业务开展需要设置岗位,确定岗位职责和招聘要求,设计招聘问题进行现场招聘;实践项目要求学生团队完成,实施过程中发挥小组研讨、团队合作、角色互换、集团角色的作用,尽可能提升每位学生的实践能力和素养;实践项目成果要求提交企业人员招聘简章,招聘岗位职责和招聘要求,招聘现场微视频,并最终提交学习通平台;实践环节可利用校企合作资源,邀请实体会展企业人力资源部员工作为项目顾问,确保实践项目的合理性和科学性。

3. 实践流程

实践流程:实践项目讲解—实践项目岗位选择—确定岗位职责和招聘要求—发布招聘简章—提交应聘简历—现场招聘演练—教师和专业人员评价—修改拍摄微视频提交—成绩评定。

(1)结合会展企业人力资源招聘、岗位职责确定等理论学习内容,教师对实践项目的内容、要求和流程进行讲解。

(2)学生团队结合会展工作室业务开展情况和要求,确定招聘岗位,并制定岗位职责和招聘要求。

(3)团队成员制定招聘简章,并通过特定渠道和方式进行发布,组员模拟应聘人员提交应聘简历。

(4)现场设置招聘场景进行招聘,招聘形式可采用多对一或者一对多的形式,并提前准备好问题。

（5）该环节邀请授课教师或者行业企业人事部门负责人参加现场招聘演练，并就招聘现场的效果进行评价，提出建议。

（6）学生团队根据招聘演练的情况、教师和专业人员的评价，对招聘场景进行优化提升，并拍摄微视频，时间控制在 3～5 分钟。

（7）学生团队实践项目最终成果、招聘简章、岗位职责、应聘简历、招聘现场视频等上传学习通平台。

（8）教师通过网络评价成绩评定，并作为课程平时成绩的一部分计入课程综合评价。

第四章　实践课程教学项目

　　基于会展专业实践性较强的特点,为使专业实践更加深入完善,仅依靠理论课程中的实践环节是不够的,必须围绕人才培养目标,结合行业企业需求设置集中实践教学。会展专业集中实践教学是指围绕特定实践项目,利用一周以上时间,将学生集中起来,引导学生综合运用所学专业知识培养实践能力,进行系统、规范、全面的专业技术实践训练。会展专业以培养学生会展项目认知、策划、营销、组织管理能力为主线展开集中实践教学环节的课程设置,集中实践教学环节分为五个层次:第一层次为会展行业调研实践,开设在大一第二学期,解决学生行业认知的问题;第二层次为会展策划综合实践、会展营销综合实践,开设在大二,以赛促学、以赛促教,解决学生虚拟项目开展问题;第三层次为校园展会综合实践和创意活动综合实践,开设在大三,从虚拟到现实,从校内到校外,提升学生实际操作能力和素养;第四、五层次为毕业实习和毕业论文,开设在大四,从知识理论应用到实践环节转变,并为学生毕业就业奠定基础。大一到大四学生通过不同类型实践项目开展,实现从认知体验性实践到自主创新、真实角色实践延伸,全方位提升学生对会展行业的认知和理解,并为学生创业就业奠定良好基础。本部分内容基于河南牧业经济学院校内实践项目,重点介绍"会展行业调研实践"和"校园实体展会综合实践"两个集中实践教学环节,毕业实习和毕业论文实践环节后续章节将专门阐述。

第一节　"会展行业调研实践"项目内容概述

一、项目简介

该实践环节利用一周时间,通过"引进来、走出去"的方式邀请行业专家、优秀毕业生到校分享,引导学生到会展场馆、会展企业、会展项目、会展城市等参观、感悟、座谈、调研、分享和总结,巩固会展基本知识和相关理论,使其了解今后将要工作的环境,从而对将要从事的职业岗位具有初步认识;并提升学生知识运用和市场调研能力、人际沟通和文案撰写能力等,培养学生团队意识和协作精神,良好的职业素养和习惯,在此基础上,结合会展行业服务特性,渗透思政教育,让学生树立正确的服务价值观,进一步树立专业自信和文化自信。同时,课程将校企合作理念充分融入,邀请会展场馆、会展企业和会展项目人员作为实践项目顾问、校外指导教师参与策划、设计和实施,通过实践环节开展也进一步深化了专业产教融合机制。该项目承接"会展概论"基础课程,也为"会展策划""会展营销""会展企业管理"等后续课程的开设奠定基础。河南牧业经济学院会展专业经过多年实践和探索,该课程资源丰富、特色鲜明,已获批河南省社会实践一流课程立项建设。

二、项目内容

基于 OBE 理念,结合会展产业构成和会展企业岗位人才能力需求,确定课程实践教学内容,制定课程教学大纲,包括写出来、请进来、走出去三个模块(表4-1)。

表4-1 "会展行业调研实践"实践项目教学环节一览表

模块	环节	内容	备注
第一模块 写出来	实践项目 动员会	学院领导、专业教师和全体学生参加,强调活动意义,部署安排、要求等	项目启动
	调研计划撰写	学生团队专业调研计划,指导后续有效开展调研	项目计划
	调研报告撰写	学生团队实践项目结束后撰写,注重发现问题、分析问题和解决问题	项目总结
	实践报告撰写	学生个体实践项目结束后撰写,注重活动流程和实践总结、感悟	
第二模块 请进来	行业专家分享	政府主管部门、行业协会和企业专家入校,分享行业现状、发展趋势	
	优秀毕业生 分享	优秀毕业生入校,分享行业企业岗位职责、能力、素养要求和职业规划	
第三模块 走出去	师生进会展 企业	师生走进组展、会议、搭建类企业参观、体验、座谈和互动交流	项目执行
	会展企业专题 研讨会	结合企业参观体验,师生畅谈感悟和问题,引发思考,树立行业自信	
	师生进会展 场馆	师生走进会展中心、艺术中心、体育中心等场馆,了解场馆区位、布局、功能构造、设施设备等	
	会展场馆专题 研讨会	结合场馆参观体验,师生畅谈感悟和问题,引发思考,树立行业自信	
	师生进会展 项目	师生走进展览项目参观、体验、访问和调查,了解展会基本信息、现场活动安排、布展等相关事宜	
	会展项目专题 研讨会	结合会展项目参与体验,师生畅谈感悟和问题,引发思考,树立行业自信	
	师生进会展 城市	师生走进非高校所在城市,考察城市区位、交通、政策、环境、资源等	
	会展城市专题 研讨会	结合会展城市考察,师生畅谈感悟和问题,引发思考,树立行业自信	
	实践项目 总结会	学院领导、专业老师和全体学生参与,对活动进行总结,部署后续安排	项目结尾

（一）第一模块：写出来

第一模块为学生写出来。在活动实施方案和教师讲解的基础上，学生分组实践开展之前撰写项目调研计划，项目开展之后撰写实践调研报告。通过撰写调研计划让学生对后续将要进行的调研进程有系统和宏观的把握，有效指导项目实施和预期目标的实现；通过会展行业调研报告的撰写，让学生梳理自己的调研成果，从而对所调查区域内的会展业整体发展深入地认识和理解，针对问题进行分析，提高学生文案写作、问题分析和解决问题的能力。

（二）第二模块：请进来

第二模块为行业专家请进来。根据实践活动的目标和要求，邀请城市会展管理政府部门、会展行业协会、会展场馆等资深会展专家和优秀毕业生进入校园和学生面对面，从宏观会展行业和微观会展企业的角度进行分享，并进行有效互动，拓宽学生的知识视野，提高学生对会展业发展的宏观把控能力。

（三）第三模块：走出去

第三模块为师生走出去专项考察。包括考察会展场馆、会展企业、会展项目、会展城市等。首先，走进会展中心、艺术中心、体育中心等会展场馆，通过考察会展场馆和相关设施，学生更好地理解会展场馆在会展业发展中的功能和作用，认识到会展活动的开展和会展场馆的密切关系；其次，走进组展、搭建、会议、主题公园等类别的企业，和企业负责人、部门经理、一线员工等座谈交流，了解企业战略目标、组织架构、业务组成、岗位职责等，让学生明确会展企业用人能力素养要求，提升专业兴趣和专业信心；再次，走进会议、展览项目现场，感知展会的会场布置、特装展位搭建、现场活动组织等，和组展商、参展商、观众等沟通、交流。深入了解会展项目的利益相关者，认识到会展项目开展和会展行业、企业的密切关系；最后，全方位调研会展城市的政策、资源、设施、会展企业、会展项目、会展人才培养等，对城市会展业发展有总体把控，对影响城市会展业发展的因素有充分认知。

三、项目实施

本实践项目采取项目、任务驱动教学模式,将整个实践教学环节视为一个实践项目,将每个教学环节视为子项目。实施过程中学生在教师指导下分组进行项目实施,包括项目启动、项目计划、项目执行、项目总结四部分。每个环节采取教师通过学习通平台或者课堂提前布置教学任务,学生团队搜集相关资料,任务计划和执行,最终完成任务和项目,实现理论—实践—理论的循环过程,从而提升专业综合实践能力。

具体实践教学环节执行如下。

(一)实践项目1:撰写小组调研计划

1.实践目的和要求

调研计划撰写是该实践项目的前提和基础,能够有效指导学生进行后续的调研活动开展,通过调研计划的撰写,锻炼学生的逻辑思考能力、统筹计划能力,通过科学、合理地制定调研计划,让学生对后续将要进行的整个调研进程有系统和宏观的把握。要求学生分组进行,每组5~6人,设组长1名,统筹安排本小组的调研工作。在教师指导下根据实践教学环节安排和部署,通过组员相关资料搜集、头脑风暴等方式确定调研计划,进行合理分工。

2.实践内容

各组成员在教师指导下撰写调研计划,主要内容包括:①调研背景;②调研目的和意义;③调研内容;④调研对象和范围;⑤调研方式;⑥调研进度安排;⑦调研分工;⑧调查问卷;⑨调研预算;⑩调研成果展现。

3.实践流程

实践流程如下:①专业学习通平台发布实践课程大纲和课程方案,明确课程内容和进度安排;②专业教师讲解调研计划的撰写内容、技巧和方法;③学生组建团队进行合理分工,搜集和调研实践内容相关的材料,了解调研对象;④学生分组制定本组调研计划,提交指导教师;⑤指导教师审核调研计划,确保学生提交的调研计划具有针对性和可行性;⑥学生修改完善调研计划提交学习通平台,后续调研环节按照执行。

(二)实践项目2:行业专家请进来

1.实践目的和要求

通过聆听行业专家关于会展行业报告,和行业专家、学者进行有效沟通和交流,让学生了解会展行业发展现状及未来发展趋势,把握会展业发展脉搏,与时俱进;通过和优秀毕业生的互动交流,了解会展企业岗位设置和职责状况,从而对从事的行业有充分了解,有效指导学生职业生涯规划;专家报告会按照活动实践项目进行安排,要求做好活动方案,师生分工明确,注重场地申请、设施设备使用、礼仪人员安排、茶水服务、摄影摄像等。要求学生听报告过程中注重记录,不玩手机,不睡觉,积极思考。互动阶段注重有礼节提问,并对专家的解答表示感谢。活动结束后要求学生至少发一条朋友圈,内容显示为"会展专业行业调研实践项目行业专家入校开讲"等字样,有效发挥专业宣传的作用。

2.实践内容

该环节实践内容为专家报告会的活动安排,属于会议项目的真实项目,内容包括如下几方面。

(1)确定活动时间。根据实践项目总体安排,上午为动员会和调研计划撰写,报告会时间安排在下午,专家和优秀毕业生分享时间控制在1.5~2小时,互动时间为0.5~1小时。

(2)确定活动地点。建议放在学校学术报告厅,根据参与人员多少确定具体场地大小。

(3)活动形式。采取礼堂式"专家报告+互动交流",专家分享后,学生根据专家分享内容或者关于行业、专业相关事宜进行提问,专家答疑。

(4)邀请的专家和优秀毕业生的选择。报告会邀请行业专家一名,优秀毕业生一名,行业专家需邀请熟悉当地会展行业发展概况的会展主管部门领导、会展场馆负责人、会展行业协会负责人或者知名会展企业负责人,不仅要关注其业界成就,还要关注其演讲和分享技巧;优秀毕业生选择本校会展专业毕业,在会展行业中取得显著成就的会展企业高管或者创业成功人士。

(5)确定专家分享的主题。行业专家可结合国际、国内、所在城市的会展行业实际情况谈会展未来发展趋势,优秀毕业生结合所在企业的业务和取得成绩谈会展企业人员需求、岗位职责等,树立学生专业信心。分享的选题需要由课程负责人提前联系好,并要求分享嘉宾提前将演讲内容发送学院进行审查,确保分享内容的适宜性。

(6)确定参加的学院领导、教师和学生群体。该环节不仅是专业实践活动,还是一次学术活动和校企交流活动,因此专业所在学院领导、会展专业所有教师和涉及实践项目的班级学生全员参与,鼓励其他年级同学参与。

(7)确定会场的布置。根据参与报告会的人员数量确定活动场地,若人数较多,选择学校大礼堂或学术报告厅较为适宜;若人数较少,建议选用小会议室或者小的报告厅,这些场所配备有专门的会议设施设备,利于实践项目的开展。

(8)确定会场设施设备完善。会展基本设施设备要有舞台、主席台、演讲台、话筒、投影、电脑、音响系统,备有翻页笔等,并设置专人负责会场设施设备的调试,及时处理活动进行中的设施设备问题。

(9)确定会展服务人员。现场可安排两名会展专业学生作为会议服务人员,穿礼仪服饰或者职业装,使之有角色感,负责学生组织、嘉宾接待、嘉宾茶水服务等。

(10)确定活动的主持人。活动主持人可由专业负责人或者课程负责人担任,向师生介绍参加活动的学院领导、校外专家和优秀毕业生,组织学生和专家互动讨论、总结等环节。也可以安排高年级学生担任,但需要专业教师提前指导。

(11)确定活动进行中的控制。活动实施过程中需要专业学生干部全程现场控制,确保学生认真听讲,按要求记录,不玩手机、不睡觉,适时和专家互动。

(12)确定活动的宣传和通知。提前2~3天制作专家报告会的海报,内容包括活动时间、活动地点、主讲人及其介绍等,并在校园网、微信公众号等平台发布;同时制作纸质版在校园合适位置粘贴;涉及的相关班级提前通知到位,确保足够数量的人员参与。

（13）确定摄影摄像和新闻稿的撰写。指定专人负责活动实施的摄影摄像（务必确保具有拍摄的专业性）和新闻稿撰写，新闻稿需在教师指导下完成，并经学院领导审核后发布。

3. 实践过程

实践过程：①制定活动方案，确定活动时间、活动地点、拟定要求的专家和优秀毕业生等；②教师对分享专家和优秀毕业生发出邀请，确定分享内容；③学生申请活动场地，勘察活动现场；④发布海报；⑤提前进行活动演练，确保会场设施设备完好；⑥活动执行和控制，按照拟定计划引导专家和优秀毕业生入校分享和交流，其间注重学生参与互动；⑦活动新闻稿的撰写和发布；⑧活动总结和感悟。

（三）实践项目3：走出去考察会展企业

1. 实践目的和要求

会展企业是会展行业构成主体，也是学生今后从事会展行业的场所，企业的环境直接影响到学生的认知和信心，会展企业管理也是会展专业学生必须掌握的专业知识内容。该实践项目选择学校所在地。会议类、组展类、搭建服务类等会展企业要求学生以调研员的身份搜集企业相关信息，教师引导下学生团队成员分别走进不同类型企业参观，和企业员工交流，了解企业的组织架构、主要业务部门和业务内容，了解企业不同岗位工作职责和要求，提升学生对会展企业运营和管理的感性认识，理论联系实际，强化学生对所学知识的理解和把握，培养学生良好的职业素养。近年来，河南牧业经济学院会展专业依托实践项目，走进河南中展动力展览有限公司、郑州汇卓展览策划有限公司、郑州欧亚国际展览有限公司等多家会展企业调研、考察、交流，为校企合作育人奠定了良好基础（图4-1、图4-2）。

图4-1　调研河南中展动力展览有限公司

图4-2　调研郑州欧亚国际展览有限公司

2.实践内容

（1）了解会展企业类别。根据不同分类标准,会展企业分为不同类型。按照企业规模,可分为微型企业、小型企业、中型企业、大型企业;按照企业性质可分为国有企业、民营企业、股份制企业等;按照《中华人民共和国公司法》划分标准,将企业分为有限责任公司和股份有限公司;以投资主体划分为内资企业、外资企业等;按照公司股票是否上市流通可分为上市企业和非上市企业;根据经营业务不同可分为展馆企业、会议企业、展览企业、搭建企业等。可通过网络资料搜集查阅、访谈等方式获取调研企业的类别。河南牧业经济学院会展专业选择郑州汇卓展览策划有限公司作为调研对象,该公司注册资金 1500 万,现有员工 100 多人。结合调研数据,该企业属于中小型会展企业、民营企业、有限责任公司、内资企业、非上市企业、组展企业等。

(2)了解会展企业组织结构。调研过程中,通过信息搜集、资料获取、访谈等形式了解其组织结构,从而为后续了解企业业务和岗位设置奠定基础。河南牧业经济学院会展专业选择郑州鑫宇佳创会展集团进行调研,其是一家专业从事展会特装、展会主场、展厅展馆、会议策划、卖场终端为一体的综合性企业。其组织结构为典型职能型组织架构,企业按照职能组织部门分工,从企业高层到基层,把承担相同职能的会展业务及人员进行组合,设置相应管理部门和管理职务。

(3)了解会展企业基本业务。企业业务是指企业为追求利润和经济增长而进行的各种经营活动和运营管理过程,是企业存在和发展的基础。对会展企业而言,根据其提供的会展产品类别不同包括组展企业、搭建企业、场馆企业等,实际上诸多企业业务并非单一,集团性质的企业可能会涉及多种业务。仍以郑州汇卓展览策划有限公司为例,其是一家以展览主承办、主场运营、展厅展台设计搭建、会议托管为核心业务的专业会展公司。主承办展会项目有中国发博会、大河国际车展、河南教育装备博览会等 10 多个,作为主场累计服务展会 175 场,累计服务 1000 多场会务活动,包括行业论坛、学术会议、宣传周、发布会、庆典活动、招商会等多种类型。学生了解会展企业的业务范围情况和发展趋势,可加深对展会运营的整体认知,并在此基础上加速了解展会项目运营情况和客户群体特点。

(4)了解会展企业岗位设置。会展企业岗位是企业组成的基本单位,各个岗位各司其职,是企业策划、营销、财务、人事、后勤等各职能部门,展前、展中、展后会展项目各环节相互联系,保障企业正常运营和企业展会项目顺利举办。为帮助会展专业学生确定未来就业方向和树立良好的职业素质,会展企业调研需要对会展企业的岗位设置和岗位职责进行调研。结合不同的业务部门确定的不同的岗位职责,诸如组展企业招展部设立项目招展主管,招展专员等岗位,招展专员是围绕特定会展项目,按照招展主管的任务分工通过电话、客户拜访、电子邮件等形式进行展商招揽,并负责签单和维护的企业工作人员。

（5）了解会展企业文化。企业文化是企业的灵魂，是推动企业发展的不竭动力。考察会展企业要关注企业的文化墙、企业标志、宣传语、公司制度、员工精神等反映企业文化的要素。以郑州鑫宇佳创会展集团为例，通过调研获悉其企业文化理念为"六正"：正心、正言、正行、正知、正念、正能量；企业精神为：高起点、严要求、抓质量、促安全、促进度、争一流；工作作风为：团结、创新、文明、勤奋、务实、活泼；服务理念为：诚信经营、海纳百川、以人为本、追求卓越；企业宗旨为：对待客户，我们始终坚持"完美、快捷、双赢"。企业文化不仅要在公司文化墙上进行展示，最重要的是将这些文化理念、精神和作风融入员工工作中和会展项目和业务的开展过程中，让客户充分感受到企业的精神面貌和文化魅力。

（6）了解会展企业家精神。企业家精神是企业文化的重要组成部分，企业调研过程中可关注企业主要负责人的企业经营理念和个人品质，将其融入会展专业人才培养，转化为课程思政资源。豫籍会展企业家群体在国内会展界规模大、成绩突出，是民营会展企业家的典范。对其调研发现，豫籍会展企业家普遍具有诚信至上、信誉第一，乡土情结，坚守成功、合作共赢，关注时事、创新发展的品格。这些精神和品格不仅成就其企业壮大，也对会展专业学生在诚信、坚守、学习、合作和创新教育方面产生重要影响。

3. 实践过程

（1）专业负责人或课程负责人确定考察调研的企业，并联系沟通好双方对接人，确定企业考察时间、参与人员、流程和内容。鉴于会展企业的规模，参观企业学生人数应该控制在 25 人左右，若院校有 100 名学生，可确定 4~5 家不同类型的企业调研。

（2）学生团队通过网络、企业官网等搜集企业相关资料，了解企业类型、组织架构、主要项目和业务范围。

（3）按照约定时间指导教师带队奔赴企业，在企业员工引导下参观企业工作环境、文化墙、办公场地等，并听取企业介绍，参观过程中要求学生注意礼节，参观时遵守单位和企业的相关规定。

（4）观看企业或企业项目的宣传视频或者相关材料，再次加深对企业的认知和理解。

（5）双方座谈，了解企业组织结构、业务和项目、岗位设置和职责、用人需求等。

（6）互动交流，师生结合资料搜集和企业方介绍的相关情况，结合企业业务、岗位、项目等方面的问题进行提问，企业方答疑。

（7）企业调研活动友好结束，双方合影留念。

（8）学生返程，结合调研考察内容思考相关问题。

（9）进行校内会展企业考察研讨会，研讨环节包括教师结合调研考察内容提出研讨话题—学生分组进行研讨（强调梳理和总结不同会展企业的情况）—各组派代表发言（做什么、怎么样、有何感悟和收获、有何疑惑和问题等）—随机发言—教师总结（对活动组织执行和学生团队的表现进行肯定，并再次强调企业调研的重要性，树立学生职业素养）。

（10）撰写新闻稿，每位参与实践的同学通过朋友圈分享考察内容，显示时间、地点、群体、事件、收获感悟等内容，不仅是对学生理解总结能力的提升，也是专业宣传的一部分。

（四）实践项目4：走出去考察会展场馆

1. 实践目的与要求

会展场馆是指从事会议、展览及节事活动的主体建筑和附属建筑，以及相配套的设施设备和服务，它由硬件和软件两部分组成。会展场馆在会展业的发展中担任着举足轻重的角色。决定举办哪些展览以及什么时间办展，其运营模式可以决定城市会展行业的整体发展。对城市会展业的发展、展览品牌的培育、强化城市服务功能、会展项目市场化运作、人才培养等都发挥重要作用。会展场馆的运营管理是会展专业学生必须掌握的专业知识内容。通过对当地会展场馆的实地参观和考察，提升学生对会展场馆的感性认识，强化学生对所学知识的理解和把握。河南牧业经济学院在该实践环节采取"集中+分散"形式进行，教师带领各组学生集中参观郑州国际会展中心、河南省艺术中心等，和场馆方进行互动交流，获取场馆设施设备等方面的信息（图4-3）；同时，学生团队自行搜索相关资料，利用课余时间进行本地的博物馆、美术馆、文化馆、科技馆、剧场等场馆考察，增强认知，提高认识。

图4-3　调研郑州国际会展中心

2. 实践内容

（1）了解会展场馆的区位选择。考察会展场馆的过程中,需要关注场馆在城市的方位、空间,具体的交通条件。以郑州国际会展中心为例,该场馆位于郑东新区 CBD 中央商务区中心,与 107 国道和京珠高速公路相邻,距郑州新郑国际机场 26 千米,地铁 1 号线、5 号线交会,23 路、232 路、135 路、206 路、26 路、919 路、195 路、7 路、B53 路、B16 路、162 路等十多条公交可以直达,交通便利,区位条件优越。

（2）了解会展场馆的建筑特色。会展场馆建筑特色注重与城市环境融合,使之成为美化城市环境的重要组成部分。如昆明滇池国际会展中心是云南省最大的标志性建筑,占地面积 540 万平方米,场馆设计主题是:孔雀开屏、祥瑞春城。无论从航空俯拍图,还是设计鸟瞰图来看,整个场馆都好像正在开屏的孔雀,非常绚丽。把独具地域特色的孔雀翎羽作为建筑设计概念,突出民族特色、地域特色,也让会展中心具有时代性、独特性,吸引更多参展商、顾客、游客前往。

（3）了解会展场馆的功能分区。会展场馆有室内区域和室外区域之分,室内区域又分展馆区域、会议区域及配套区域,展览区域可分为若干个展厅,会议区域有多功能大厅、中型会议室、小型会议室、贵宾室等,满足不同类型会议活动的要求。以调研郑州国际会展中心为例,该场馆建筑面积22.68 万平方米,其设施包括会议中心、展览中心、1.7 万平方米的室外展场及 4.5 万平方米的室外停车场。会议中心建筑面积 6.08 万平方米,主体建筑六层。由轩辕堂、九鼎厅、大河厅、太室厅、贵宾室等 30 个大中小型会议室组成。专业学生调研场馆可通过场馆的官方网站获取场馆的信息和场馆中展厅、多功能厅、会议室等场所的参数,通过场地现场的参观和场馆方人员的讲解,对会展场馆的各个区域功能有深刻的认识,并为后续学习"会展场馆运营""会议管理"等课程奠定基础。

(4)了解会展场馆的设施设备。会展设施是指会展活动举办过程中会展场馆基本设施和一切涉及会展项目的物质要素,诸如供电系统、给水排水系统、空调、电梯、照明设备、消防器材、通信设备、网络和信息传递设备以及公共广播等宣传器材;举行各种会议的会议中心以及中心内的座位布局、家具、照明设备、室内调节空气状况的设备以及音响放映器材等。随着会展经济的发展和会展信息化、智能化水平的提高,越来越多的会展中心为会展活动提供各种高水平的信息化和智能化服务,如智能卡管理系统、通信系统、网络系统、信息服务系统、卫星及有线电视服务系统。完善的设施和完备的功能是会展场馆举办各类展览、会议和大型活动的重要保证。专业学生通过资料搜集、到会展场馆现场参观、调研、考察、交流,可以获取对会展设施设备的直观认知,对会展设施设备的功能和价值有更深入的理解。

(5)了解会展场馆经营管理模式。以会展场馆所有权与经营权的关系为依据,场馆经营管理模式有自建自营、合资经营、委托经营三种。学生通过网络搜集、座谈交流等形式了解调研场馆的经营管理模式,为后期场馆管理课程内容学习奠定基础。

3.实践过程

(1)专业或课程负责人确定考察调研的场馆,并联系沟通好对接人,确定场馆考察时间、参与人员、流程和内容。场馆规模一般较大,参与人数可控制在50~60人,当地会展场馆全员参与,体育场馆和文化场馆有选择性参与,确定2~3家场馆进行调研。

(2)学生团队通过网络、场馆官网等搜集本地各类会展、体育、文化场馆的情况,重点了解拟定调研场馆的相关资料,提前对场馆的区位交通、功能分区、建筑特色、场馆主要业务等内容进行了解。

(3)按照约定的时间指导教师带队奔赴场馆,要求学生分组行动,若涉及距离较远、交通不便的情况下,学生可选择包车前往,确保安全。

（4）在场馆方员工的引导下参观场馆的建筑特色、主要场地、设施设备、办公场地等，并听取相关介绍。参观过程中要求学生注意礼节，参观时遵守单位和场馆的相关规定。

（5）观看场馆的宣传视频、文化墙等相关材料，再次加深对企业的认知和理解。

（6）双方座谈，场馆介绍主要业务范围、场馆建设情况、经营情况、人才需求等。

（7）互动交流，师生结合之前的资料搜集和场馆参观，结合场馆方介绍的相关情况，就场馆运营、场馆智慧化、人才需求等进行提问，场馆方给予答疑。

（8）场馆调研活动友好结束，双方合影留念。

（9）学生返程，结合调研考察内容思考相关问题。

（10）进行校内场馆考察研讨会，研讨环节包括：教师结合调研考察内容提出研讨话题—学生分组进行研讨—各组派代表发言—随机发言—教师总结。

（11）撰写新闻稿，参与实践的同学通过朋友圈分享场馆考察内容，显示时间、地点、群体、事件、收获感悟等内容。

（五）实践项目5：走出去考察会展项目

1.实践目的和要求

会展项目是会展业发展的基础。会展项目的策划和运作是会展专业学生必须掌握的专业知识内容。通过对真实会议、展览项目的实地参观和考察，提升学生对会展项目策划、运作、会展项目利益相关者、会展服务、会展项目相关活动的感性认识，理论联系实际，强化学生对所学知识的理解和把握。具体要求采用参观、交流、考察、访谈的形式进行；学生全员参与，统一行动，服从指挥，严禁单独离队；学生注意礼节，参观时遵守单位和企业的相关规定；参观结束后返校进行展会项目调研研讨，内容包括展会项目的基本情况认知、展会项目的利益相关者、展会项目的布展搭建情况、展会项目的组织和服务情况等；研讨在教师指导下分组进行，研讨环节包括教师提出研讨话题—学生分组研讨—各组派代表发言—随机发言—教师总结；要求学生团队调研结束后至少发送一条朋友圈,这也是实践项目的重要组成部分,彰显会展人不仅要能干(做事),还要能传(传播)。

2. 实践内容

(1)了解展会项目基本信息。展会项目的基本信息包括展会的名称、办展地点、办展单位、办展时间、展品范围、办展频率、展会规模、展会价格等内容。调研会展项目首先要关注展会的基本信息,可在参观之前通过网络、项目官网了解展会项目基本情况,然后通过现场参观体验,加深认识和理解。以河南牧业经济学院会展专业调研郑州工业装备博览会为例,项目基本情况如下。

展会名称:2024 第 20 届中国郑州工业装备博览会

办展地点:郑州国际会展中心

主办单位:中国机械工业联合会、中国机械工程学会、天津振威国际会展集团股份有限公司、郑州海名汇博会展策划有限公司

承办单位:天津振威国际会展集团股份有限公司、郑州海名汇博会展策划有限公司

举办时间:2024 年 5 月 7—10 日

展品范围:机床、自动化、机器人、五金工具、泵与电机、劳保用品六大类别主题展区办展频率:为 1 年 1 次

展会规模:70 000 平方米,参展企业 2500 多家,参加观众 70 000 人以上

展位价格:标准普通展位 7800 元,豪华标准展位 9800 元,光地特装展位 18 平方米起租,每平方米 800 元

(2)了解展商和专业观众。展商和观众是展会最重要的两类客户群体,组展就是要为展商和观众销售采购、信息交流搭建平台。专业学生在参观调研展会项目过程中,要关注展商和观众的类别、来源、参展目标、参展行为等,通过展商和观众交流,明确他们是否实现了预期的参展目标,还有哪些问题等,以便为实践项目结束后为展会组展商提供调研数据,为组展商决策奠定基础。

(3)了解展会现场服务。做展会就是做服务,展会服务贯穿展会始终,在展会展览的现场表现最为集中和明显,展会服务的质量是展会成功举办

的重要保证。学生关注展会现场服务,可以了解展会组织方的经营管理水平。调研内容展场整体设计/布置,公共设施安排、主色调等方面;停车、入馆筛查、参观指引、餐饮、如厕、问询接待;展商服务、观众登记和服务、活动现场公关和接待、媒体接待和采访、展会相关活动协调、现场的清洁和安保工作、展具租赁等。学生参观前可向活动组委会索取展会服务手册、参展手册、参观指南等,展商手册内容包括前言、展览场地基本情况、展会基本情况、展会规则、展位搭建指南、展品运输指南、会展旅游信息等。可为参展商和观众提供"一站式"服务。

(4)了解展会同期活动。展会同期活动是指在展会期间围绕展会主题举办开闭幕式、各类会议、表演、赛事等活动,从而达到丰富展会信息功能、扩展展会展示功能、强化展会发布功能、延伸展会贸易功能、提升展会档次和影响力、活跃展会现场气氛和凸显展会专业性的目的。调研开幕式要注重开幕式时间、地点选择,舞台布置、开幕式参与人员,领导讲话内容,开幕方式;调研展会同期会议要关注会议的主题、会议类型、参会人员、会议的组织和安排;展会表演类活动要关注组织机构、表演的内容、表演舞台和场地、表演演员和主持人、观众组织等;行业比赛调研要关注赛事内容、方式、比赛规则、评审团等。

3. 实践过程

(1)根据实践项目实施的时间要求,课程负责人提前确定调研的展会项目,并联系沟通好对接人,确定展会现场调研的时间、地点、线路安排、主要内容等。

(2)学生团队通过网络、项目官网、微信公众号、视频号等提前搜集了解展会项目的主题、组织机构、规模大小等基本情况。

(3)指导教师带队通过门禁系统进入展会现场,可提前到场参加体验展会开幕式。

(4)展会组织方负责人讲解展会展区分布、重点展商、主要活动、特色和亮点、展品类别等,并带领参观,参观过程中要求学生注意礼节,遵守场馆和展会项目的相关规定。

(5)师生结合展会项目资料搜集和现场参观,对展会项目的现场管理、岗位设置、危机处理、布展车展、开幕式、门禁系统等相关事宜进行提问,项目组委会答疑解惑。

(6)学生分组自主参观展会,与参展商、观众进行交流,条件许可进行展商和观众满意度调查(需提前制作调查问卷)。

(7)学生返程,结合调研考察内容思考相关问题。

(8)校内进行展会项目考察研讨会,研讨环节包括:教师结合调研考察内容提出研讨话题—学生分组进行研讨—各组派代表发言—随机发言—教师总结。

(9)撰写新闻稿,参与实践的同学通过朋友圈分享展会项目考察的相关内容,显示时间、地点、群体、事件、收获感悟等内容。

(六)实践项目6:走出去考察会展城市

1. 实践目的和要求

会展城市资源和环境是开展会展活动、发展会展业的基础条件,会展城市考察结合城市会展业影响因素,选定城市经济、文化、会展政策、会展组织、会展场馆、会展企业、会展项目、会展技术、会展环境、会展教育、星级酒店、旅游景点、商业综合体、文旅街区等作为参观、交流、考察、访谈的对象,通过调研,让学生了解会展产业发展影响因素,理论联系实际,强化学生对所学知识的理解和把握。城市选择上,经费预算和时间充裕情况下优先考虑北京、上海、广州、成都等一线城市,选择省会城市、会展业发展基础较好城市;考察时间2~3天,提前规划好考察线路,明确对接人,确保调研活动顺利开展。

2. 实践内容

由于会展城市考察涉及内容较多,有限时间内需围绕城市会展产业实际情况,有选择性地确定调研和考察的内容。以河南牧业经济学院会展专业为例,其对郑州市会展产业考察包括会展政策、会展机构、会展场馆、会展企业、会展项目、会展高校等内容。这里的会展场馆、会展企业、会展项目考察区别于前期微观单体实践调研,是将其作为城市会展产业的重要组成部分,综合考察场馆、企业和会展项目的数量、类别、品牌、发展现状等。

(1)会展政策。产业政策是调控这个城市经济发展的重要手段,是决定该城市的产业发展方向、规模和速度的重要因素。调查显示郑州市区位优越、交通便利，会展业起步较早，曾被称为"中国流动展"的摇篮。自2005年以来，郑州市先后出台了《关于大力发展会展业的意见》《关于进一步加强会展管理工作的通知》《关于加快国家区域性会展中心城市建设的意见》《关于加快郑州国际会展名城建设的意见》《郑州市会展业促进条例》《郑州市支持会展业高质量发展若干措施》等多项政策文件，从统筹场馆规划建设、提升政府服务水平、加强会展政策扶持、人才培养和引进等方面作了全面系统的规定，支持和推动会展业高质量发展。

（2）会展机构。会展机构是各地会展行业政府管理部门、会展业商会、行业协会及其会展研究组织等，其在城市会展行业发展过程中发挥指导监督、管理规范、协调审核、宣传促进等作用。以郑州市为例，其会展行业政府管理机构为郑州市商务局下设事业单位郑州市会展业促进中心，主要工作职责为制定全市会展产业发展中长期规划、培育会展产业市场经济、负责全市会展活动的综合协调服务工作。郑州市会展行业协会成立于2019年，主要职责为制定行规行约、开展培训咨询、人才交流，并组织推进、贯彻实施和进行监督行业自我管理、行业协调，做好行业服务工作、依法维护行业和会员的合法权益。

（3）会展场馆。调查显示，郑州现有三个投入使用的专业会展场馆——郑州国际会展中心、中原国际博览中心、中原国际会展中心。其中中原国际博览中心建设得最早，1993年建成并投入使用；郑州国际会展中心2005年建成投入使用，是郑州市中央商务区三大标志性建筑之一；中原国际会展中心位于郑州航空港经济综合实验区中心位置，项目占地面积2450亩，规划建设面积30万平方米，建成后将成为中部地区规模最大的现代化智能场馆。此外还有郑州市奥体中心、河南省体育中心、河南省艺术中心等多处体育艺术场馆。

（4）会展企业。对郑州市会展企业的调查显示，郑州市具有会议业务的企业有300多家，其中河南瑞祥会展会务有限公司、郑州东鼎会展服务有限公司、郑州金辉会议服务有限公司等10多家为专业会议企业；郑州市具有展览展示业务的企业有1000多家，其中有河南中展动力展览有限公司、郑州汇卓展览策划有限公司、郑州海名汇博会展策划有限公司等30多家专业展览企业。实际上诸多企业兼顾会议、展览、搭建、会展主场服务等多项业务。

（5）会展项目。对郑州市会展项目调查获悉，郑州市会展业起步较早，其优越的地理位置和便利的交通条件为其孕育了国际旅游城市市长论坛、郑州跨境电商大会、嵩山文化论坛、郑州全国商品交易会、河南投资贸易洽谈会、中国郑州汽车后市场博览会等诸多品牌会展项目；节事活动有少林国际武术节、黄帝故里拜祖大典、豫剧文化节、樱桃文化节、葡萄文化节等；常规体育赛事有郑开国际马拉松、嵩山国际马拉松、郑州街舞挑战赛等。

（6）会展高校。会展高校是会展专业人才培养的重要阵地，也是城市会展产业竞争力的重要组成部分。调查显示，郑州市开设会展本科专业的高校有河南财经政法大学、中原工学院、河南牧业经济学院、河南财政金融学院、中原科技学院5所，开设会展策划与管理的高校有郑州职业技术学院、郑州旅游职业学院、河南物流职业学院3所高校。其中河南牧业经济学院会展专业设置于2007年，2017年开始招生本科专业，当前专业在校生人数达600多人，陆续为行业企业培养会展专业人才2500多人，得到行业企业的充分认可。

3. 实践过程

（1）学生分组根据实践课程方案制定各组会展城市调研的计划和方案，确定调研的时间、地点、单位、线路安排、主要内容、物料准备等。

（2）学生团队搜集选定会展城市的会展政策、会展组织、会展场馆、企业、会展项目、会展高校等基本情况，并进行汇总梳理，形成会展城市调研的基础资料。

（3）提前联系相关调研单位，最终确定调研的时间、地点、方式、内容、对象等，并对接好相关事宜。

（4）现场调研、访谈、交流，学生团队明确分工。

（5）校内进行会展城市考察研讨会，研讨环节包括：教师结合调研考察内容提出研讨话题—学生分组进行研讨—各组派代表发言—随机发言—教师总结。

（6）撰写新闻稿，参与实践的同学通过朋友圈分享会展城市考察的相关内容，显示时间、地点、群体、事件、收获感悟等内容。

四、项目考核

该实践项目评价考核从调研过程参与互动、调研计划、调研报告和实践报告撰写情况等方面进行，按照百分制确定专业实践考核成绩。活动参与过程表现占比50%，基于学生个体进行评价和成绩评定，含出勤守纪情况、调研过程的积极主动，交流、礼貌礼节、提问和互动、期间和后续朋友圈发布、推文撰写、总结活动展示讨论等，由指导教师和各组组长给出；调研计划、调研报告、实践报告撰写占比50%，按照团队进行成绩评定，调研计划侧重从计划科学性、条理性、内容丰富性等方面评价。调研报告从格式规范、内容完善、资料翔实、发现问题准确、提出措施恰当等方面评定，由指导老师掌控。实践报告从报告撰写的规范性、内容翔实度、实践感悟和总结等方面评价。

第二节 "校园实体展会综合实践" 项目内容概括

一、项目简介

该实践项目为第三层次自主创新、真实角色综合性实践项目，选定特定主题，通过校园实体展会的策划、组织和实施运营，让学生了解展会项目调研、策划、营销、组织、管理的过程，理论指导实践，掌握会展项目策划和运营的基本技巧。扮演展会项目运营真实角色，全程跟踪并实际参与展会项目各环节，全面详细掌握展会项目实际运营情况。通过展会实践提升专业实训能力，培育高尚的文化素养、健康的审美情趣、乐观的生活态度，把爱国主义、民族情怀贯穿渗透到课程实践中，帮助学生树立起文化自觉和文化自信。通过实践活动,提升专业兴趣;通过实际操作,增强行业信心;通过职业角色扮演,提高职业道德素质;通过会展现场体验和学习,树立正确的价值观。该实践项目综合运用"会展项目策划与管理""会展市场营销""会展企业管理""企业参展实务""展示设计"等多门专业课程知识,提升学生综合能力和素养,也为后期顶岗实习、创新创业和就业奠定基础。河南牧业经济学院会展专业自 2010 年开始举办校园展会实践项目,从项目前期的市场调研到招展、招商,从展会现场的服务与管理到展后的参展商回访都是学生独立运行,展位数量从开始的 40 个发展到 2014 年的 120 个,并同期举办河南省首届会展教育创新发展论坛,得到了《郑州日报》《河南商报》等媒体的报道,学生专业实践能力得到大幅提升。为凸显旅游学科特色,增强学生文化自信,拓展学生校园展会角色身份,自 2019 年开始,会展专业开始举办以"老家河南"特色物产文化节校园实体展会项目,该活动已成功举办四届,得到行业企业、学校领导和学生的充分肯定,学生实践能力得到大幅提升(图 4-4)。

图 4-4　学生现场展示和开幕式表演

二、项目内容

基于 OBE 理念,从会展项目运营角度出发设置实践教学内容,制定课程教学大纲,学生以组展商、参展商、服务商、观众等身份全程参与校园实体会展项目的市场调研、立项策划、招展招商、宣传推广、现场服务与管理、危机管理、相关活动策划和实施等全过程,提升学生会展项目运营综合实践能力和素养。项目围绕"老家河南"特色物产文化节选择学生精英团队组成实践项目组委会,组委会下设策划设计部、展商联络部、宣传推广部、后勤保障部、人事财务部、相关活动部等,模拟公司运作模式进行展会演练。其他学生以家乡所在地为单位组团参展,拟定参展计划、进行展台设计、现场进行展品讲解,展品主要为学生家乡特色物产,包括各地农副产品、老字号、非遗产品、工艺品、旅游商品等,展品来源主要为征集、代理销售等,活动同期举办会展教育论坛、汉服文化节、综合展示设计解说大赛等,从展品选择、展台搭建、展品布局、展品解说等环节进行考核,全面提升学生市场调研、团队协作、组织协调、资源整合、沟通交际、创新创意等方面的能力和素养。

三、项目实施

(一)校园展会与人才培养定位

应用型会展经济与管理本科专业人才培养目标为:培养具有会展基础知识、职业素质和创新意识,在会议、展览、节事、赛事、演出及相关活动行业从事策划、营销、组织、管理等岗位工作的,德、智、体、美等全面发展的高素质、复合型、应用型专业人才。着重培养的会展行业核心人才,这类人才首先应该具备专业基础知识、职业素质和创新意识;其次能够在会议、展览、节事、赛事、演出及相关活动行业内就业,再次从事策划、营销、组织、协调、管理等相关岗位。从培养目标的表述来看,会展人才应该是全才、通才。然而依靠四年的理论学习,会展人才是培养不出来的,必须加强专业实践环节开展,校园实体展会项目兼顾校内实践和校外实践,兼备专业实训和真实角色扮演,搭建起校内理论学习和校外实践活动之间的桥梁,为专业人才培养目标的实现奠定坚实基础。校园实体展会围绕行业企业岗位和会展人才素质需求,允许参展团队现场产品销售,内容丰富,方式多样,尽可能贴近社会实体展会,着力体现会、展、演、节、赛等会展活动的有效融合,提炼其内涵共性素质要求,为学生今后的就业拓宽方向。

(二)校园展会与教师引导作用

校园展会项目属于会展专业实训项目,除了需要充分发挥学生参与的积极主动性外,专业教师的指导、监督、协调、控制作用也应该充分发挥。

1.教师的"监督"作用

教师应该把握实训项目的目标任务,扮演展会项目"组委会主任""总经理""顾问"等角色,以"任务驱动"为理念,时刻提醒项目团队有目标、有计划、有步骤地实施项目任务,指导学生完成每一阶段任务的步骤、方法和途径,并根据学生个性特点基于不同的职业角色,采取最有效的人力资源组合来推动展会的实施。

2.教师的"协调"作用

由于在校内举办大型集会活动,校园展会项目实施过程中,要涉及学院、保卫、宣传、后勤、学生管理、教务等不同部门,关系协调单靠学生去处理是不现实的,专业教师应该发挥各部门之间的"桥梁"作用,需要处理好和学校后勤、保卫、宣传、教务等职能部门的关系,为校园展会顺利实施提供便利条件。

3.教师的"指导"作用

在校内举办实体展会,对学生而言毕竟是第一次,虽然有之前举办经验的借鉴,但每年的情况都不会完全一样,这就离不开教师的指导,从项目立项策划到展品征集,从项目宣传推广到物料准备,还有现场的搭建、服务及其后期的总结,都需要指导教师进行全程指导,引导学生主动发现问题、解决问题。

4.教师的"控制"作用

校园展会不同于校外纯粹的商业活动,其专业实践是首要的目的,必要时候不排除专业教师主动设置障碍,让学生经受一定的挫折,激发其积极主动性和创新思维发挥。但在障碍设置过程中,必须注意让学生意识到教师的良苦用心,以免激化师生之间矛盾。

(三)校园展会与专业课程实践

会展专业具有较强的应用性特征,实践教学在课程设置上比重较大。和课程实践不同,校园展会实践项目是专业综合性实践项目,涉及诸多专业知识,也和诸多专业课程的实践环节相关联。实际上,课程实践环节由任课教师根据课程内容独自设计,不同课程之间缺乏沟通和联系,各种案例不具有可比性,往往导致学生对展会时间缺乏系统性和条理性,毕业后难以应对纷繁复杂的实体展会项目。校园展会项目从项目策划、营销、组织、管理,到企业参展、展会设计等,可将不同课程的理论学习和实践融入其中,课程实践过程中,让学生明确校外实体展会项目的一般规律,然后再将其理论应用引入校园展会,了解校园展会项目的特殊性;作为会展专业综合性实践项目,校园展会涉及多门专业课程,但在不同课程之中发挥的作用不同,任课教师需要把握不同专业课程在校园展会的不同阶段所发挥的作用,从而在课程顺序的开设、课程内容的安排上有所区别。

（四）校园展会与专业教学改革

传统教学模式是以讲授教材理论为主,但由于受教师自身理论水平、专业经历、学科背景等多种因素影响,往往导致学生理论学习不够深入,缺乏和实体展会接触的机会。校园展会项目引入可有效改变这种状况,专业教学改革可利用校园展会实训平台,建立"任务驱动、项目驱动、工学结合"的教学模式,学生在充分掌握专业理论同时,通过多方面的实训活动,提升专业实践能力。项目驱动教学是一种包括项目立项、任务分解和技能应用的真实动态的连续过程,集多种任务和技能为一体,以项目成功实施为目的的综合性实践教学模式,它是"工学结合"一体化课程中最常用,也是最理想的教学方法。校园实体展会实践项目属于典型"项目驱动型"的教学。利用PDCA循环理论,通过项目运营,完成"理论—实践—再理论—再实践"的循环提升过程,从而提升校园展会实训项目质量和专业实训效果,加强学生对项目的掌控能力。首先,在教师引导下通过项目理论学习,明确会展项目启动、策划、运营实施、评估总结等各个环节,确定项目目标,制定项目计划,并组建团队;其次,根据项目目标和任务计划,将理论学习内容渗透在校园展会项目之中,对项目进行立项策划、组织运营和总结评估,实施过程中提升学生实践操作能力;再次,利用校园展会项目的实践环节验证理论学习的成效,从实训的角度出发检查项目执行过程中存在的问题,并对其进行理论分析;最后,对检查结果进行处理,成功的经验加以肯定,并予以标准化和规范化,以供下届活动参考。对于执行过程存在的问题,应加以重视,引导学生分析其产生的原因,并提出相应的预警机制,避免下届活动再出现类似问题。

（五）校园展会与校内外实践活动

1. 校园展会和校内实践

由于会展专业在国内诸多高校设置时间较短，校内实验室建设滞后，校园展会实践项目实施过程中可以充分利用校内资源和条件开展校内实践。一是课堂实践，授课过程中教师可从不同的层面演练模拟校园展会的部分环节，如招展、客户拜访、开幕式、会议论坛等；二是校园实践，校园展会在校园内的宣传、场地规划、现场布置、现场管理、后勤服务和校内职能部门的对接等环节均在校园内进行，专业教师应该对学生加强引导，明确实训任务，整合校园各类资源和条件，服务校园展会项目。

2. 校园展会与校外实践

展商招揽和展品获取是校园展会项目实施过程中最重要的环节，不管是以校外商家为参展主体还是以学生为参展主体，学生都需要多方联络校外商家获取展品，足够数量和质量的展商和展品类别是保证实践项目有效开展的前提。对于首次走出校门接触客户的学生而言，这个环节也是磨炼其意志的大好机会，专业教师应好好利用，加强对于学生的引导，按照实体公司的招展招商流程，结合校园展会实际情况，形成展会实训项目的招展程序和规范，并预知招展招商过程中可能遇到的问题，提前确定解决方案，这样做既凸显了项目实训的宗旨，又能够增加学生对招展招商的自信心。学校可以为校外招展学生开具活动举办介绍信，让校外商户、企业相信活动的真实性和有效性。

（六）校园展会与课程思政

对会展专业学生顶岗实习、毕业生就业、短期实训等方面的跟踪调查显示，影响会展专业学生就业、成才的关键要素并非知识结构，也不是能力问题，而是职业修养问题。当前学生普遍缺乏吃苦耐劳的精神，缺乏坚强的毅力，遇到挫折就会放弃，心理浮躁，"短视"行为严重，过多注重金钱收益，不太考虑能力的提升和长远的职位晋升，缺乏诚信意识，对职业修养问题注重不够。会展行业属于新兴服务行业，其进入门槛并不高，但若想发展成为一名专业的会展人才，并非一朝一夕的事情，大多需要10多年行业摸爬滚打的经历,需要从业人员不懈努力。校园展会项目内涵丰富,涉及较多的学校部门和校外企业,学生参与活动中可充分磨炼他们的意志,专业教师应和学生管理人员相结合,利用展会项目提升大学生的职业修养。首先是挫折教育。招展招商是校园展会项目最重要的环节,要求学生走出校园,依据组委会给出的招展范围进行商户拜访,寻求他们的参展意愿并达成参展协议。由于经验不足,缺乏招商技巧,会导致学生屡屡受挫,因此,必须帮助学生树立正确的挫折观,将客户的每一次拒绝都当成前进道路的一次演练。其次是利益教育。为更贴近实体展会的举办状况,校园展会允许参展团队展品现场销售,获取经济利益。实施过程中部分学生将校园展会当成摆摊兼职的机会,过分注重盈利,而忽略学校相关规定和专业综合能力的提升。因此,学院和专业教师必须引导学生树立正确的利益观,建议活动举办之前对学生进行明确的职业教育,明确专业实训的目的。项目评估过程中,注重实训能力的提升,从短期收益中解脱出来,切实发挥校园展会专业实践的作用。

(七)校园展会与大学生就业创业

高校专业建设的最终目的就是适应市场需求,培养行业、企业真正所需的专业人才,就业是专业人才培养的最终目的。近年来,大学生创新创业成为国家重点关注的部分,国家和地方提出了各种鼓励大学生创业的优惠条件。大学生就业创业都必须具备丰富的专业知识、完善的专业技能和良好的专业修养,专业教师可依托专业,利用校园展会的实训平台,对学生进行就业、创业指导。首先,从目前会展专业毕业生的就业岗位来看,会展销售、新媒体运营岗位需求量最大。当前会展专业的名称为会展策划与管理、会展经济与管理等,其实策划和管理岗在企业中属于高端岗位,其人才的需求量并不大。另外会展行业的策划管理工作需要丰富的市场经验,若没有若干年的业务经历和经验积累,很难胜任。因此,需要让学生明确今后的职业岗位和职业成长的路线,并在校园展会运营过程中对其营销能力、新媒体运营能力、组织协调、资源整合能力等进行培养,增强学生今后的就业竞争力。其次,会展行业的进入门槛低,比较适合初始创业的大学生,特别是对于会展专业学生而言,创业公司可以承接校外实体公司的招商代理、招展代理,参展商和企业的服务代理和演艺代理,还可承接小型活动的项目策划、组织和运营。会展工作室制下的校园展会运营为专业学生创新创业奠定基础,学生可依托校园展会参加大学生创新创业大赛,孵化创新创业项目。

（八）校园展会与学校的调控作用

校园展会实践项目短时间内聚集大量的人流、物流、信息流等,需要学校保卫、后勤等职能部门的引导和调控。一是严格审批。不管是教学活动,还是学生活动,在校园内举办大型展会活动,大量人流、物流聚集,可能存在各种隐患,必须得到学校宣传部、教务处、后勤处、保卫处等相关部门的批准,并提供相应支持,确保活动的顺利进行。二是强化管理。为保证校园展会实施过程的规范有序,学校各职能部门须从各自职责角度出发对校园展会项目进行指导、控制和管理,保证实训项目顺利开展。教务处需要对实训项目实施期间专业教师和学生实训情况进行指导和监督,后勤处需对活动场地布置、用水用电、仓储等提供帮助,做好实训教学的后勤保障,保卫处在校园展会期间加强校园巡逻,保证学校正常教学秩序,专业学院也需要从实训教学的角度,由专业老师对活动运营进行技术指导,保证主题展会不偏离正常方向,确保达到预期实训目的。三是完善评估。评估结果是校园展会作用和价值体现的依据,若活动举办没有起到预期的实训目的,应找出其原因加以解决;若产生负面影响,应立即停止活动项目的举办;效果评估着重考虑学生和教师的参与程度和专业实践能力提升情况,对学生实践能力和素质提升进行调查,看学生经过校园展会实践项目后能力和素养是否得到真正提升。

四、项目考核

实践结束后,学生需要提交的内容包括项目整体策划方案、活动总结、活动新闻稿、活动照片和活动视频等,由活动组委会提供;各组参展方案、参展计划、活动总结、活动照片、活动推文和个人实验报告,由各实践小组提供。结合教学大纲,课程建立过程性与终结性并重的多元主体考核评价机制,提高评价的有效性和针对性。将活动方案撰写（30%）、活动组织（30%）、活动成效与总结（40%）等多个环节纳入考核范畴,整合教师评价（40%）、学生自评（10%）、团队评价（20%）、行业企业观众评价（30%）等多方力量,力求对学生考核评价的科学性。其中,教师评价体现学生参与理论学习和项目运作后知识掌握、能力和素质提升情况;项目团队和学生评价注重团队力量发挥和学生参与;行业企业评价体现在学生组展团队活动的组织和管理情况、参展团队展出效果和观众评价认可情况等。

第五章　课外实践教学项目

第一节　第二课堂实践项目

一、项目简介

大学第二课堂是指在第一课堂外进行的与第一课堂相关的实践教学活动。由高校学生依据兴趣爱好自愿组成的学生组织,被认为是课堂之外的第二大育人载体,被称作是大学生的第二课堂。第二课堂是实施素质教育的重要途径和有效方式,社团能够培养学生与人相处、与人合作的能力,这对于提高学生综合素质、引导学生适应社会、促进学生成才就业具有特别重要的意义。从教学内容上看,它源于教材又不限于教材,无须考试,但又是素质教育不可缺少的部分。从形式上看,生动活泼、丰富多彩,学习空间范围非常大,可以从校内延伸到校外、社会和家庭中。对会展专业学生而言,校园文化艺术活动、校园运动会、社会实践、公益活动、志愿活动等系列社团活动,围绕活动策划、组织和实施,是专业综合实践的重要组成部分,也是思政教育的重要途径和方式,通过活动引导大学生转变以自我为中心的观念,学会与人相处,学会宽容和理解。

二、项目内容

2004 年,国务院发布《关于进一步加强和改进大学生思想政治教育的意见》(中发〔2004〕16号文件),明确提出加强大学生文化素质教育,开展丰富多彩、积极向上的学术、科技、体育、艺术和娱乐活动,把德育与智育、体育、美育有机结合起来,寓教育于文化活动之中。要善于结合传统节日、重大事件和开学典礼、毕业典礼等,开展特色鲜明、吸引力强的主题教育。基于会展经济与管理专业人才培养的需求,结合专业知识和能力素养,从活动管理和建设校园文化角度出发,确定会展专业第二课堂项目内容,包括校园文化艺术活动、体育活动、传统节日专项活动、志愿活动、公益活动、社会实践活动等,这里重点对会展专业性较强的校园文化节和校园运动会进行阐述,依托会展专业设置会展协会,协会成员学生从会展专业角度审视校园活动,利用专业知识策划、组织和运营校园文化节和运动会,从而实现专业实践能力提升,达到校园文化育人的目的。

(一)校园文化节

为贯彻落实《关于进一步加强和改进大学生思想政治教育的意见》精神、展示高等学校素质教育成果、发挥校园文化的育人功能、引导大学生积极参与和谐文化建设、促进大学生全面发展,共青团中央、教育部、国家广电总局等部门于2005年、2006年曾联合举办两届中国大学生校园文化节,通过开展高峰论坛、社团展评、网络文化周、青春短剧展演、演讲比赛、辩论赛、歌咏比赛、戏剧节、社团文化周等丰富多彩的校园文化活动,创造有利于学生健康成长的社会氛围和校园氛围,创新校园文化活动内容和形式,适应新时期高校学生对校园文化建设的新需求。随后诸多高校举办各种形式的校园文化节,以促进学生综合素质提升。校园文化节以"节"的形式集中展示大学优势文化资源,活跃校园文化气氛,为大学生提供展示聪明才智、锻炼实际能力、调节身心健康的活动舞台和发展空间,从而提升大学文化精神和内涵。节事活动本身就隶属于会展行业的范畴,节事活动项目的调研、策划、组织、协调、管理等能力提升是会展专业的核心能力,会展专业以会展协会为载体积极承办校园文化节,将第二课堂活动和专业实践紧密结合,繁荣校园文化的同时,提升专业实践能力,意义重大。

(二)校园运动会

运动会是普通高校体育教学状况、学生身体健康状况、课外体育活动及学生精神风貌等方面展示的重要窗口,也是推动学校体育运动水平、提升群众体育活动开展和丰富校园体育文化生活的重要手段。近年来,各高校大力推进体育强校建设,积极组织开展形式多样、新颖有趣的体育活动,营造了浓厚热烈的校园体育氛围。运动会中学生扮演不同的角色,通过身体能够展现运动的魅力与生命的活力,促进学生对社会主义文明内涵的解读与升华,提升学生人文素养与实践创新能力。体育赛事本质上属于会展活动的范畴,其组织设施涉及组委会、裁判员、运动员、运动场地、运动项目、赛事规则、开幕式等多个活动要素和组成部分,对会展经济与管理专业的学生而言,基于当前诸多高校专业实践条件不足的现状,校园运动会参与体验是很好的专业实践机会,要从专业的角度审视和分析校园运动会的主题选择、时间地点的确定、赛项的设置、现场服务、后勤保障、开幕式创意等,发现问题、分析问题、解决问题,提出对策建议,为校园运动会组委会献计献策。会展专业学生全程参与运动会的策划、组织和管理,将对学生的专业实践能力提升发挥重要作用。

三、项目实施

(一)校园文化节组织实施

校园文化节必须具有详细的活动策划和实施方案,以确保活动按照既定的方案执行,达到预期目标。内容包括开幕式方案、活动主题选择、活动的组织机构、活动的内容安排、活动的宣传、学生的参与形式、活动的进程时间节点、经费预算和活动赞助等。

1.活动开幕式

为扩大宣传、提升士气,展现特色和风采,校园文化节非常有必要举办活动开幕式,开幕式可选择在学校大礼堂、学术报告厅、大学生活动中心等场地举办,选择部分教师学生代表或者学院全体师生参加,可以邀请学校负责学生工作的校领导及学工部、校团委、创新创业中心等职能部门领导,校企合作单位的负责人参加;具体内容安排上可由学院领导主持,学生代表发言、校领导发言并宣布活动开幕、文艺表演活动等。

2. 活动主题确定

由于校园文化的广泛性,活动主题选择可以结合学校和学院特色进行细化,如旅游学院举办旅游文化节,计算机学院组织网络文化节、科技文化节,医学院举办医药文化节,同时结合大学生的精神风貌和活动内容确定活动口号,如"梦想腾飞、展现你我""激扬青春、缤纷校园""品旅游风味、展旅游风采"等。

3. 活动组织机构

校园文化节从学校层面举办,由校团委或学工部统筹安排,各学院团总支、学生会协助执行,学院层面结合专业特色举办的校园文化节,主办单位为学院,承办单位为学院团总支,可以对接校外合作企业作为协办单位,为校园文化节系列活动场地、道具、奖品等提供协助。不管是学校层面还是学院层面,都可由会展专业学生承接活动的策划、组织和执行。

4. 活动内容安排

校园文化节内容安排要紧扣校园文化主题,依托学校、学院和专业特色设置,一般可围绕音乐、美术、影视、网络游戏、诗歌、演讲、话剧、茶艺、旅游、礼仪、文学等设置活动,活动形式上可采用展示、评比、体验、活动、培训、竞赛等多种形式,尽可能让学生能够全员参与、展现风采、提升能力。河南牧业经济学院旅游学院以"聚技能、展修养、传文化、扬风采"为主题举办第14届旅游文化节,内容包括导游大赛、礼仪专业知识大赛、文旅与会展创新创业实践竞赛、茶文化体验、文旅新媒体知识培训等丰富多彩的校园活动,为培养学生综合素质能力和学院高质量发展奠定坚实基础。

5. 活动学生参与度

学生是校园文化节的主体,要结合学院、专业特色,针对大学生需求设置不同类型的活动项目,提升学生参与度。在活动设置过程中注重专业性、趣味性和娱乐性,即使具有竞赛形式的活动,评比的难度不要太大,能够激发学生参与欲望。作为会展专业的学生,可以以组织者和体验者的双重身份参与,校园文化节系列活动的策划创意和组织执行都是专业学生实践的重要组成部分。同时,体验者参与可从专业角度审视活动举办的情况,给组织者提供合理的意见和建议,以改进活动举办的效果。

（二）校园运动会组织实施

大学校园运动会全校师生参与广泛,短时间内人流、物流聚集,可能存在各种隐患,为确保活动顺利举办,必须制定详细的活动策划实施方案和具体安排部署。主要内容包括活动开幕式、活动主题选择、活动内容和赛项、活动学生参与、安全管理和应急等。

1. 运动会开幕式

开幕式是校园运动会的开启,全校范围的校园运动会开幕式是校园内规模最大、参与人员最多、影响最广的活动,开幕式期间的系列活动和表演是能够很好地锻炼学生纪律观念、团队合作意识的活动,对促进体育教学质量的提高、推动校园体育文化建设、带动学院的全民健身、推动师生社团活动的发展、促进学生身心健康发展等方面都有极其重要的作用。从活动策划角度来看,运动会开幕式也是最能体现高校精神面貌、文化特色和人才培养的载体。运动会开幕式一般流程为入场仪式,主持人致辞,奏唱国歌,校领导致辞,运动员、裁判员代表宣誓,校领导宣布运动会开幕,文艺演出等环节,其中最能够创意出彩的环节为入场仪式、文艺演出、特色体育项目。如2024年甘肃中医药大学第36届体育运动会"中药味"特色鲜明。开幕式上,各师生方队或手持中药材图案或手捧中医典籍或手拿银针,身着以中医五色为主色彩的衣服,迈着铿锵有力的步伐从主席台依次经过。在比赛项目中,除了传统的田径、球类比赛外,还增设了太极拳、八段锦、五禽戏等中医养生操表演特色项目。

2. 运动会主题和赛项设置

体育运动是在人类发展过程中逐步开展起来的有意识地培养自己身体素质的各种活动。高校体育运动会一般是综合性的,不仅有跑步、跳高、跳远、铅球等田径项目,还有篮球、足球、羽毛球、排球等各种球类运动,游泳、赛艇、龙舟等水上项目,还有抢花炮、珍珠球、木球、蹴球、毽球、秋千、射弩、打陀螺、舞龙等民间体育项目。高校运动会的选题一般以田径类项目为主,如2024年4月25—26日,河南牧业经济学院第26届运动会主要围绕田径运动,设置了100米跑、400米跑、800米跑、1500米跑、铅球、跳高、跳远等项目和团体接力项目。为体现体育运动的娱乐性和参与的广泛性，诸多高校会针对学生或者教师群体举办趣味运动会，开始的项目如单腿斗鸡、螃蟹赛跑、翻山越岭、三人四足、抱双球接力赛、袋鼠跳接力赛、托乒乓球接力赛、集体跳绳等，将传统游艺和竞技项目融入其中，其项目参与难度小、竞技性不强，具有很强的趣味性，得到师生的青睐。

3. 运动会活动参与

高校运动会参与能够培养集体主义精神、协作精神；还能培养竞争意识，锻炼坚强的毅力；更能丰富学生的业余文化，加强班级之间的团结友谊。高校运动会不仅锻炼了学生身心，活跃了校园气氛，而且增强了学生的集体观念，培养了学生团结合作的精神，促进了学生终身体育观的形成，同时还能提高学生的身体素质和运动技术水平。运动会可创造展示学生身体素质、增强学生体质和掌握学生体育锻炼方法的机会。高校运动会面向全体学生设置不同类型的项目，希望能够激发学生全员参与，但实际上运动会参与主力是大一、大二年级的学生，大三年级学生非常少，高校运动会上几乎难见到大四毕业生的身影。从参与动机来看，83.2%以上的学生是因为自身具有体育特长、成绩优秀，出于挑战自我、展示运动能力参加运动会；为学院班级争光的参与动机占比12.2%。没有参加运动会的学生多是因为自身运动成绩较差、所在集体参赛名额有限、无擅长项目导致的兴趣不足及奖励不到位等。因此，为提高学生参加运动会的积极性，应该培养学生日常体育锻炼的习惯，出台政策加大物质奖励、荣誉奖励和综合测评奖励的融合，激发学生参与校园运动会的主动性和积极性。

4. 运动会的安全管理

运动会部分项目设置具有对抗性和一定风险性，加之活动期间全校停课，人流量大，给学校的安全管理带来难度，学校层面应本着"安全第一，预防为主"的指导思想，制定安全管理应急预案，并严格执行，确保活动顺利进行。一是赛前准备。运动会召开之前应该召开安全工作协调会，对参赛师生进行安全教育，裁判员赛前检查好比赛器械及场地，保证运动员的比赛安全，校医院派专门医务人员坚守现场，并提前备好相应急救药品和器械。二是组织过程。运动会的组委会人员、裁判员、所有工作人员责任到位、责任到人,各司其职,杜绝事故的发生,以确保运动会正常进行。三是突发应对。遇到突发事件,与会师生应按照预案要求坚守岗位,各司其职,听从大会统一指挥,开展救护工作,严禁私自行动。校外人员私自进场滋事,与校内人员发生冲突且情节严重的,保卫组应及时予以制止,拒不配合的,视情况报公安机关处理。四是组织分工。应成立由学校主管领导和相关职能部门、学院书记组成的安全工作领导小组,并明确分工。学校保卫处、志愿者加强对场馆内外各重要部门的安全巡查工作,责任到人,各代表队安排专人负责监控本队师生的安全情况,领导小组安排人员随时检查清除场内闲散人员。

5. 运动会思政教育价值

作为综合性的校园大型活动,运动会是多层级、多角度的育人价值的整合体。通过精心设计校园运动会思政主题比赛项目,与革命历史、运动技能、团队协作、社会主义核心价值观、爱国信仰等元素相结合,注重爱国情怀的熏陶和浸润,通过潜移默化的影响,实现校园运动会价值塑造、能力培养、知识传授三位一体的育人作用,展现高校体育"课程思政"在校园文化建设和人才培养中的重要定位。高校运动会应以尊重学生、关爱学生、培养学生为发展目标,创新活动形式,健全竞赛体制、运动会内容、运动项目、参与办法、奖励等机制,推进运动会与学生的契合共生,实现高校体育教育、教学、锻炼、活动、竞赛的相互促进新格局,提升运动会竞赛的趣味性、娱乐性和参与性,丰富学生的校园生活,提高学生健康与体育文化素养,培育学生的家国情怀、终身体育意识、集体主义与体育精神。

第二节 毕业实习实践项目

毕业实习是人才培养的重要组成部分,是深化课堂教学的重要环节,是学生了解社会、接触生产实际,获取、掌握生产现场相关知识的重要途径,在培养学生实践能力、创新精神,树立事业心、责任感等方面有着重要作用。会展专业具有较强的实践性,根据其人才培养目标定位,通过毕业实习综合运用所学专业知识使学生获得独立工作的能力,并培养学生的综合职业能力,并为其今后的就业创业奠定基础。本节依据河南牧业经济学院会展专业毕业实习情况,阐述毕业实习岗位和实习内容、实习组织形式、实习单位选择、实习指导、实践基地建设、实习评价与考核等内容。

一、确定实习岗位和内容

(一)会展专业毕业实习岗位

1. 直接会展企业实习岗位

直接会展企业是会展业中提供核心会展服务的企业,主要包括专业的PEO 和 PCO,即专业组展企业和专业会议组织者。主要岗位设置围绕会议和展览项目的策划、设计、管理、服务等业务开展,主要包括会展招展专员、招商专员、招观专员、会展媒体公关专员、会展网络推介专员、会展市场推广专员、会展项目策划专员、会展项目客服专员、展示设计专员、会展项目经理、会展公司行政管理人员、会议业务人员等。从组展企业实习岗位需求来看,近年来,展会项目招展招商岗位依然需求量比较大,随着数字经济的发展,展会新媒体运营、网络直播等岗位需求量大增。

2. 间接会展企业实习岗位

间接会展企业是会展业中提供支撑性会展服务的企业,包括会展场馆、节事活动、文化演艺、体育赛事、婚庆、会展礼仪、会展广告、会展技术、会展搭建等类别的企业,岗位设置包括场馆助理、会议服务人员、场馆销售专员、节事活动策划专员、文化演艺现场助理、体育赛事运营人员、商务活动专员、演艺娱乐事务专员、媒体市场专员、广告市场专员、礼仪公司、管理咨询公司、婚庆公司事务人员、搭建专员、搭建销售人员等。

3. 非会展企业相关实习岗位

会展专业着重培养活动运营人才,而活动又渗透在各行各业,所有的企业经营过程中都少不了活动组织、参与,如星级酒店会议服务岗位、主题公园活动执行和服务岗位、文化旅游企业对客服务岗位、教育培训机构市场推广岗位、大型集团公司市场推广岗位及其他类型企业与活动策划、营销、运营、服务等相关岗位。只要是围绕活动实施进行业务开展的岗位均可纳入毕业实习的范畴。

(二)会展专业毕业实习的内容

依据不同行业企业需求和岗位设置不同,会展专业学生毕业实习内容不同,围绕会展项目运营流程和会展企业管理、活动项目组织确定实习内容。

1. 围绕会展项目的实习内容

围绕会展项目的实习内容包括项目市场调研、立项分析、文案撰写、宣传推广、后勤保障、招展招商、危机公关、现场服务、客户关系沟通、新媒体运营等。

2. 围绕组展企业的实习内容

围绕组展企业的实习内容包括会展公司战略管理、组织和制度管理、营销管理、信息管理、项目管理、财务管理、危机管理、人力资源管理等。

3. 围绕企业活动的实习内容

企业管理中各类年会、庆典、招投标、促销活动、新闻发布、新品发布、参展活动等活动项目策划、营销、服务、运营和管理。

4. 围绕主题公园的实习内容

围绕主题公园中各种活动形式开展实习,主要内容包括门禁、场馆助理、售票、游客引导、商超、餐饮服务等。

不论何种类型的企业,基层业务工作是学生最重要的实习内容,如组展企业的招展招商工作、主题公园的游客服务工作、搭建企业的销售工作、会议中心的场地服务工作等,只有深入了解行业最基本的业务工作,才能了解展商、观众、游客等客户的核心需求,为今后从事高等级的策划、管理工作奠定基础。

二、确定实习组织形式

(一)集中实习

集中实习是学校根据专业人才培养定位确定实习单位,统一安排学生到企业集中实习,实习鉴定由学校和实习企业一起完成。集中实习安排的流程一般为:学校确定实习单位—组织单位入校招聘和宣讲—学生应聘双向选择—确定实习单位—集中签署实习三方协议—指定指导教师进行实习指导。集中实习的优点如下:第一,实习单位是学校比较熟悉的校企合作单位,且和专业比较对口,方便后期学校的实习管理,且能够满足学生专业能力和素质的提升。第二,集中实习单位一般会安排多名专业学生实习,学生之间很方便相互交流,同学之间可以彼此陪伴更快适应职场工作。第三,集中实习单位为地方或者行业知名企业,具有成熟规范的实习运行体系,实习学生的管理相对比较规范。集中实习学校提供的实习单位务必确保专业对口、行业知名、岗位适宜,还要保证企业类型多样、数量足够,区域上不能过度集中,应根据专业特点,在上海、北京、深圳等一线城市选择确定实习企业,给学生更多选择。如河南牧业经济学院2024届毕业生毕业实习安排学校通过多方联络,确定了中原国际博览中心、河南中展动力展览有限公司、上海国际会议中心、珠海长隆海洋王国等20多家不同类型知名会展企业,提供了600多个实习岗位供学生选择。

(二)分散实习

分散实习是由学生自己根据专业要求和自身就业目标确定实习单位,实习鉴定主要由企业完成的一种实习方式。其实习安排基本流程为:学校发布分散实习要求—学生自己确定实习单位—学校审核实习单位—配备专业指导老师—签订实习三方协议—学生进行毕业实习。分散实习学生通常要经过几轮面试确定实习工作并适应实习工作,需要学生自己处理很多事情,独自面对职场的挑战,比较适合具有明确就业目标、就业方向和较强自我管理的学生。分散实习不利的地方也比较明显:一是学生自己确定的单位,不能够确保和专业是否对口,是否能够按照人才培养要求完成毕业实习目标值得商榷;二是分散实习单位多为学生自己熟悉的企业,企业对学生实习的管理较为分散,最终可能流于形式;三是分散实习学校对实习单位不熟悉,对指导教师的实习指导带来难度。教育部要求对分散实习的学生要严格审核,强化管理。河南牧业经济学院2024届毕业生有30%学生申请了分散实习,对分散实习学生采取以下措施强化管理:一是分散实习学生的单位选择标准不低于集中实习确定的单位,确保专业对口、头部企业、岗位适合;二是分散实习学生需要提出申请,填写分散实习申请表,包括申请理由、实习承诺、实习企业接收函等内容;三是学院和教研室对分散实习申请表进行审核,并和实习生父母、实习企业负责人进行联络,了解实习生父母的想法和实习单位情况,方便后期指导和管理;四是分散实习学生也要指定专门的指导教师,要求指导教师每周至少一次主动联系实习生本人,每两周至少一次联系实习单位负责人,了解学生实习情况,确保实习安全和实习质量。

三、强化毕业实习指导

毕业实习属于专业实践教学环节,由于在校外进行,因此,不管从保证教学质量,还是出于学生安全考虑,都要强化毕业实习指导。河南牧业经济学院和各实习单位选派经验丰富、业务素质好、责任心强、安全防范意识高的教师和企业中高级管理人员全程管理,指导学生实习,明确各指导主体责任,做好学生的安全和纪律教育及日常管理。

(一)教研室主任职责与要求

(1)制定本专业实习方案,为学生安排专业指导教师。

(2)与实习单位协调实习相关事宜,负责学生在实习中岗位、待遇等问题的协商处理。

(3)负责实习学生的考核及鉴定工作。

(4)随时掌握指导教师对实习学生的指导情况,定期向实习领导小组汇报。

(5)学生实习返校后及时总结学生实习期间升职和奖励情况,并将结果交学院存档。

(二)专业指导教师职责与要求

(1)实习前熟悉专业实习工作方案的要求,按要求参加实习动员,及时与学生取得联系,做好实习前各项准备工作。

(2)保持与实习单位指导教师的联系,积极配合实习单位工作,及时解决实习中的问题,争取实习单位的支持和帮助。

(3)与学生建立顺畅沟通渠道,关心关爱学生,每月主动与学生联系两次以上,耐心倾听学生实习工作中的心理问题和工作问题,掌握学生情绪波动特点,并采取有效方式进行答疑解惑,及时了解、掌握检查学生完成实习的情况。

(4)指导学生撰写实习报告、布置实习作业,检查批阅学生实习报告和实习作业,督促学生全面完成实习任务。

(5)实习中违反纪律的学生,指导教师要对其进行批评教育,并将情况及时上报教研室。

(6)指导学生做出个人职业发展规划,在实习结束前有针对性地对学生进行就业指导。

(7)负责学生实习成绩的评定工作。

(三)企业指导教师职责与要求

(1)指导教师要随时检查学生工作进度和质量,并有针对性进行指导。在业务指导中应注意培养学生严谨求实的工作作风和创新精神,并详细做好指导记录。

(2)对学生进行入职培训和指导,根据学生个人特点帮助学生制定职业发展规划,并适时安排学生进行岗位轮换学习。

(3)指导教师在学生实习结束后要指导学生撰写实习报告,保证学生的实习质量和水平。

(4)关心关爱实习学生,定期召开实习学生座谈会,及时解决学生在实习中的工作、生活、心理方面的问题和困难。

(5)在学生实习结束时,配合学校教师进行岗位技能考核,并代表实习单位做好实习生的鉴定与平时成绩的评定。

四、强化实践基地建设

专业拥有一定数量且稳定的校外实践教学基地是毕业实习效果和质量的保障。为确保毕业实习的稳定性、科学性和有效性,必须选择具有一定规模和品牌知名度的会展企业作为校外实践教学基地,学校应利用各方面的力量,对接省内外知名会展企业,基于资源整合、互惠互利、质量优先的原则确定实践教学基地,实践基地建设要把实践教学的质量放在首位,完成专业实践教学大纲规定的各项内容,保证实践教学质量。

(一)实践基地建立的条件

从保证毕业实习质量角度确定实践基地条件。一是能满足5名以上学生实践教学所必需的学习、工作及生活条件;二是和会展专业对口,在行业领域具有一定的影响力和特色,并且基地的领导能够关心和支持教育事业;三是基地有一定数量且具有较高专业技术水平和较为丰富的教学实践管理经验的兼职指导老师;四是基地至少在3年内保持相对稳定。河南牧业经济学院会展专业经过10多年的建设发展,目前有中原国际博览中心、郑州海名汇博会展策划有限公司、河南中展动力展览有限公司、郑州华谊兄弟电影小镇等20多家企业为校外实践教学基地,这些企业都在行业中具有一定的知名度和影响力,企业主要负责人都比较关注和支持会展教育和人才培养。

(二)实践基地协议签订

学院与基地共建单位签订合作协议书,明确双方合作的内容、方式、职责、权益。合作协议书一式三份,签订双方各执一份,另一份交教务处备案。签订的协议如涉及学校权益,需报学校批准。实践教学基地合作年限一般3~5年,协议到期时,根据双方合作意向,可办理协议续签手续。学校或学院与共建单位签订校企合作协议后,学校为企业授牌,悬挂"××大学校外实践教学基地"铜牌(图5-1)。在每年实习生安排确定后,学校、毕业生还要和实践基地签署毕业实习三方协议,明确实习的时间、岗位、待遇、相关要求等,确保实习工作顺利进行,达到预期实习的目标。

图5-1　河南牧业经济学院会展专业为示范性校外实践教学基地授牌

（三）学校、实践基地职责义务

就双方合作和实习就业问题明确学校和实践基地双方责任和义务。一是政策许可范围内，学校在人才培训、委托培养、课程进修、技术开发、咨询服务、信息交流等方面对实践基地提供优先支持；二是实践基地需协助提供相关师生的食宿、学习等条件；三是学校和实践基地密切协作，结合实际，制定切实可行的实践教学安排，专兼职指导教师，共同组织实施实践教学；四是在实践教学基地教学期间，基地应确保学生、指导教师的安全，对参与毕业实习的学生进行纪律、安全教育。

（四）实践基地的管理

为确保实践教学基地长久的合作机制，需强化基地管理。河南牧业经济学院实践教学基地实行校、院两级管理，以学院管理为主；教务处负责制定基地建设和管理的规章制度，组织基地建设评估。校级示范性实践教学基地的建立、撤销等需要教务处审核；学院成立有分管教学副院长和分管学生工作委副书记参加的实践教学基地工作领导小组，具体实施基地建设与管理工作；学院建立由专业负责人、实践教学主任、专业教师等组成的实践教学基地教学与管理队伍，每家实践基地都确定院校责任人和基地联络人，从而建立起专业负责人、专业教师和基地中高层管理人员、业务骨干组成的指导教师队伍。

五、注重毕业实习考核

本着全面考核、重视过程、注重能力的原则，毕业实习建立"企业导师+指导老师"的双考核鉴定制。学生入职实习之后，通过校友邦每周撰写实习周志，详细记录本周工作情况、重要事件和感悟，实习结束撰写实习报告。指导老师将根据学生实习过程中的实习沟通情况、实习周志和实习报告撰写情况鉴定实习成绩；企业老师根据学生实习表现和业务成效鉴定成绩。学生生产实习成绩=实习单位鉴定成绩（50%）+实习周志记录情况（30%）+实习过程中和指导教师沟通情况（20%）；指导教师及时了解、掌握及检查学生完成实习的情况，指导学生撰写实习周志、毕业论文等，对在实习中违反纪律且情节严重的学生，指导教师要对其进行批评教育，并将情况及时报生产实习领导小组;检查批阅学生实习周志、毕业论文,督促学生全面完成实习任务,并负责学生实习成绩的评定工作。实习期间,实习工作领导小组会定期、不定期对实习学生工作情况和指导老师的指导情况进行检查,督导确保学生实习和教师指导工作的完善。

第三节　科研训练综合实践项目

大学生科研创新能力的训练和培养程度是体现高校教学水平和学术地位的关键因素,也是培养创新型人才从而推动国家经济发展的迫切要求。20世纪90年代开始,我国高等院校就开始将"大学生科研训练"纳入人才培养计划,经过30多年的探索与实践,科研训练涵盖了从国家到学校、从课内到课外范畴的大学生创新创业训练计划、学科竞赛、科研训练营、毕业论文等多种形式。会展学科属于应用型学科,其科研训练主要解决会展行业企业切实存在的真实问题,通过大学生科研训练项目,达到高质量人才培养的目标。

一、科研训练的价值

(一)科研训练促进创新创业

科研项目是科学技术研究的一系列独特的、复杂的并相互关联的活动,这些活动有明确的目标,必须在特定的时间、预算、资源限定内,依据规范完成,解决特定的问题。创新性是科研项目的基本特征,教师指导学生参加科研创新项目,进行科研能力提升训练,能够为其创新创业提供理论基础和实践机会。科技创新成果为创新创业提供智力资源,学生若能够参与其中,也能够为他们未来创新创业提供成果转化的机遇。

(二)科研训练提升团队合作

科研项目创新需要团队合作精神,尤其是交叉学科合作。科研项目训练中,不同专业的学生形成跨专业、跨学科交叉的融合,除了项目研究内容和问题,学生还要面对处理团队之间的协调和配合,包括各个成员之间、学科专业之间,以及师生之间的配合,这对学生能力素质是全方位全过程的培养和提升。

（三）科研训练强化专业学习

专业学生参加所学专业相关的科研项目训练,通过前期项目申请、科研项目的专家论证、科研项目的实施、科研项目过程的小组讨论及科研项目结项等一系列的过程培养,项目后期成果中撰写论文或研究报告的参与,利用专业理论和知识解决实际问题,能够有效提升学生对专业的兴趣,强化其专业学习。

（四）科研训练解决实际问题

科研创新项目活动是社会性实践活动。科研项目实践中,通过教师引导学生,培养学生科学逻辑认知和观察归纳问题的能力。教师课堂教学过程中要结合科研创新成果,将最新的知识融入专业课教学中去,培养学生思考问题和主动解决问题的能力,通过第二课堂或课程设计帮助学生做好相关的规划,提升学生的科研意识和创新能力。

二、科研训练的内容

（一）科研问题的提出

问题是研究工作所围绕的核心,对问题意图的清晰把握和确切表述在整个研究过程中是第一要求。研究问题是研究所要回答的具体问题,社会生活包括众多层次、方面和领域,每个领域都有诸多值得探讨的问题。首要考虑的是问题价值,是理论价值还是应用价值,对行业有价值还是对企业、项目有价值,对政府有价值,还是对高校人才培养有价值,还是对展商、观众有价值,课题选择要能够帮助我们提高认识、能够引导出新的思想、新的应用或者为进一步研究奠定基础。结合会展学科特点和行业企业实际,其科研训练的问题主要源于行业企业需要、地方经济发展需要、个人实习实践、文献、研讨或者咨询专家等。

1. 行业和地方经济需求

应用型本科人才培养要服务行业企业、服务地方经济发展,会展专业主要培养应用型、复合型人才,其科研训练的问题要善于通过观察会展行业和地方经济发展需求,勤于思考,发现问题。随着数字经济的发展,双线会展是未来发展趋势,那么双线会展如何运营,如何盈利成为值得思考和研究的问题;郑州市正在通过大力发展会展经济,着力打造国际会展名城,但缺乏会展集团、缺乏国际会展品牌成为其会展经济发展的瓶颈,如何培养龙头会展企业,打造会展集团,培育国家化会展项目成为地方政府关注的问题,这些问题都可以作为会展专业学生科研训练的问题。

2.个人实习实践经历

个人经历和经验是人们参与社会经济生活的特定记录,也是人们对社会经济生活的认识、感受的积累和沉淀。生活中的各种经历、各种体验、各种观察、各种感受,经常成为研究问题的来源。会展专业学生参与实习实践的过程中,近距离接触和体验会展企业运营、会展项目举办,可发现诸多企业和项目运营中的问题,诸如企业员工流失问题、会展宣传推广问题等。问题发现得益于专业课程的学习和实践环节参与,利用所学理论解决企业实际问题的载体,是发现科研问题的主要途径。

3.通过文献阅读发现问题

选择感兴趣的行业企业的某个方面,通过阅读大量文献也可以发现科研问题,文献阅读不能走马观花、盲目崇拜,要带着审视的、提问的、评论的眼光,多提问题多思考;还要进行广泛的联想,从不同角度、不同侧面、不同层次对文献中的问题开展联想,通过碰撞激发问题的火花。问题提出后要通过特定文字语言能够清晰而完整地表述,明确问题的意思,指导后续的分析问题和解决问题。如选择"中国洛阳牡丹文化节旅游提升"作为科研训练的问题,表述就不太清晰——落脚点是洛阳牡丹文化节促进当地旅游发展,还是其旅游价值发挥、旅游产品开发等,理解的歧义导致后续研究偏离问题。

（二）基本概念和理论

人们在认识过程中,把所感觉事物的共同特点抽象出来,加以概括,形成概念。理论以系统化的方式将经验世界中某种被挑选的方面概念化并组织起来的内在相关命题,具有以下特征:第一,理论来自经验的实践;第二,理论的目标是对经验现实作出解释;第三,理论是一种抽象的、系统的认识。在学生科研训练过程中,必须明确问题研究的基本概念和基础理论,概念和理论是问题提出、问题分析和解决的基础,若是科研项目训练过程中基本概念不清楚、缺乏理论支撑,就不能有效解决科研问题。同时还要明确基本概念和研究对象、问题之间的关系、基础理论对所研究问题的指导价值等。将"数字经济背景下郑州全国商品交易会市场营销"作为研究问题,课题研究基本概念有会展项目、会展营销、数字经济等,涉及市场营销基本理论包括 STP 分析、SWOT 分析、PEST 分析、4P、4C、4R、4I 等,研究过程中可选择 1~2 种理论作为问题研究的指导,后续文献阅读、市场调研、问题分析、对策建议都要围绕此基础理论展开。

(三)文献阅读与综述

1.文献阅读

阅读与研究课题相关的文献资料能够帮助研究者构思所研究的问题,还能帮助其理解更多的研究途径,为解释研究结果提供背景资料。文献阅读的方法可分为浏览和精读两种。浏览的目的是通过阅读文献的题目、摘要、引言、各章节题目和结论部分,大致了解其内容,了解该文献是否对自己的研究问题具有参考价值,然后确定是否精读;精读的目的是全面了解文献所陈述的理论、方法、结论和引用的资料,从中吸取自己的研究可以借鉴的内容。从阅读文献的选择上来看,文献阅读应该选择近年来最新的研究成果,这样可以让研究者了解最新的研究进展。

2.文献综述

文献综述反映当前某领域中某分支学科或重要专题的历史现状、最新进展、学术见解和建议,能反映出有关问题的新动态、新趋势、新水平、新原理和新技术。作者不在其中发表个人见解和建议,也不做任何评论,只是客观地概括反映事实。对于刚进行科研训练的学生而言,文献综述的写作尤为重要。

(1)文献资料的收集。文献综述是对已有资料进行整理分析,因此资料的收集对于文献综述的写作至关重要。一般而言,资料的收集可通过自己学习过程中的积累或者有针对性地收集相关文献资料获得。从文献来源看,文献资料可分为零次文献、一次文献、两次文献、三次文献等;从资料的选取上,要注重资料需求的数量和掌握资料选取标准。在科研训练中,学生确定某个研究方向问题后,至少需要收集不少于30篇的相关文献资料,当然文献是否和研究问题密切相关,文献资料是否来自权威期刊、经典著作、名师大家都会影响文献数量的确定。从资料选取的标准来看,还要关注文献资料的必要性、真实性和新颖性。

（2）文献综述的写作。文献综述训练有大综述和小综述之分,大综述是就某个领域的文献进行全面总结,小综述为自己科研问题或者论文服务,通过"述"相关的研究指出前人研究与自己研究的差异,说明自己研究的贡献。文献综述向读者介绍与研究问题有关的详细资料、动态、进展、展望以及对以上方面的评述,包含前言、主题、总结和参考文献四个部分。前言说明写作的目的,介绍相关概念及综述的范围,说明有关主题的现状或争论焦点,使读者对全文要叙述的问题有初步轮廓;主题部分是综述的主体,其写法多样,没有固定的格式。可按年代顺序综述,也可按不同的问题进行综述,还可按不同的观点进行比较综述,要将所搜集到的文献资料归纳、整理及分析比较,阐明有关主题的历史背景、现状和发展方向,以及对这些问题的评述,应特别注意具有代表性、科学性和创造性文献的引用和评述;总结部分与研究性论文的小结有些类似,将全文主题进行简要总结,提出自己的见解;参考文献放在文末,表示对引用文献作者的尊重及引用文献的依据,为读者深入探讨有关问题提供了文献查找线索,同时也是学术道德规范的必然要求。

（四）资料收集与调查

1.论文资料的收集

论文资料可分为两大类,文字资料和数据资料,前者是用文字记载的资料,如报纸、杂志、书籍等,后者是用数字形式反映历史和现实状况的文献形式,如统计年鉴、统计报表及其各类数据表格。SCI（科学引文索引）、EI（工程索引）、ISTP（科技会议录索引）是国际知名的三大科技文献检索系统;中文文献数据库方面主要有中国期刊网数据库、维普数据库、万方数据库、书生之家数字图书馆等。经济管理类的数据资料可以通过国家统计局统计数据网页、中经网统计数据库、中国经济信息网、国务院发展研究中心信息网、人民数据、中国经济学教育科研网等途径获取。关于会展行业方面的统计数据,目前由中国会展经济研究会每年发布的《年度中国展览数据统计报告》最为权威,该报告从中国境内展览、中国境外办展、展览场馆、展览项目、上市展览公司、展览业管理部门、民间社团、研究机构、专业教育、中国城市展览业发展综合指数等方面对国内展览业进行统计展示,为学生进行会展行业有关的问题研究提供数据支撑。

2.社会调查的程序

社会调查是为达到一定目的,有意识地通过对社会现象考察、分析和研究,了解社会真实情况的自觉认识活动。作为系统、科学地认识活动,社会调查有比较固定的程序,一般可分为选题阶段、准备阶段、调查阶段、分析阶段和总结阶段五个阶段(图5-2)。其中选题阶段包括确定研究目的、明确资料需求两个部分;准备阶段包括设计调查表、样本选择两个部分;调查阶段则主要是资料收集与检验;分析阶段重在对资料数据进行分析;总结阶段是在资料数据分析的基础上完成分析报告。

(1)选题阶段。选题是调查活动的起点,选题如何,决定整合调查工作的优劣和成败。想要了解会展企业对展商和观众的服务情况,是调查服务质量还是调查展商满意度,虽然二者之间具有密切关联,但实施过程中调查对象、指标选取都会有所不同。

(2)准备阶段。确定具体调查问题后,开始进行调查设计和准备工作,包括问卷设计、样本抽取、组织实施调查等,科学设计问卷是保证社会调查取得成功的关键,合理的样本抽取是保证调查结果准确性的前提要求,认真组建调查队伍是顺利完成调查任务的基本保证。

(3)调查阶段。调查阶段是调研活动的现场实施阶段,主要任务是根据调查方案中确定的调查方法及其调查设计的具体要求,采用各种方法收集调查对象的相关资料,该阶段调查者和被调查者直接接触,情况复杂,遇到的实际问题最多,需要很好地组织和管理。

(4)分析阶段。分析阶段主要任务是对实地调查所收集的原始资料进行系统的鉴别、整理、统计分析和理论研究。要对调查获取的数据进行全面审核,消除资料中的虚假、错误信息,保证资料真实、准确和完整;鉴别后对资料进行初步加工,使之条理化、系统化;利用统计学的原理和方法研究社会现象的数量关系,揭示研究对象的发展规模、水平、结构和比例;运用逻辑方法对分析后的数据进行思维加工,揭示调查对象的内在本质,预测发展趋势,提出对策建议。

(5)总结阶段。该阶段主要任务是撰写调查报告、总结调查工作、评估调查成果。调查报告要说明调查结果和研究结论,并对调查过程、方法和成果进行系统叙述与说明,需要对调查方案、方法和调查过程中的问题进行总结,积累成功经验、吸取失败教训,为今后更好地调查奠定基础,还要对调查所提供事实和数据资料、理论观点及所使用的调查研究方法进行客观的评价。

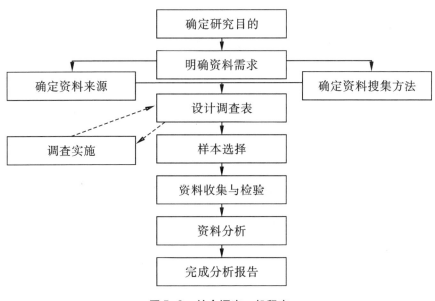

图5-2 社会调查一般程序

(五)论文写作与发表

1.论文写作规范

作为解释经济原理和管理规律的会展相关论文,其写作基本要求必须做到科学性、首创性和逻辑性的结合,要以科学理论和科学实践为基础,研究过程中要有所发现、有所创造、有所前进,而不是对前人工作的重复、模仿和解释,还要做到条理清晰、结构完整、文字通顺、图标精致、推断合理、前呼后应、自成系统。标准的经济管理类论文应该包括题目、摘要、关键词、引言、文献综述、分析框架、实证分析、结论、参考文献等。

2. 论文投稿

论文投稿的方式有纸质投稿、电子邮箱投稿和网络投稿三种形式,用电子邮件投稿和网站投稿是目前的主流,网络投稿是国外期刊采用的主要形式,有直观、迅速、方便的特点。作者根据论文的内容和质量选择期刊,投稿之前还要关注期刊的审稿周期、版面费、影响因子、出版速度、投稿要求和流程、排版要求等;投稿后可以关注邮箱或者网站的回复信息,若拒稿,关注拒稿原因,有针对性地修改完善,若提出修改意见,就按照修改意见进行论文修改,若长时间得不到回复,可致电期刊部问询,和编辑直接沟通,了解论文审稿进程和相关建议。国内刊登会展方面学术论文的期刊并不多,基于会展旅游管理学科大类,《旅游学刊》《旅游科学》等核心期刊偶有刊登,《展商经济》《中国会展》是目前刊登会展相关论文最集中的期刊,前者主要刊登学术类论文,后者以行业实践类文章为主,会展专业学生论文投稿可以重点关注。

3. 学术规范和学术道德

学术规范是进行学术活动的基本规范,或者根据学术发展规律制定的有关学术活动的基本准则,学术道德是指进行学术研究时遵守的准则和规范。遵守学术道德规范,诚信至关重要。学生科研训练应遵循基本学术原则与行为准则,在学术规范的自律与他律机制的引导与保障下,通过有效有序的学术对话、学术积累达到学术创新。2016 年教育部发布《高等学校预防与处理学术不端行为办法》,其中第 27 条明确规定:经调查,确认被举报人在科学研究及相关活动中有下列行为之一的,应当认定为构成学术不端行为:

(1)剽窃、抄袭、侵占他人学术成果;

(2)篡改他人研究成果;

(3)伪造科研数据、资料、文献、注释,或者捏造事实、编造虚假研究成果;

（4）未参加研究或创作而在研究成果、学术论文上署名，未经他人许可而不当使用他人署名，虚构合作者共同署名，或者多人共同完成研究而在成果中未注明他人工作、贡献；

（5）在申报课题、成果、奖励和职务评审评定、申请学位等过程中提供虚假学术信息；

（6）买卖论文、由他人代写或者为他人代写论文；

（7）其他根据高等学校或者有关学术组织、相关科研管理机构制定的规则，属于学术不端的行为。

三、科研训练的指导

（一）课程教学与科研训练

结合专业课教学进行科研是培养学生科研兴趣，提高科研能力的重要途径，专业教师可有效利用专业课阵地，传播科学知识与科研精神，帮助学生确定选题，让学生利用所学知识去解决问题。调动学生学习专业课的主动性与积极性，改变专业课教学被动局面，同时也培养了学生科研兴趣。河南牧业经济学院会展专业通过课程教学进行科研训练表现在以下方面：一是直接科研训练课程。大二开设有集中实践教学环节"课程论文"，教给学生最基本的科研方法和论文写作规范，培养系统的科研思维。大三开设有"行业前沿与论文写作"，教给学生选题、文献收集与分析、论文写作、开题报告、论文撰写技巧、汇报与答辩等相关事宜，为大四毕业论文（设计）教学环节奠定良好基础。二是专业核心课程的科研渗透。"会展概论""会展策划""会展市场营销""会展企业管理"的专业核心课程中的基本概念和理论，能够有效指导学生对行业企业实际问题的分析与解决，为学生科研训练奠定基础；三是论文或报告形式的考核是学生进行科研训练的有效途径。"节事活动策划与管理""体育赛事策划与管理"等会展业态课程可以采用调研报告、策划方案的形式进行考核，提升学生市场调研与分析、创新创业的能力，进一步推进学生科研能力提升。

（二）学科竞赛与科研训练

科研训练和学科竞赛这两种活动并不是独立的，而是互相促进的。将两者有机结合是实施高校实践教学改革的亮点,它所带来的效果必然是 1+1>2。科研训练的过程中,学生不仅可掌握科研活动的基本流程,提高文献阅读能力、数据分析能力和逻辑思维能力,训练中得到的创新性科研成果能应用于学科竞赛的作品设计中,而成功的学科竞赛作品也可有效地激发学生继续开展科研训练的热情。科研立项和学科竞赛有机结合能为学生全面成长创造鼓励创新的文化环境,有效地推进高校实验教学改革的进程,提高创新教育水平。通过科研立项与学科竞赛可使本科生快速进入新技术应用和科研开发的殿堂,有利于营造健康向上的校园文化环境,形成适合学生创新的校园学术氛围。这种重视学生爱好和特长培养的实践教学模式对学生的创新思想和行为给予理解和支持,使学生的主体性得到最大限度的发挥,也可吸引越来越多的学生参与,激发他们学习知识的兴趣。以学生参加商业精英赛会展调研赛道为例,其通过对展会项目的深入调研,熟知展会项目举办基本情况、项目的特色和亮点、项目发展过程中的问题、原因,有针对性地提出对策建议,能直接转化为学生科研项目立项或者论文发表的重要组成部分。

(三)实习实践与科研训练

大学生涉世不深,在校期间学习多是理论知识,纯基础理论研究很难受学生喜欢,只有理论与实践相结合才能使他们学习知识应用于社会,才能发现学习的乐趣。在实习实践中,接触行业企业,容易发现问题,大量接触业内人士,对学生科研十分有利。河南牧业经济学院会展专业通过各种实践方式,促进学生理论联系实际,提升科研能力。一是课程实践与实践课程,通过理论课程的实践部分和"会展行业调研实践""会展策划综合实践"等环节让学生深入行业企业实际,从行业企业中发现问题、分析问题、解决问题;二是通过日常各种博物馆、展会项目、节事活动的参观体验、调查与实习实践进行科研指导,鼓励学生在实践中发现问题,解决问题;三是指导学生开展第二课堂活动,带领学生与会展企业合作、与地方政府合作或单独建立产学研基地,承接地方政府、行业企业横向委托项目,通过社会服务项目让学生参与调研、访谈和交流,并撰写部分内容,提升科研能力和素质;四是指导学生以勤工助学、兼职等方式,从事科研工作,使之加深对行业企业的认识,掌握行业发展趋势,提高学生科研素质与能力。

(四)导师项目与科研训练

大学生科研训练主要目的不是进行创造发明,取得重大科研成果,而是培养学生的科研思维、科研意识和科研方法,为后续继续深造和进行科学研究奠定基础,因此,教师的指导非常重要。科学研究是高校专业教师必备的专业技能,各高校都对教师有科研方面的要求和考核,教师申请的科研项目、承担的科研任务前期的资料收集、文献梳理、数据分析等工作可以让学生承担,培养学生科研兴趣,掌握文献检索、查阅、整理、剖析基本方法,加深学生对专业知识掌握。实际上单纯依靠学生申请科研项目,独自去承担科研任务,可能由于水平有限,导致科研成果得不到认可,进而挫伤学生的积极性,因此作为科研助手,参与教师的科研项目是学生进行科研训练的基础环节。要鼓励教师根据项目需求每年上报科研助手需求,由学院统一发布需求,明确工作任务和具体要求,学生自愿填报申请,学院初审后公布申报情况,由学院或项目负责教师组织考核并确定人选。项目负责教师为学生分配工作任务,按时开展相关工作。学生参与教师科研项目并完成工作任务后,由负责教师对学生工作任务表现进行认定,根据任务参与和完成情况,结合项目实际适当进行补贴和奖励。

(五)大学生科研训练营项目

大学生科研训练营是高校学院、图书馆等部门为帮助学生树立正确的科研观,培养科研思维方式和创新实践能力,拓宽学生视野,激发学生学术研究兴趣,培养学生学术研究能力,使学生掌握正确的科研方法开设的科研训练项目。参与对象主要是本校学生,一般不限制学院或者专业,符合条件即可申请;时间安排上或者分散到学期之中,或在暑期集中安排,需要有足够的时间完成训练学时;训练形式上采用专家讲座、研讨交流、单独指导、团队协作、强化训练等;师资队伍可从全校范围高学历、高职称的青年教师中选择,确保能够掌握科研动态前沿和方法,并和学生能够很好地沟通交流;训练内容可围绕项目申报、学术论文撰写、专利申报等,授课与咨询解答采用线上线下相结合的方式,为提升学生科研能力提供多渠道、全方位地指导与帮助。从专业学院角度,可以组织日常专业科研训练营,大二开始,从全院遴选一定数量指导教师和参营学生,配对进行专项科研训练,通过1~2年的训练和提升,完成项目申报、结项、论文发表等成果,学院层面进行教师工作量认定和学生奖励,从而激发师生参与的积极性和主动性。

四、科研训练的保障

(一)组织保障

学校各级领导都应该提高认识,转变观念,把教师指导大学生科研实践活动作为提高学生综合素质的途径之一,协调各个相关部门配合开展工作。学校应该建立专门的组织和管理机构,负责管理大学生科研项目,对学生科研项目的设立、申报、审核、监督、评价和验收等环节进行规范。通过完善组织结构,加强对学生科研项目的管理,端正学生参与科研项目的态度,提高学生科研项目开展的效率。

(二)制度保障

科研工作具有很强的逻辑性、理论性和科学性,为确保学生参与科研训练,提升科研能力,学校层面必须出台相关的政策文件,对学生科研项目的范围、申报立项、项目资助、经费使用、教师指导、项目结题、考核评价等进行规范;建立监督检查制度,加强对大学生科研过程进行定期或不定期的督导和检查,了解课题研究情况,检测研究效果;建立定期报告制度,要求课题负责人定期作出口头或书面的阶段性研究报告;课题组在按计划完成研究任务后,应及时做好材料的汇总、分析和整理工作,认真撰写课题研究报告。

(三)物质保障

学生真正开展科研实践项目,离不开必要的物质依托,只有在实验设备、场地、图书资料、信息、经费等方面得到了保证,科研活动才能顺利、健康地进行和发展。学校应设立学生科研专项基金,通过社会赞助、行政拨款等渠道,筹集科研资金。学校要为学生科研提供必要的场地和设施设备、图书资料、期刊数据库等,同时通过行业主管部门、行业协会、相关企业联络等为学生科研提供必要的数据信息和调研支持,确保学生科研活动顺利进行。

(四)师资保障

大学生由于自身知识和能力的限制,开展科研活动中必然会遇到许多困难和问题。因此,应选拔一批学历和职称较高、科研能力强的教师担任学生科研指导教师,帮助学生掌握科研方法,提高学生的科研能力。高校青年教师要结合自身专业组建校内科研创新团队,申报科研创新项目过程中让大学生参与进来,发挥大学生的创新思维,课堂教学中要把自身的科研成果融入专业课教学中,让更多的大学生学习最新的专业知识,通过科研团队的训练和专业化知识的学习,提升大学生的创新创业能力。

(五)激励措施

基于学生和学生合作进行科研训练积极性不高的现状,学校、学院需出台科学合理的激励措施。学校层面制定促进大学生参与科研活动的激励机制和政策,对于指导教师指导学生科研成果发表、项目结项的给予一定工作量认定和奖励,在评优评先、职称评定上重点倾斜;学生可在项目结项或者成果发表后,给予学分认定,并颁发荣誉证书和物质奖励,从而激发教师指导和学生参与科研项目的积极性和主动性。

第四节　模拟公司与会展实践教学

模拟公司源于20世纪50年代的德国,为迎合行业对专业人才实践能力需求而设置,受训人员自主组建仿真公司,在仿真办公环境中,充当公司雇员进行企业商务运作与管理行为模拟,通过受训人员在模拟公司行政、人力、财务、采购、营销等部门的轮流实训,为受训人员提供一个完整真实的学习环境。模拟公司将职业和创新相结合,重视学生综合实践能力提升和主动性发挥,为其今后就业和工作奠定基础。近年来,国内诸多高校在模拟公司实践教学方面也进行了积极探索,逐渐将其引入了营销、企管、物流、电商、网络、广告、旅游等多个专业,有效解决了高校专业实践教学条件不足、学生实践能力不高的问题,学术界的相关研究成果也卓有成效。

一、会展专业引入模拟公司实践教学的条件

(一)模拟公司实践教学模式的基础条件

模拟公司实践教学需要人为创造经济商贸活动仿真环境,学生以"模拟公司"为平台,真实经历公司全部业务操作流程,从而获得实践技能的提升。其业务开展与实体公司不同,需要具备一定的基础条件。一是学校的大力支持。模拟公司在校内运营,需要学校提供政策、场地、资金等方面的支持,对其业务经营进行引导,使其充分发挥专业实训平台的作用。二是背景公司的借鉴。公司成立初期,需依托一家实体公司,学习和借鉴其日常管理模式和业务开展,背景公司可从专业校外实训公司中选择。三是专业教师的指导。模拟公司的运营须有专业教师的指导,突出其实践教学的功能,指导教师应有企业挂职经历,并讲授相关专业课程。四是固定的营业场所。营业场所是模拟公司的必备条件,一般可选择学校大学生创业园、院系专业实训室、学生社团办公室等场地。五是实践教学方案的制定。模拟公司实践教学的开展必须有一套完善的实训方案,依托专业课程和人才培养目标,明确实训的目的、内容和方法,并在实施过程中严格执行。六是质量管理体系的完善。为保证公司高仿真性,模拟公司可引入现代企业管理制度和ISO9001质量管理体系,确保公司业务客户满意和学生实践效果的实现。

(二)会展专业引入模拟公司实践教学的意义

模拟公司的建立必须以就业为导向,学生通过业务的反复训练,从而具备实体经济活动的能力和素质,毕业后能很快适应岗位环境,大幅缩短了职业磨合期。20世纪90年代,模拟公司实践教学在我国职业教育中得到迅猛发展,特别是在经管类专业中应用广泛。会展业是商务服务业的重要组成部分,企业以商务活动为核心,展商、消费者为对象,确保会展专业完全可以将模拟公司理念引入专业实践教学过程。以实体会展公司为背景实现模拟公司组织架构,公司业务从校园展会、文体活动开始,逐步拓展到校外公司招展、招观、宣传推广、现场服务等内容。学生通过角色体验,一方面,能够系统、全面、综合地思考问题、解决问题;另一方面,增强其职业意识,培养他们的吃苦精神、诚信品质和团队意识。上海对外经贸大学、广州大学等国内

最早一批会展高校都对模拟公司实践教学模式进行了有益尝试,并取得了显著效果,学生的专业实践能力极大增强,优秀学生甚至直接转入大学生创业园,成立实体会展公司,开启了自己的创业之路。近年来,国务院出台多项措施,积极鼓励大学生创业,模拟公司实践教学模式也为大学生创业奠定了基础。同时,模拟公司实践教学也为专业指导教师提出了更高的要求,为适应教学需要,他们必须主动向企业学习和交流,提升自身的专业实践技能。

二、会展专业模拟公司实践教学实施的过程

(一)模拟公司的成立和组织架构

模拟公司实践教学首先要成立模拟公司,公司类型和业务开展应围绕行业企业实际确定。从会展产业链来看,包括场馆、展览(PEO)、搭建、服务、会议(PCO)、咨询等多种类型的公司,其中 PEO、PCO 是会展产业链的核心企业,组建专业的会展公司(PEO、PCO)是会展专业模拟公司实践教学的最佳选择。同时,还应该让学生明确,和实体公司不同,创建模拟公司的根本宗旨是为了尽可能最大限度地提升学生实践实训能力,并非为了盈利。模拟公司成立后,依据职能设置相应机构部门,包括行政办公室、财务部、人力资源部、宣传部和项目业务部等,在教师引导下各部门通过学生自荐、竞聘上岗的方式挑选学生负责人,并根据实际需要采用岗位轮换制,尽可能让学生充分体验模拟公司的所有岗位。运营初期,公司总经理可暂由专业指导老师兼任,并成立由校外行业专家、系部领导等组成的公司顾问团,发挥引导监督作用,待模拟公司逐步成熟后再交由学生自主经营。模拟公司的内部管理采取团队成员分工协作、群策群力。为让学生体验到逼真的工作环境,可引导学生学习国内外知名公司的企业文化,结合行业和学生员工特点,设计模拟公司的企业文化,培养学生的企业忠诚和主人翁意识。

(二)公司制度的完善和经营业务的开展

公司制度是公司为员工规范自身建设,加强考勤管理,维护工作秩序,提高工作效率,经过严格程序制定的员工行为规范,是公司管理的依据和准则。模拟公司虽是模拟性质,但为创造高仿真工作环境和为学生提供真实

（四）模拟公司教学方法的选择和运用

教学方法是教学过程中教师与学生为实现教学目标和任务要求,在教学过程中所采取的行为方式的总称。教学方法选择受教学目标、教学内容、授课对象、教师自身素质、教学环境条件等多种因素影响。会展专业模拟公司实践教学可在项目教学、任务驱动、情景教学、案例教学等方面进行尝试,不同方法在不同业务开展过程中发挥不同作用。一是项目教学法。项目是会展公司的生命,实践教学过程中,公司举办校园实体展会、承接校外实训活动等均按照完整项目流程运作,从项目策划、宣传、推广,到项目组织、运营、反馈,均在专业教师指导下学生自主进行。二是任务驱动法。模拟公司的战略定位、财务预算、员工招聘及其具体公司项目选择和运营,专业教师都会放在特定环境条件下,以具体工作任务驱动学生进行操作,从而产生问题需求,针对问题引入相关理论学习,有效调动学生参与学习的积极性。三是情景教学法。模拟公司以公司职能和业务需求进行组织架构,设置总经理、副总经理、财务部、人力资源部、行政办公室、宣传部、项目部等,按照实体公司的模式进行人力资源的招聘、竞聘上岗,以角色情景扮演形式完成模拟公司的相关业务。四是案例教学法。将模拟公司运作过程中出现的问题进行汇总,形成鲜活的教学案例,教师课堂上引导学生对案例进行分析,激发学生的学习兴趣和创新能力。

（五）模拟公司实践教学模式的评价机制

模拟公司运作应发挥考核评价的导向、激励作用,保证实现公司业务开展的实训目标,正确评价模拟公司实训效果。一是学生实践教学效果的评价。学生进入模拟会展公司,承担项目经理、财务经理、人事经理等岗位职责,处理公司相关事宜和具体项目运作,并适时进行岗位轮换,体验结束后都要提供一份岗位实践总结,包括实训内容、经历、感悟、意见和建议、个体评价等。通过总结了解模拟公司业务开展对学生能力提升的价值,随时掌控学生对职业观念的变化,及时进行实训业务和职业观念指导。另外,学生每次岗位轮换还应有专业指导教师和体验岗位负责人对其的评价,从而建立起学生、企业和教师评价的"三位一体"综合评价体系。二是模拟公司实践教学的综合评价。模拟公司的建设目的并非盈利,是要尽可能地提升学生的专业实践能力,实施过程中是否能够达到预期的效果,需要建立一套完善的评价体系。综合评价过程中需要考虑以下几个方面:①公司业务是否以就业为导向;②公司运营是否尽可能地扩大学生的参与度;③模拟公司和真实公司之间的差异度;④模拟公司的业务开展是否得到专业教师和学生的认可;⑤模拟公司业务开展是否实现了和专业课程的无缝对接。

三、会展专业模拟公司实践教学实施过程中的问题和建议

(一)指导教师和参与学生的能力提升

模拟公司实践教学的成效取决于指导教师的引导和公司学生负责人员的管理,当前大多数专业教师和学生没有企业经历,缺乏企业管理的经验,不熟悉公司经营业务和岗位要求,不免对模拟公司的经营和业务开展带来困难,指导教师和学生负责人的能力提升问题须得到有效解决。从目前来看,专业指导教师和负责学生除日常加强自身学习,提升公司管理理论水平和业务能力外,还应采取"走出去""迎进来"的策略。学校和院系应组织专业老师和负责学生到校外实体公司挂职锻炼,学习真实公司的日常运作和业务经营方式。走出去到上海对外经贸大学、北京第二外国语学院等会展模拟公司实践教学运作比较成熟的高校交流、学习,借鉴他们成功运作的经验。同时,聘用实体会展公司中高级管理人员作为模拟公司的顾问团成员和校外指导教师,定期、不定期请他们走进校园、走进模拟公司进行业务指导,随时解决模拟公司运作过程中可能出现的一切问题。

(二)公司业务和专业课程的对接

模拟公司实践教学属于专业实践教学的重要组成部分,其核心是创造真实企业实训环境,提升学生综合实践能力,前提须以学生"三基(基本原理、基础理论、基本方法)"训练为基础,和专业课程学习完美对接,形成"理论—实践—理论"的知识循环模式,实现学生理论学习和实践能力的双提升。从会展行业岗位需求来看,会展专业核心课程包括会展策划、会展营销、会展组织与运营、会议管理等,模拟公司业务开展过程中,也应围绕特定展会项目设置策划、招展、宣传推广、项目助理、会议专员等多个岗位角色。专业教师需结合不同课程内容安排好理论学习和实践环节,让学生学习理

论知识后直接进入"项目导向"下的实施阶段。实施过程中,学生在不同的岗位角色之间互换,依靠其自身努力,发现问题,解决问题,全面提升其策划、销售、项目组织运营等方面的能力,从而使其认识到理论学习的重要性。需要说明的是,为保证专业课程学习和模拟公司业务开展的有效对接,必须建立富有弹性的教学计划,满足学生对实践教学的需求。

(三)学生管理和角色转换问题

学生参与模拟公司日常管理和业务运作,难免会影响到班级学生日常管理,虽然模拟公司也有制度,但毕竟是松散实训组织,员工随意性和流动性较大。同时,学生在课堂上和模拟公司中,面对老师、学生和客户等,需要不停地进行角色互换,而这种转换并非易事。另外,学生参与模拟公司业务的趋利心理也会影响到专业实践的预期目标。这些问题都需要院系和专业指导老师采取相应的措施加以引导,协调好学生日常管理和模拟公司业务运作的关系,处理好学生和公司员工角色之间的合理转换。一是将模拟公司实践教学融入专业人才培养计划,通过专业实践实训周、专业短期顶岗实习等方式,将模拟公司业务渗透到专业课程学习中;二是对学生参与模拟公司实践教学的角色定位加以合理引导,利用公司环境装饰、制度完善和业务开展,为学生员工角色转变营造氛围;三是引导学生树立正确的价值观,消除短视趋利心理,激发其参与模拟公司运作的积极主动性,让模拟公司的真正价值得以最大限度发挥。

(四)可能涉及的法律问题

纯粹模拟公司业务经营并不涉及实物转移和货币收益,但会展专业模拟公司业务开展过程中,涉及举办校园实体展会,校外实体会展公司的招展、招商、展会现场服务等多种业务。校外商户到校内参加实体校园展会,会展模拟公司提供相应服务并收取部分摊位费,公司员工对外提供服务也会获取相应的劳务补贴,这实际上已经触及资金收益。对外招展、招商,与实体公司之间已形成真实的民事合同关系,一旦出现任何纠纷,不具备法人资格的模拟公司是无法应对的,必须由学校出面加以协调,不免为学校工作带来麻烦。这就要求模拟公司对外业务开展时,从学校利益和学生素质提升大局出发,专业指导教师须对学生业务操作流程进行指导,并紧密跟踪,尽可能减少业务纠纷,发生纠纷也要通过适宜的方式进行协调,以免纠纷扩大上升到学校层面。

(五)学校作用机制的发挥

模拟公司承担着会展专业实践教学的重要任务,公司成立和运营须得到学校的大力支持,提供营业场所,投入资金、购买办公用品等,保证模拟公司的日常运营。如举办校园展会过程中,学校后勤、保卫、教务、宣传等应在水电供应、现场安保、条幅悬挂等方面给予支持、帮助,提供方便并合理引导。公司运营是一种经济行为,必须按照市场化运作方式,才能保证持续的发展潜力。模拟公司也应如此,运作初期,学校可在政策、资金、场地、组织架构等方面进行扶持、提供帮助,随着公司业务的逐步成熟,可将模拟公司完全交给学生自主经营、自主管理、自负盈亏,充分发挥学生在公司运作过程中的积极主动性,实现公司从模拟性质到半实体性质转变,条件成熟后积极扶持引导学生注册专业实体公司,实现由专业实践教学到大学生创业的性质转变。

第六章　学科竞赛实践教学项目

第一节　国内会展学科竞赛概述

一、学科竞赛的界定

学科竞赛就是特定组织、团体或个人在某学科领域内，根据特定规则所进行的竞争性活动。学科竞赛是整合课内外实践教育教学的重要环节，是培养学生创新精神、动手能力和专业自信的有效载体，对提高学生创新思维、创新能力、团队合作、语言表达、人际沟通等方面的能力具有重要价值。学科竞赛是高校第二课堂的重要组成部分，以培养学生个性和特性，启发学生独立性思维为主要任务。与第二课堂其他教学手段相比，学科竞赛对学生能力要求比较高，竞争激烈，需要学生具备综合理论知识、实践能力和心理素质，是学生综合能力提升的主要途径。依托学科竞赛设置实践教学环节，将学科竞赛的要求和环节融入课程实践，能够达到学科竞赛和专业实践有机整合。国内会展专业设置时间较晚，但围绕会展学科建设和人才培养的会展学科竞赛近年来层出不穷，活动将"赛教融合"理念渗透在会展专业实践教学过程，使学生通过参加学科竞赛，掌握知识技能的同时，综合实践能力和专业素养得到提升。相对于"互联网+"创新创业大赛、"挑战杯"课外学术科技作品竞赛等，会展学科竞赛选题更加具有针对性，对能力和素质的提升更具有专业性。会展专业围绕会展项目培养具有较高实践能力和综合素养的复合型人才,学科竞赛依据会展理论进行会展项目选题、调研、策划、营销、设计和内容安排,具有系统性、综合性和创造性,不仅能够巩固专业知识,还能提升学生学习兴趣和综合实践能力,对学科"双师型"队伍打造、学生创新创业、团队协作、人际沟通、语言表达等能力提升具有重要价值。

二、会展学科竞赛的价值

(一)提升学生知识运用能力

会展学科竞赛要求学生选择特定区域项目,进行展会的调研、策划、设计、营销、组织和运营,制作完成竞赛作品,提出问题、解决问题,从而创新能力得到提高。知识运用和实践检验是创新能力培养的基础,结合会展学科竞赛要求,学生在分析解决问题和项目方案写作过程中,有效验证所学理论知识的科学性,并将其运用在服务行业企业发展过程中。

(二)提升学生综合分析能力

会展学科竞赛是分解、筛选、整合、决策、提升和优化的复杂多要素融合过程,通过项目驱动、任务驱动方式,让学生查阅相关资料和文献,在资料筛选、文献分析和市场调研基础上对会展项目做出综合判断和决策,提升学生自主学习的创新能力。教师在学科竞赛指导过程中,通过精心设计启发学生学会自主思考、综合判断的能力,最终实现参赛目标,教师自身的专业实践教学能力也得到了提高。

(三)提升学生团队精神

会展学科竞赛赛道和会展行业、会展城市、展会项目、会展新技术紧密关联,内容涉及市场调研、项目创意、文案撰写、设计绘图、PPT制作、解说答辩、活动演艺等多个环节。需要团队成员具备系统和整体观念,参与过程中相互学习、相互协作、共同提升,提高学生的团队协作精神。参赛团队面对竞赛项目任务,必须配合默契,分工明确,方能在激烈的竞争中取得佳绩。

(四)树立学生的专业自信

参加会展学科竞赛与来自全国兄弟院校的参赛者同台竞技,能够激发他们的求知欲、好奇心和专业学习兴趣,端正学习动机。研究表明,行业专家学者的评价直接影响学生的专业自信和对专业的认可度,当参赛团队的创造性成果能够得到行业专业评委的认可和好评,得到竞赛组委会和所在高校竞赛奖励时,学生实现了最高层级的心理需求,对学生专业自信的建立产生积极影响。

（五）推动双师型教师队伍建设

指导学生参赛,专业教师必须走进行业企业,更新教学观念,主动学习新的知识,钻研新的方法,掌握新的技能。指导过程中接触更多业界专家,掌握会展专业、会展行业发展的新趋势;促进专业教师在课程教学改革方面的思考,探索赛教融合实践教学模式,为专业实践教学创新奠定基础。指导过程中,教师近距离和学生接触,推动教师向教练角色的转变,有效改善师生关系。

三、国内主要会展学科竞赛

（一）全国高校商业精英挑战赛文旅与会展创新创业实践竞赛

1.赛事简介

该赛事是由中国国际贸易促进委员会商业行业委员会、中国国际商会商业行业商会、中国商业经济学会主办,中国贸促会商业行业委员会教育培训部等单位承办的国家级会展学科竞赛。自2007年创办至今,活动经过十七年培育发展,已成为我国文旅与会展教育领域中,主管部门认可、院校覆盖全面、校企合作深入、国际交流广泛的赛事活动,形成了集学科竞赛、产学合作与国际交流三位一体的创新实践平台。根据中国高等教育学会高校竞赛评估与管理体系研究工作组发布的《全国普通高校大学生竞赛排行榜》,全国高校商业精英挑战赛文旅与会展创新创业实践竞赛已连续多年被纳入学科竞赛排行榜,是目前商科教育领域文旅与会展方向唯一纳入该榜单的国家级赛事。

2.参赛对象

该赛事参赛对象包括但不限于学习旅游管理、文化产业管理、会展策划与管理、会展经济与管理、广告与会展、酒店管理、新媒体运营与管理、市场营销、展示设计、艺术设计、服装陈列与展示设计、数字展示、会展艺术设计、工商管理、商务英语、国际贸易、人力资源、财务管理及相关经济大类、管理大类、旅游大类和艺术大类专业的院校全日制在校学生,只针对会展学科设置。

3.主要赛道

该赛事设置会展项目策划、会展城市营销、会展项目调研、会展展示设计、会展新媒体(短视频)制作、会展安全应急沙盘演练等相关赛道。2024年,为培养适应新时期文旅与会展业发展所需的应用型、创新型和复合型人才,中国贸促会商业行业委员会、中国国际商会商业行业商会和中国商业经济学会经研究,在调研论证的基础上,进一步整合资源,增设文化旅游(策划、调研、营销和新媒体短视频创作四个组别)、酒店(策划、调研和收益管理赛三个组别)两个专业方向的相关赛道,不同赛道有不通过的参赛内容和要求。2024年第十八届文旅与会展创新创业实践竞赛会展相关赛道有以下五个。

(1)会展项目策划赛道。会展项目(展览、会议、节庆、体育赛事等)的整体策划,方案应结合会展业发展新趋势,利用会展活动的新技术,体现科技、数字、绿色等相关元素,自主命题。既可对市场上已有会展项目进行重新策划,也可选择新项目进行策划。

(2)会展项目调研赛道。对市场上已有的会展项目(展览项目或会议项目或节庆活动项目)进行调研,并完成调研报告。

(3)会展设计赛道。两个命题方向:一是VI设计,以某个展览、会议或节事活动为对象,进行相关配套的VI视觉设计;二是展位设计,参赛作品需以72~300平方米为展位进行展位设计,参赛选手自拟命题进行创作。

(4)新媒体(短视频)创作。对市场上某个会展项目,包括但不限于展览、会议、节事活动、体育赛事等进行专题短视频创作。

(5)会展安全应急沙盘演练竞赛。根据统一命题,编制应急预案,运用实物推演沙盘和数字仿真沙盘(数实融合空间线上仿真平台)完成会展现场的布局,对照陈述并完成应急处理流程的仿真模拟。

4.赛事组织

国赛由主办单位联合成立竞赛组委会,负责竞赛的统筹工作;由有关行业专家和持有竞赛裁判员证书的在校教师组成评审委员会负责竞赛评审工作;由大赛组委会特聘专家组成竞赛仲裁委员会,负责大赛争议解决和监督工作。经承办单位申请和国赛组委会审核通过后,设立相应省赛赛区,由省赛承办单位组织成立省级竞赛组委会、评审委员会和仲裁委员会。竞赛对接(新加坡)国际商务会展策划大赛、亚洲展览会议协会联盟(AFECA)主办的亚洲会展业青年挑战赛等会展领域的知名境外赛事活动。全国总决赛按照本科组和高职组分别设置一、二、三等奖,总决赛各分组赛前两名团队将可代表中国地区参加 2025 年(新加坡)国际商务策划大赛(含旅游、会展与酒店)。对获奖的团队和个人,由主办单位共同颁发荣誉证书和奖牌。该项赛事 4、5 月份启动报名,经过知识赛、校赛、省复赛,省决赛等环节,11、12 月份举办全国总决赛和全国精英赛。

(二)"远华杯"全国大学生会展创意大赛

1. 赛事简介

由中国会展经济研究会联合各地商务厅局、博览局等会展行业主管部门联合主办,西安远华软件有限公司联合地方会展院校、行业协会等单位联合承办,赛事已成功举办 13 届,累计有 1100 多所学校,2300 多支队伍,12 000 多人,10 000 多家企业,200 多名评委参与,获得了会展类院校和行业的高度认可和评价,也得到了积极的支持和参与。大赛赛制层次和形式既有论坛高端的交流,又有丰富的赛项,更有展览活动进行展示,其多元化、复杂性远远超出同领域竞赛。大赛使命是通过赛事在东西部轮流举办,希望东西部的产业界、教学界以及学生、老师、院长进行多层次、多方位交流学习,以论坛、比赛、展览多形式进行思想碰撞,互学互鉴互动,达到共同提高的目标。评判的标准以及评委的来源都是业界专家和经营者为主,是以业界的实用标准、发展标准为评判标准,并且已经得到认可。

2. 参赛对象

学习会展经济与管理、会展策划与管理、会展设计、展示艺术设计、艺术与科技、艺术设计、旅游管理、酒店管理、文化产业与管理、市场营销等专业或相关专业的在校大学生。

3.主要赛道

（1）创新创业赛道。该赛道以会展+为主导理念,体现出与会展相关联的内容或元素,已落地或计划落地,并愿意接受成果转化或资本投资,包括但不限于会展类项目。凡进入决赛阶段的创新创业类项目鼓励有会展及相关类型机构作为指导单位参与项目的策划和辅导。

（2）会展+策划赛道。会展+策划比赛,要求完成会展、会奖旅游、会议、论坛、活动、赛事、节庆等项目的策划,参赛作品包括:按照大赛要求提供项目的创意策划方案。

（3）会展+设计赛道。会展+设计比赛,要求各参赛队利用新技术,新科技,以旅游产品、景区景点、会展展馆、会展展厅、会展展位为对象进行空间设计。参赛作品包括:按照大赛要求提供会展+创意设计作品的设计效果图、设计方案说明等。

（4）实训技能赛道。实训技能赛道,将模拟展览主办的业务过程,使用由西安远华软件公司研发并赞助的平台,提供比赛需要的基础数据。参赛者需按照比赛规则在主办之家平台中完成初始化设置、按照场景模拟项目运营、导出项目报告。

4.赛事组织

该学科竞赛对接国赛竞赛要求,设立竞赛组委会、赛区组委会、大赛秘书处和专家委员会。组委会是大赛和论坛的领导机构,负责大赛和论坛的总体策划、组织和决策,各赛区组委会、专家委员会和大赛秘书处在组委会领导下开展工作;赛区组委会是赛区的领导机构,负责赛区内大赛的宣传、邀请、组织、评审和会务等工作,2024年的赛事设置华北、东北、西南、华南、上海、港澳台等全国12个赛区;大赛秘书处负责大赛和论坛的组织和管理事务、与各赛区组委会的联络工作、大赛信息平台保障以及大赛决赛的实施、管理和各项事务工作。所有赛项分本科组和专业组,分别进行奖项评定。总决赛各赛项和组别分别设置特等奖、一等奖、二等奖和三等奖。赛事设置不少于10万元奖金,凡获得特等奖和一等奖的参赛队将优先推荐给投资方、相关企业、媒体和广告宣传,根据组织参赛数量和获奖情况,向各赛区组委会或学校颁发大赛"优秀组织奖"。4、5月启动报名,经过校赛、大区复赛,决赛后,11 月举办全国决赛。

(三)浙江省会展策划创意大赛

1. 赛事简介

该项赛事由浙江省大学生科技竞赛委员会主办,浙大城市学院、杭州科技职业技术学院共同承办。竞赛秘书处作为竞赛组委会的办公室,办公室设在浙江外国语学院和浙江省国际会议展览业协会。赛事设置会展调研、会展策划、会展设计、会展礼仪、会展翻译、富阳文旅专项等多个赛道,是目前国内会展学科竞赛中赛道设置最为齐全的学科竞赛。2011 年以来已成功举办 13 届,除浙江省高校全员参与外,还吸引了全国 100 多所院校 2000 多支团队参加。赛事自 2019 年成为 A 类学科竞赛以来,已发展成为国内规模最大、最权威的旅游与会展类学科竞赛之一。

2. 参赛对象

该赛事参赛对象主要为全国全日制在校大学生,不限制专业,参赛选手采取团队比赛方式,每队 3 ~ 5 人,每队可安排 1 ~ 2 名指导教师。鼓励跨学科、跨专业组队。

3. 主要赛道

(1)会展创意赛道。赛道包括数字会展组、会展调研组、会展项目策划组三大组别,2024 年增设文旅会展融合组、乡村振兴组、会展酒店组、体育赛事组等。该赛道长期稳定合作的政府部门和企事业单位有:中央文化和旅游干部管理学院、浙江省商务厅、浙江省农业农村厅和云上会展有限公司。该赛道特点是产教融合程度高、政治站位高,赛题都是会展业理论前沿和实践前沿课题,具有较好的交叉性、融合性和延展性。

(2)会展设计赛道。会展设计赛道 2021 年正式设立。相比会展创意赛道,会展设计赛道比较专注于艺术和科技特展项目和数字会展展陈。2024 年,会展设计赛道拟定和国家级会展平台的展厅、展台设计、会展纪念品周边设计等领域的合作赛题,也围绕乡村会展场所的设计、乡村博物馆展陈设计、乡村农副产品的参展设计等新领域的合作赛题。

(3)地方专项赛道。地方专项赛道是大赛服务国家和地方发展战略的具体举措,为 2022 年新设赛道。地方专项赛道赛题更接地气,能够真正实现"以赛促学、以赛促建"的学科竞赛宗旨,助力共同富裕、乡村振兴和县域经济发展。目前,该赛道合作单位是杭州市富阳区文化和广电旅游体育局。每年都会和全国各级政府相关部门进行专项赛道合作。

(4)会展礼仪赛道。为提升中国会展礼仪整体服务水平,推动国家职业大典礼仪主持人、会展模特等新职业规范有序发展,2023 年新设会展礼仪赛道,包括中国历代绘画大戏特展讲解、婚礼主持人大赛和车展模特大赛等赛题。赛事和一线、二线会展城市和县域会展城市、国内外知名商业大展围绕国际会展之都形象大使、各类场馆讲解员、各类礼仪主持人、各类时尚展模特等领域开展创新赛题合作。

(5)参展创意赛道。本赛道是为服务浙江省开放强省和出展强省建设需求,于 2023 年新设的赛道,旨在通过校企合作切实提升我省企业参展策展水平,培养高素质参展职业经理人。和各级政府有关部门、各大中型企事业单位、行业协会和有关机构围绕创意参展、创新参展开展赛题合作。

4.赛事组织

该竞赛由浙江省大学生科技竞赛委员会主办,竞赛秘书处作为竞赛组委会的办公室。为确保评审工作的公平、公正,各参赛项目的评审由竞赛专家委员会负责。评审专家在浙江省会展策划创意大赛专家库中抽取,专家库由秘书处和各有关高校共同推荐组成。竞赛分为校赛、省赛初赛和省赛决赛三个阶段,全部线上形式。大赛共分会展创意赛道、会展设计赛道、会展翻译赛道(会展口译)、富阳文旅专项赛道、"一带一路"赛道、会展礼仪、参展创意赛道等七个赛道,全面推动复合型、应用型数字会展人才和国际会展人才培养。校赛由各参赛单位自行组织安排,校赛负责人须在大赛平台开通校赛官网,校赛阶段报名信息都须登录进校赛平台。省赛初赛和决赛评审采取专家组集体评分制度。评审专家将在浙江省会展策划创意大赛专家库中抽取。决赛展示鼓励各团队采取创新表现形式。比赛坚持公平、公开、公正原则,比赛选手不得以任何形式向评委透露姓名、单位等信息,否则取消比赛资格。评审专家也不得以任何形式询问选手身份信息。决赛结果将在决赛结束后两个工作日内通过浙江省大学生科技竞赛网、浙江省会展策划创意大赛官网公示。

(四)大学生绿色会展创新创意挑战赛

1. 赛事简介

该学科竞赛由江西省商务厅、江西省教育厅决定联合主办,南昌师范学院及江西省会议展览业协会承办,自 2018 年以来,这项赛事已在江西省南昌市连续举办了 6 届,已发展成为我国会展教育专业领域较高规格比赛之一,吸引了全国近百所院校参赛。通过活动举办提高创新人才服务于会展业的意识,搭建"政、校、企、协"合作资源平台,储备优秀青年会展人才。学科竞赛的主题为:加快建设美丽江西,促进人与自然和谐共生。深入践行绿水青山就是金山银山理念,全面落实"美丽江西"建设规划纲要,更高标准打造美丽中国"江西样板"。赛事致力于提升创新人才在会展业的服务意识,构建一个集政府、高校、企业、协会等多方合作资源的平台,以培养优秀的青年会展人才。大赛内容丰富多样,决赛期间还同步展示全国会展创新成果,为优秀获奖成果的转化提供国家级的重要支持。

2. 参赛对象

国内高等院校各相关专业及专业方向的在校学生。

3. 主要赛道

大赛共分高职组和本科(研究生)组两个组别。每个组别下设三个赛道:会展项目创意赛道、会展设计赛道、国际会展讲解(英语)赛道。

(1)会展项目创意赛道。会展项目创意赛道分为会展项目策划自主命题和会展项目调研两个选题,会展项目策划针对江西省策划举办与大赛主题相关的省级会展项目,活动形式可为博览会、大会、论坛等,策划方案包括但不限于整体概况、可行性研究、宣传推广、招展招商、项目执行和评估、项目财务核算等;会展调研成果为调研报告,可围绕所在城市举办的市级以上博览会,围绕"办好一次会,搞活一座城"展开相关调研。

(2)会展设计赛道。该赛道分为 H5 或 VI 视觉识别系统设计和展位设计(特装展位设计)两个赛道,前者要求任选一种表现形式为历年来已举办的江西省人民政府主办的各项会展活动进行形象设计。成果形式为 H5 或

VI视觉识别系统设计;后者为历年来已举办的江西省人民政府主办的各项博览会进行展位设计,选取江西省任一设区市展位进行特装展位设计。设区市展位大小为15米×12米,限高5米,展位门头为设区市名称。成果形式为三维效果图,CAD图纸。

（3）国际会展讲解（英语）赛道。讲解赛道围绕江西省中国米粉节、景德镇中国陶瓷博物馆"丝路遗珍—中国古代外销瓷展"、中国绿色食品博览会、南昌汉代海昏侯国遗址博物馆等,根据所提供的相关材料,提供中英文讲解稿和讲解视频。组委会从讲解稿的结构、内容、构思,视频清晰度、语言表达、发音、用词、音容仪表等方面进行评分。

4.赛事组织

该赛事由江西省商务厅和江西省教育厅共同主办,南昌师范学院和江西省会议展览业协会承办。大赛组委会由主办、承办单位相关领导组成,负责审定大赛的方针、政策、总体方案,大赛巡视以及其他重大决定;组委会下设办公室,设在南昌师范学院,是具体负责大赛比赛的执行机构,工作职责是制定大赛方案和实施细则,实施大赛监督,审定大赛奖项,处理大赛异议,决定其他有关重要问题。为确保评审工作的公平、公正,各参赛项目的评审由大赛专家委员会负责,评审专家在大赛专家库中抽取,专家团由有关高校和江西省会议展览业协会共同推荐组成。大赛分为初赛与决赛。初赛中每个组别的每个赛道分别按70%比例选拔参赛队伍进入决赛。队伍参赛总成绩由初赛成绩和决赛成绩两部分组成,其中初赛成绩占总成绩的50%,决赛成绩占总成绩的50%。大赛设一等奖、二等奖、三等奖、优秀指导教师奖等若干名,并颁发相应获奖证书。大赛设立异议制度,比赛结果公示后,如发现违反竞赛规则或竞赛不公行为,参赛队可以向组委会提出申诉。申诉报告必须以书面形式提交,并且必须有申诉选手、指导教师签名和按捺手印。由专家组进行申诉复核,并由秘书处协商后作出答复。如发现恶意举报行为,将取消竞赛成绩,并在大赛官网、大赛微信公众号进行通报。对违反竞赛规则和纪律的参赛单位和团队,如有抄袭、弄虚作假、同一比赛方案重复参赛等现象,取消竞赛成绩,并在大赛官网、大赛微信公众号进行通报。

第二节　会展学科竞赛参与环节

学科竞赛是会展专业实践教学的重要方式,通过教师指导下学生组团参赛,能够提升学生的团队合作、综合实践能力和素养,对高校课程建设、专业教学改革、创新创业等发挥重要作用。早在 2003 年,教育部就发布《关于鼓励教师积极参与指导大学生科技竞赛活动的通知》,各高校也非常重视学科竞赛的组织和参与,纷纷出台政策文件鼓励和支持大学生参加各级各类学科竞赛,提升人才培养质量。参加学科竞赛的主体是学生,但离不开指导教师的指导,诸多学科竞赛,指导教师在选题、文案制作、团队管理、答辩、心态建设等各个环节都发挥重要作用,从而提高大学生的德育素质、智育素质、身心素质和发展素质。本部分内容以河南牧业经济学院会展专业参加全国商业精英挑战赛会展创新创业竞赛(后续简称商业精英赛)为例,从赛前准备、赛中指导、赛后评价等环节,发挥会展学科竞赛在会展专业实践教学和人才培养过程中的作用和价值。

一、赛前准备

赛前准备环节包括竞赛项目选择、赛事动员报名、团队组建等环节,其中赛事选择环节确保活动的专业性和价值性,动员报名环节让老师和学生能够认识到学科竞赛时间、内容、流程及其参与学科竞赛的重要性,团队组建是参加学科竞赛的主体。

(一)竞赛选择

学科竞赛在专业建设和人才培养中发挥重要作用,近年来,围绕会展学科,全国商业精英挑战赛会展创新创业实践竞赛、浙江省会展创意策划大赛、大学生绿色会展创新挑战赛、"讯狐杯"全国会展大学生创新创意挑战赛、"远华杯"全国大学生会展+创意大赛等学科竞赛纷纷涌现,在高校、行业企业中都具有较高知名度和影响力,对校企合作、产教融合、实践教学、学生能力提升发挥重要作用。但出于精力、经费、时间、是否认可等原因,所有竞赛都参加几乎不可能,必须有选择性地参加。目前国内诸多高校将中国高等教育学会《高校竞赛评估与管理体系研究》专家工作组发布的"全国普通高校大学生竞赛榜单"作为参赛依据,工作组每年都会对全国各类竞赛赛事进行评估,动态调整确定进入榜单的赛事。其中全国商业精英挑战赛会展创新创业实践竞赛自 2007 年创办以来,连续多年被纳入中国高等教育学会学科竞赛排行榜,是目前商科教育领域会展方向唯一纳入该榜单的国家级赛事。2024 年该赛事将旅游和酒店相关赛道纳入竞赛范畴,竞赛名称调整为第十八届全国高校商业精英挑战赛文旅与会展创新创业实践竞赛,将学生组竞赛调整为三个专业方向,分别为文化旅游竞赛(策划、调研、营销和新媒体短视频创作四个组别)、会展竞赛(策划、调研、设计、新媒体短视频创作和会展安全应急沙盘演练竞赛五个组别)、酒店竞赛(策划、调研和收益管理赛三个组别)。基于会展经济与管理专业旅游管理学科归属和相关课程开设,三个专业方向的赛道均可选择参加。

(二)竞赛动员

1.发布竞赛通知

根据全国商业精英挑战赛国赛、省赛通知的相关要求,确定校赛组织的相关内容,发布通知。明确竞赛的组织机构、参赛对象、竞赛日程安排、奖励办法、注意事项、联系方式、报名表等内容。为保证竞赛的权威性、科学性和规范性,组织机构上将教务处列为校赛的主办单位,旅游学院为承办单位,具体实施竞赛相关事宜;参赛对象是面向全校各专业,其实从 2024 年赛道设置来看,不仅是会展、旅游、酒店专业,工商、艺术、网络新媒体、计算机等相关专业学生均可报名参赛;在日程安排上明确竞赛报名、知识赛、校赛选拔等时间节点和要求;校赛组织奖励可颁发获奖证书或与校企合作,冠名校赛颁发竞赛奖品,提高学生参加学科竞赛的积极性;校赛组织指定专门负责人和联系人,负责活动具体执行和答疑解惑。

2.召开竞赛动员会

召开由学院领导、专业负责人、专业指导教师和辅导员老师以及全体专业学生参加的学科竞赛动员会,竞赛负责老师介绍竞赛的基本情况、报名程序、参赛流程、参赛常识、表彰奖励等,让学生对学科竞赛有充分了解和认知,掌握必备的参赛知识和参赛技能,调动学生参赛的热情、积极性和主动性,动员会上学生之间可互相交流,寻找队员组队、寻找创意。其间可邀请往年参赛获奖的同学分享参赛经验和心得体会,让学生感受到参加学科竞赛的必要性、作用和价值。基于商业精英赛实际,结合高校参加学科竞赛相关规定,学生参赛意义重大:可以提升学生自身知识运用、团队合作、文案写作、综合展示、沟通交流能力;学生可以获得创新创业训练学分;可以申请各类奖励荣誉;可以为继续深造提供证明。不仅学生需要动员,教师也需要动员,由于部分教师对学科竞赛价值的认识不足,不愿意参与学科竞赛指导,学院可专门召开指导老师动员会,强调参加学科竞赛指导在教师工作量认定、评优评先、职称评定等方面的重要价值,鼓励教师积极参与学科竞赛的指导。

3. 通过课程孵化竞赛项目

结合商业精英挑战赛各赛道的相关要求,可将其内容融入专业课程,通过课程作业、课程考核成果等孵化竞赛项目,能够很好地起到竞赛宣传动员的效果。河南牧业经济学院会展专业开设"会展行业调研实践""会展策划综合实践""会展市场营销""会展项目策划与管理""展示设计""企业参展管理""旅游新媒体""数字会展"等课程,有效支撑商业精英赛会展专业调研、策划、设计、新媒体短视频制作四个赛道。通过课程实践方式提前完成项目选题、文案写作等,待商业精英赛启动时选择优秀项目直接报名参赛,由于有了前期的基础,实施就较为顺利,获奖概率也较高。

(三)团队组建

1. 校级竞赛团队

构建学生协同创新机制,成立校级学科竞赛委员会,负责学科竞赛的管理、组织和认定,设立专项经费,利用讲座、展板、学校官网、广播、微信公众号等多种手段对竞赛规则、竞赛组织、竞赛成绩等进行宣传,激发学生的参赛意识。校赛专家委员会成员可由具体承办学院确定,要确保有一定比例和数量的校外专家和行业专家参与;竞赛的联络员由学院专业负责指定,具体负责校赛和省赛的联络,校赛的组织。

2. 竞赛负责人

竞赛的院校负责人由承办竞赛工作的二级学院指定专人负责,可由会展、旅游等相关专业的负责人或者具有竞赛丰富指导经验的老师担任。具体负责大赛校赛的策划、组织及其省赛参赛的各项工作;组织选拔参赛学生,协调指导教师和参赛团队做好赛前培训和指导工作;负责竞赛宣传动员、实施、总结、成果展示等;负责学科竞赛课程化、规范化任务,开发学科竞赛专业课程或协助相关课程教师融入竞赛理念,发挥以赛促教的作用。

3. 指导团队

会展学科竞赛的指导教师也应多方获取,组建跨年级、跨专业、跨学科、跨学院、跨单位的综合指导团队,对学生参赛进行全方位指导。指导过程中需要有意识地将学科竞赛指导与教科研活动、课程教学改革、专业建设、人才培养相结合。指导教师应有竞赛相关专业课程的教学任务的经历,且教学经验、竞赛指导经验丰富,教学效果好,学术水平高,学风端正,治学严谨,勇于创新,有较强组织管理和协作能力。激发高学历青年教师的参与,他们精力充沛,思维灵活,学习能力和创新意识强,容易和学生相处,学科竞赛指导有想法、有创意,更容易出成绩。加强指导教师培训,定期选派指导教师参加学术研讨活动和高规格学科竞赛的观摩活动,加强指导教师之间的经验交流,提升学科竞赛指导教师的综合素质。

4. 学生团队

商业精英赛各赛道要求学生以团体形式参赛,每个团队由 3~5 名参赛学生组成。每队指导老师 1~2 名。会展行业的综合性决定了其学科竞赛过程中涉及不同学科的内容,专业交叉能够有效提升学生综合实践能力,需要在学生组队时,考虑到不同的专业背景,在学科竞赛中发挥专长,肩负不同的任务。同时,不同专业的学生从各自的学科的角度出发进行项目创意,会使参赛项目成果更具创新性。队长是参赛团队的发起者,要有主见和想法,和队友要有良好的关系,能够鼓舞队员士气,竞赛过程中起到分工、协调、管理作用。团队成员要结合项目要求,凸显自己在创意、文案、PPT 制作、汇报答辩等方面的优势。

5.师生组队

具体组队方法可采用师生互动合作式组队,尊重学生的主体地位,发挥教师主导地位,师生互选可通过私下联系、竞赛动员会、经验交流会、竞赛培训课程等方式进行。河南牧业经济学院实施本科导师制制度,要求从大一开始给本科生配备学业导师,从专业学习、专业见习、学科竞赛、考研、毕业论文等方面进行指导。学业导师和学生组队参赛相对而言沟通成本最低,可在日常指导过程中提前组队,熟悉竞赛规则,提前准备方案。

6.参赛团队命名

商业精英赛要求为参赛团队命名,团队命名总体要求要大气、正气、和气、才气、志气、底气,能够体现团队的总体形象、气质和精神面貌,有特色能够让评委记住并具有好的感受。如历年参赛过程中有团队命名猛犸战队,意为狂野绝伦、勇攀高峰;骏马战队,意为疾驰前行、永不停歇,就能够很好地体现团队的气质和愿景。命名严禁违背公序良俗,不得引起公众不良反应和误解,不得损害国家利益或民族精神,不得透露参赛团队、学校和成员的信息,不得违反相关法律规定。

二、赛中指导

(一)会展项目策划选题

为保证选题的科学性与合理性,学科竞赛选题必须坚持价值性、创新性、可行性原则,并关注热点话题。价值性在于通过研究能够促进人类发展和社会进步,能够增强人类认识事物的发展规律,能够为人类的生产或生活服务,因此,只有能够解决行业企业需求和痛点,吻合市场需求的选题才能够得到评委的青睐;创新是会展项目策划的灵魂,不管是项目选题还是活动策划都要进行体现。可对大赛历年参赛的选题进行筛选,避免重复和雷同的选题,从展会项目所在地来看,尽量避免在大城市举办的展会项目;选择学生熟悉的领域确保策划可行,如精英赛的会展项目调研赛道,要选择自己家乡或高校所在地的项目,确保通过亲戚朋友、校企合作企业、老师同学等获得一手资料和真实资料;要关注行业企业热点问题,如数字会展、文旅融合、元宇宙等,紧跟时代发展趋势。对于会展新项目的策划选题,要结合地域、产业、规划、区位、政策等因素来进行前瞻性和创新性的策划,如新项目放在郑州举办,相应主题选择就要符合郑州市、河南省的优势产业、资源和市场,真题真做,确保展会项目顺利举办。

(二)项目策划市场调研

会展项目策划赛道选题确定后,在撰写策划文案之前需要进行相关调研,收集展会项目举办环境相关的信息,确保展会举办的可行性,包括产业信息、市场信息、政策法规、同类展会及其展会组织者自身情况的。某个展会项目能够在某地举办并不断成长,需要产业集中、市场集中、政策支持。

1. 产业信息

会展活动可能会涉及一个或几个相关联的产业,产业规模的大小会直接影响到会展活动的规模。产业相关信息对会展活动的主题选择、市场定位、战略管理都有重要的参考价值。需要调研的产业信息包括产业规模大小、产业发展阶段、产业分布情况、厂商的数量、产品销售方式等。在调查和分析产业环境时,还应该密切关注该产业的发展趋势、最新动态和热点话题等信息,这些信息对于策划会展项目的各种相关活动很有帮助。

2. 市场信息

举办市场化的商业性会展,需要对目标市场信息进行全面了解和深入分析,并能在其基础上做出科学决策。对于会展项目而言,目标市场由潜在的与会者或参展商以及目标观众构成,主要调研的市场信息包括市场规模大小、市场竞争态势、经销商数量和分布情况、行业协会的状况、市场发展趋势、相关产业状况等。

3. 有关法律法规

所有会展活动都不同程度地受到所在国家有关政策和法律法规的影响和约束,因此了解国家的政策法规对于成功策划会展项目十分重要。包括产业政策、产业发展规划、城市市场准入、进出口、知识产权等相关的法律法规。如果会展项目所涉及产业属于国家鼓励和扶持的产业范畴,不仅在发展环境方面能够得到政府的支持,而且也会吸引众多踊跃参展的企业。一般来说,在政府规划的重点产业和优先发展产业里举办的会展项目更容易成功。

4.相关展会的信息

会展项目策划要对同类会展的情况有所了解,决定是否在该产业内举办会展提供决策依据,也可为在该产业内举办会展、制定竞争策略提供参考。调研内容包括同类展会的数量和区域分布情况、同类会展项目之间的竞争态势,同类重点展会的基本情况。如选题为郑州举办电竞产业博览会,就要调研当地和周边城市是否有同类展会,北上广等一线城市是否有同类展会,从市场定位看同类展会和策划的展会是否有竞争关系。

5.自身资源

只有会展举办者自身的资源条件能够满足会展项目要求,该项目才能成功举办。因此,策划会展项目时,还必须对会展举办者的自身资源进行调查和分析。首先,会展举办者是否有充足的资金支持所举办的会展项目;其次,举办者能否在短期内为各项工作配备充足的人员,以及自身是否具备选择和培训人员,使之具备相应的专业知识和技术的能力;再次,会展举办者是否具备举办所选择会展项目的管理经验和水平。同时还要关注举办展会企业品牌形象、数据库信息、营销网络和社会关系等方面的情况。

(三)项目策划文案撰写

商业精英赛会展项目策划赛道文案撰写内容包括以下部分。

(1)立项分析,包括潜在风险分析及应对。

(2)项目执行计划,项目结构及时间表。

(3)项目营销计划。

(4)项目预算,切合最实际情况的预估损益平衡的时间,并做最好和最坏情况的分析,以及最坏情况下的应对措施。

(5)项目实施可行性、各部分逻辑性及可持续性、项目创意等。

参赛队可按自己的策略及项目特色对以上内容有所侧重,并选择是否在策划方案及演示中包括其他内容陈述,例如品牌塑造、危机管理、信息管理、人力资源管理。

会展项目策划赛道评分细则当中活动方案部分占 20 分(表6-1),侧重于活动方案的整体完整性和可行性。

表6-1 商业精英赛会展项目策划赛道活动文案评分标准

评分重点	说明	分数
活动方案部分:注意方案完整性、可行性(满分:20分)	立项分析	5
	执行计划	5
	营销计划	5
	财务预算	5

因此,会展项目策划竞赛文案需要重点关注以下四个方面:一是立项分析。要在产业、市场、政策法规、同类展会调研基础上,确定展会项目展览题材和展会的基本内容(名称、时间、地点、办展单位、展会规模、展会范围等),结合调研情况给展会进行定位,确定展会的发展战略,撰写立项策划方案;二是执行计划。依据展会时间管理的相关理论,对展会项目进行任务细分,按照时间轴线绘制展会整体时间管理甘特图,注重招展招商、宣传推广、展会服务及筹展等具体事项的时间节点,为展商和观众提供相关服务;三是营销计划。明确展会营销环境、营销的目标、内容、对象、范围、渠道和手段,并结合新闻发布会、专业媒体宣传、大众媒体宣传等制定详细的展会营销计划,注重采用微信公众号、视频号、直播等新媒体进行宣传;四是财务预算。明确展会的盈利模式、价格定位,预测展会的成本收入,对展会的盈亏平衡进行分析,预测最差情况应如何应对。还有品牌形象、相关活动、现场管理、危机管理等内容可有选择性地融入,体现特色和亮点。

(四)项目汇报PPT制作

商业精英赛会展项目策划赛道要求制作PPT进行展示,PPT制作是否适合评委的口味直接决定竞赛成绩的获得。竞赛PPT不仅需要制作视觉吸引力强大的幻灯片,还需要在有限的时间内让评委对参赛项目印象深刻。

1.确定目标受众和主题

开始制作PPT之前,需要明确自己的目标受众和主题。有助于确定PPT的风格、色彩和内容。会展学科竞赛面对的是竞赛评委,而竞赛评委来自高校、行业企业等不同领域。这就要求团队制作的PPT既要注重严谨性和规范性,又要注重商业化和创新性。

2. 简洁明了地排版

好的 PPT 需要简洁明了的排版结构设计。一般来说每张幻灯片应该只包含 1~2 个主要的点。使用大字体(不小于 22 号字)和短语,使文字更容易被读取和理解。此外,利用图片、图表和其他视觉元素来增强信息传达的效果。尽可能做到每一页都图文并茂,即使文字部分也要多用结构图展现,使之条理更加清晰。

3. 配色方案和字体

选择合适的配色方案和字体是制作竞赛 PPT 需要关注的重要因素。一般来说深浅两种颜色的搭配会更加美观,而黑、白、灰三种颜色的组合则能带来简洁大方的效果。针对不同主题,可以选择适合的字体类型和大小,以达到最佳的视觉效果。

4. 动画和音效的使用

动画和音效可为 PPT 增添趣味性和生动性,但是应谨慎使用。过多的动画和音效会影响信息传递效率。因此,使用动画和音效时,一定要注意它们是否有助于提升内容的理解和记忆。可将能够说明问题的短视频引入 PPT,使 PPT 展示更具多元化。

5. 注重制作过程

优秀竞赛 PPT 需要投入大量时间和精力,但过程也具有挑战性。制作期间,需要根据展示的内容、受众等进行设计和规划,不断地查找资料、学习技巧和进行尝试。可以让老师、同学等多人从不同视角观看 PPT,提出意见和建议,并进行修改完善,一个内容充实、视觉震撼、具有说服力的竞赛 PPT 会成为竞赛团队获胜的关键之一。

(五)项目展示汇报与答辩

商业精英赛会展项目策划赛道项目展示和答辩部分是核心部分,分值占 80 分,其中展示 60 分,答辩 20 分(表 6-2)。汇报过程中要注意仪容仪表、展示礼仪、团队精神和意识、演讲能力、心理素质等,现场临危不乱,发挥能力好。严禁以服装、道具、背景、场地、口号等方式透露参赛选手的姓名、指导老师姓名、单位名称和身份信息。

表 6-2　商业精英赛会展项目策划赛道项目展示和答辩部分评分表

评分重点	说明	分数
展示部分 （满分60）	项目创意	10
	项目可行性	10
	陈述逻辑性	10
	视频清晰流畅,收音清楚,符合 时长要求	10
	表述清晰,有条理	10
	仪态仪表	10
答辩部分（满分20）	对问题理解准确,结合方案回答、 简明扼要	10
	团队配合默契	10

展示和答辩部分要注意以下几个问题。

1. 关于展示汇报方式

竞赛组委会没有规定明确的展示汇报方式,时间上要求不高于 8 分钟,内容上要求项目陈述结束后,应力求清楚地让评委知道展商的目标群体、展会的展示范围、观众的目标群体,与同类展会比较,展会定位有何不同。营销计划应对吸引不同的目标群体有针对性。陈述要有逻辑性、表达清晰有条理。一名团队成员讲解全程或团队成员走马换灯分别展示已经跟不上时代发展,可采用情景对讲、视频、小品、场景剧等方式进行展示,有效引入道具、数字人、机器人、群众演员等协助讲解汇报,可以达到意想不到的效果。

2. 关于展示视频制作

由于参加商业精英赛的团队比较多,国赛均采用展示视频形式进行,要求参赛团队制作 8 分钟以内的展示视频。关于竞赛展会视频的制作需要注意以下几个方面。一是要用专业拍摄的设施设备,各校赛负责人可联动校内外影视、数字 VR/AR、直播等实践基地,提高视频拍摄水平;二是视频制作要避免单人全程讲解的场景,要引入不同音视频材料,转换不同场景镜头拍摄,并注重视频后期制作;三是展示演讲人是否出境是评审成绩判定的重要指标,因此展示过程中展示人必须出境,最好整个团队都要以不同的方式出境,出境的总时长不宜少于视频总长的五分之一。

3.展示地点的选择

现在各高校基本都有录播实验室、数字实验室、绿幕摄影棚,数字营销时代不少企事业单位也开始打造自己的数字直播间,这些都是不错的选择,展示视频的拍摄时间非常充裕,而且自由,需要精心策划,用心选择拍摄地点服装、道具、场景设计等。录制视频展示地点也是各高校实践基地、实验室、外部资源、后勤保障实力的比拼。

4.关于展示答辩环节

答辩环节为PPT汇报结束或者展示视频播放结束后,竞赛评委结合项目内容对团队成员进行提问,要求团队成员进行作答,了解团队对项目认知和把控情况。主要问题会涉及展会的立项条件、展会财务分析、展会市场分析、同类展会的情况、展会危机管理、展会的特色和亮点等内容,要求团队成员认真听题,对于问题要回答正确,逻辑思维清晰,有理有据,答辩充分,要清楚考问者出题的目的,然后有针对性地去解答。商业精英赛组委会答辩环节要求对问题理解准确,结合方案回答、简明扼要,团队配合默契。

三、竞赛总结

(一)竞赛总结内容

从竞赛团队的角度对参加学科竞赛进行总结,总结内容包括参与竞赛过程中做了哪些工作、取得的成绩和收获,还有哪些不足、今后若再次参赛改进的意见和建议。一是参赛所做工作包括组建团队、选题、市场调研、团队研讨、创意策划、文案撰写、文案修改、教师指导、PPT制作、微视频制作、知识赛准备、汇报和答辩等;二是取得成绩和收获可以从是否获奖、获奖的级别,成功是否得到评委和企业的认可,参赛过程中综合实践能力和素养是否得到提升等方面进行总结;三是不足方面可从选题、团队合作、文案撰写、PPT制作和汇报、时间准备、资料设备等方面发现问题;四是改进意见结合存在的问题提出对策建议。学院层面还需要从活动宣传、动员、组织、协调、教师指导、后勤保障等角度进行总结,明确今后学科竞赛努力的方向和改进措施。

（二）竞赛总结的形式

竞赛总结的形式可采用撰写总结报告,召开总结大会等形式进行。竞赛结束后,参赛团队和学院撰写总结报告,明确参加学科竞赛的得失,总结经验教训,提高实践能力。诸多高校和学院会采用由学校和学院相关部门领导、专业指导教师和专业学生参加的竞赛总结会,通过总结大会的形式对竞赛参与情况进行总结。总结会一般由学院领导或者竞赛负责人回顾参与大赛的过程,肯定取得的成绩,指出存在的不足,提出改进建议;指导老师和参赛团队分享经验和教训等,通过总结经验和教训,后续参加学科竞赛取得更好的成绩。

四、竞赛成果的使用

学生参加学科竞赛,对学校、专业、教师和学生都具有重要作用,参赛成果可以作为学校排名、竞争力提升,专业实力、专业特色提炼,教师课时认定,学生创新创业学分认定等进行使用,使学科竞赛效应发挥最大。一是学生参与学科竞赛的成绩是教学效果和人才培养的重要组成部分,当前不管是软科的高校排名还是校友会的排名,都将教学和人才培养质量作为评定的重要指标。中国高等教育学会高校竞赛评估与管理体系研究专家工作组自 2017 年以来,每年都会发布《全国普通高校大学生竞赛榜单》,榜单是检验高校创新人才培养质量的重要标准之一,参加学科竞赛获得优秀组织奖都是以学校名义颁发,也是在行业企业中提升学校知名度和影响力的重要渠道。二是以赛促教、以赛促学、赛教融合是会展专业多元项目驱动的人才培养模式的重要组成部分,在软科和校友会全国专业排名中也具有重要价值,专业师生参加各类会展学科竞赛取得较好的成绩,也是提升专业知名度和影响力的手段和载体。竞赛成果在专业课程建设中可以成为课程资源库和教学案例库的重要组成部分,甚至可以开发学科竞赛类课程和培训教材,让专业建设更具特色。产教融合背景推动下,竞赛成果促进专业为区域会展产业升级服务,可将竞赛成果转化为当地会展企业发展所需资源,为企业会展项目研发、会展服务提升和宣传推广提供依据。三是学科竞赛成绩取得指导教师能得到学校教学效果和课时工作量的认定,可在评优评先和职称评定中取得加分,同时实施过程中对教师实践教学能力的提升也发挥重要作用。四是学生通过参加学科竞赛,成果获奖可获得创新创业学分,利用成果申请知识产权专利,还可成为毕业论文的重要组成部分,如商业精英赛中的会展项目调研赛道,其调研报告可以作为毕业论文选题的依托。学生评价获奖作品还能申请各类奖励和荣誉,并作为考研等继续深造的证明等。

第三节　会展学科竞赛与会展专业建设

一、学科竞赛与课程改革

结合应用型本科高校专业人才培养定位,将学科竞赛的内容和规则融入教学内容能够有效提升学生的创新能力。一是强化与学科竞赛和相关课程的内容渗透。除开设"创新创业教育""创新思维"等公共选修课程外,还应结合学科竞赛赛道和规则要求,将其内容渗透在具体课程中,会展学科赛道包含项目策划、会展营销、展示设计、数字会展等赛道,需要高校在会展专业人才培养和课程设置强化与竞赛内容对接,依据竞赛要求和规则,结合人才培养目标、行业企业岗位需求调整教学内容,进行教学改革。二是开展以项目驱动、任务驱动的学科竞赛实践教学形式渗透,根据历年学科竞赛要求和规则选择特定案例进行授课,组织开展实践活动,将学科竞赛的内容、方式融入集中实践教学课程。以河南牧业经济学院为例,该校会展专业基于OBE 理念设置了会展行业调研、会展策划、会展营销、校园展会、创意活动 5个集中性综合实践教学环节,对应会展学科竞赛中的行业调研赛、项目策划赛、项目营销赛、展示设计赛等赛道,实现了专业实践教学和学科竞赛的完美对接。三是学生创新能力提升需将学科竞赛全程融入会展专业日常教学和学生活动中,使学生树立"大会展"的理念,通过角色扮演和活动体验掌握学科竞赛标准和规则,并将相关活动策划、设计、组织管理的经验有意无意地融入学科竞赛中,提升学科竞赛的科学性。

(一)赛教融合"会展项目策划与管理"课程改革

"会展项目策划与管理"课程为会展专业核心课程,课程对接会展项目策划赛道,可将竞赛的相关要求和规则融入授课过程,确立"学、训、赛、用"四位一体的教学理念,可具体阐释为"学为基础,训为提高,赛为导向,用为目标"。"用为目标"指的是学生在"会展策划"课程中得到的知识和能力可在行业企业中加以运用,实现课程目标;在课程知识、能力、素质三大目标中,基础知识学习是此后其他目标实现的基础,因此"学为基础";能力目标的实现、知识与实践的有机结合必须依赖专业实践,从而提升学生对于所学知识的感性认知,提高会展策划的实际工作能力,所以"训为提高"。为激发学生理论学习与实训的积极性,课程教学团队积极组织学生参加各类会展策划大赛,并在学校组织选拔赛,通过竞赛的导向作用,让学生的学习更具目的性和方向性。课程以竞赛为导向,以内容为驱动,将竞赛任务引入课程教学设计中,引导学生由易到难、循序渐进地完成会展项目市场调研、可行性分析、项目立项策划、项目运作策划、项目营销策划、项目预算等任务,最终形成完整的会展项目策划书,然后通过举办学校会展策划大赛作为全国大赛、全省大赛的选拔赛,要求会展专业学生全员组队参赛,从而保证遴选出优秀选手参加省赛和国赛。

(二)赛教融合"会展市场营销"课程改革

"会展市场营销"也是会展经济与管理专业的核心课程,营销能力的获取也是学生今后从事会展行业必备的能力和素养。授课过程中课程可以对接会展营销赛道和会展新媒体赛道,以竞赛项目教学法作为主要教学方法,结合线上线下模式进行创新,借助现代网络技术设置创新竞赛的任务和项目,让学生成为自主学习的主体。对接商业精英赛新媒体(短视频)创作赛道,该赛道要求对市场上某个会展项目,包括但不限于展览、会议、节事活动、体育赛事等进行专题短视频创作。竞赛成果结合相关的专业知识,紧扣大赛主题,内容积极向上,立意和表现方式新颖,弘扬主旋律,传播正能量,能够引起观众的注意力和兴趣。会展项目形象短视频的制作属于展会促销的重要组成部分,可将相关训练环节渗透在"会展市场营销"课程的实践环节,授课过程中,选择特定的会展项目进行市场调研,最好能够直接参与项目的筹办、招展招商、宣传推广、现场服务等环节,对项目有更深入的认知和理解,利于后期作品的制作。展会项目短视频的制作可利用会展营销的STP、4P等相关理论知识,从形象定位、目标市场、展商和观众、特色亮点、同期活动、相关服务等角度设置短视频脚本,选择拍摄场景、画面、字幕、音乐等。

二、学科竞赛与创新创业

学科竞赛是大学生综合运用所学专业知识解决实际问题,实现理论向实践转化的重要平台,是提高大学生创新创业能力的重要手段。不仅可以调动学生的积极性和主动性,还可以激发学生对新知识的探索兴趣,培养学生分析解决问题的能力。在组队参赛的过程中,学生的心理素质和团队精神也能得到很好地培养。

(一)构建以创新项目驱动为核心的竞赛机制

通过构建以创新项目驱动为核心的竞赛机制,实现创新创业实践教学资源的优化整合。以学科竞赛项目为单位,让学生团结一起进行项目调研、策划创意和组织实施,在项目的不同阶段,根据项目本身的特点和优势,参加不同创新类竞赛,参加竞赛时遵循先易后难、循序渐进、逐步提升的原则。当项目创新性较高、完成度较好时,可以申请大学生创新创业训练计划,实现竞赛项目向创新创业项目转化。在竞赛团队成长中,保证新—中—老阶梯式分布,实现传帮带学习模式,保证团队可持续发展。团队的中坚力量为大二、大三的学生,他们具备扎实的专业基础,丰富的竞赛经验。每年面向大一新生进行招新,新生在大一下学期开始在学长、学姐的带动下参加竞赛。大四快毕业的成员在毕业前会分享自己四年的竞赛学习经验,并完成实验项目的交接工作,后期可线上为学弟、学妹答疑解惑。

(二)强化教师创新创业指导能力

加强教师专业素质和创新创业指导能力培养。首先,建立专创融合指导教师团队。邀请专职创新创业指导教师联合指导竞赛,以学科竞赛为抓手,将学生专业素质和创新能力的培养融合;其次,围绕学科竞赛开展主题教研活动,邀请专职双创教师参加,使其了解学科竞赛的专业性,加强指导的全面性;再次,教师平时可以多看创新创业的经典案例,多听创新创业知识讲座,定期参加双创类培训,探索专业培养与双创培养的融合点,强化师生沟通渠道。建立良好的师生关系是竞赛高效指导的重要影响因素,指导教师要爱和包容团队成员,用心去关怀学生的生活,力所能及地帮助解决学生遇到的问题。倡导教师平时多和学生谈心,及时了解学生学习思想变化。教师注意加强自身修养,提升个人魅力,让学生从心底里喜欢教师,相信和尊重教师,愿意敞开心扉,从而指导学生成长。

三、学科竞赛与课程思政

会展专业课程思政育人建设要坚守以立德树人为主轴,提升学生的道德素养和行业操守,要以学科竞赛为手段、以培养学生为根本、以项目模拟为依托、以竞赛成果为导向,提升学生参加学科竞赛的成绩,提高学生的就业率。基于学生竞赛参与的时空维度,会展专业课程教学改革从教学流程(时间维度)和教学实践(空间维度)出发,将教学形式、实践模式、引导方式有机融合,探究课程思政育人建设的实施路径。

(一)构建会展课程思政教学流程

基于培养高素质应用型会展人才的理念,河南牧业经济学院以专业人才培养目标为导向,以会展行业所需人才为基准,通过学科竞赛积极探索课程思政教学改革,结合商业精英赛等各级各类学科竞赛,在课程实践、课程设计及毕业论文等教学过程中,增强教学的针对性和应用性,推进学生课程作品的成果转化。结合课程开设,设置从大一到大四不同阶段的课程任务,促进学科竞赛与教学改革之间的互动,丰富和完善课程思政内容和形式。竞赛选题基于家乡资源和产业优势,鼓励学生跨学校、跨院系、跨专业、跨年级进行组队,着重培养有团队精神、有职业理想、有专业能力的学生代表,发挥其带头和示范作用,并采取梯队建设,专业教师充分发挥组织、协调、管理作用,帮助学生提升资源整合的综合素质。

(二)竞赛项目为依托的课程思政教学

习近平总书记在全国高校思想政治工作会议上指出:"要用好课堂教学

这个主渠道,思想政治理论课要坚持在改进中加强,提升思想政治教育亲和力和针对性,满足学生成长发展需求和期待,其他各门课都要守好一段渠、种好责任田,使各类课程与思想政治理论课同向同行,形成协同效应。"对会展专业而言,不管是会展策划、会展营销等核心课程,还是婚庆策划与管理、体育赛事管理等选修课程,均可依托竞赛项目进行课程实践的设计,并通过竞赛项目的实施,引导学生从历史、社会、生活中发现问题、思考选题,专业教师应探寻思政主题"应用场景",让学生在项目实战中激发情感,体会艰苦奋斗、不忘初心的竞赛初衷。通过分类指导,实现"学科竞赛+项目模拟"的规范化与常态化,加强竞赛作品的创意、实施、展示、转化的良性循环机制建设,创新课程评价体系,建立多元参与的评价标准,培养学生的综合实践能力和素养。

四、学科竞赛与校企合作

(一)基于学科竞赛的校企合作平台创新

不管是策划赛道还是调研、设计赛道,其选题均可依托特定的企业,经过前期沟通,依据企业项目痛点,解决企业项目真实存在的问题。校赛环节高校可与专业合作企业对接,竞赛赛道由企业根据需求命题,评审阶段由命题企业和有关专家组成评审委员会对参赛作品进行评审。由此,学科竞赛就构建成为企业命题、学生答题、企业和专家"阅卷"的企业实际问题的解决平台;自主命题的竞赛成果高校亦可通过展示和比赛,接受企业和风险投资者的评审,让学科竞赛成为高校教科研成果转化和交易平台;通过企业参与学科竞赛,在接受赛题咨询、参赛作品和现场答辩等环节,企业能够更全面地评估参赛学生的专业技能和综合素质,学科竞赛自然成为大学生就业和企业招聘的对接平台;通过企业命题、企业参与指导、企业评估等学科竞赛的环节,参赛学生和指导老师了解了企业关注的现实问题,企业也了解了参赛学生对基本理论和知识的掌握情况。校企双方在相互了解对方需求和优势的基础上,可以深化校企合作交流。

(二)基于学科竞赛的校企合作模式机制创新

1.企业利益

基于学科竞赛的校企合作模式,会展企业可得到多种利益。一是收获针对企业或者展会项目现实问题的解决方案,虽然诸多学生竞赛成果并不成熟,但若是真题真做,在一定程度上是吻合企业发展实际的,对企业和项目发展具有一定指导价值。二是学科竞赛是命题企业的广告和宣传平台。现在许多学科竞赛规模很大,参赛院校和学生很多,在学科竞赛平台上发布企业命题,无疑会极大地提高企业的知名度和美誉度。三是有利于企业发现和招聘优秀的人才。当前企业招聘到合适的人员并不容易,在参与竞赛指导和评审过程中,可以发现优秀的参赛选手,进而为招聘优秀员工奠定基础。

2.学生利益

学科竞赛企业命题为专业解决企业生产经营的现实问题开辟新的通道,提供大学生利用理论知识解决企业现实问题的机会。学生团队精神与合作能力得到锻炼,学科竞赛过程中,学生通过集体讨论、思想碰撞和头脑风暴,亲身体会到团队精神的重要性,团队合作能力也会得到锻炼和提高。较多高校出台相关措施鼓励学生参加学科竞赛,竞赛获奖可替代相关学分,甚至替代论文形式,竞赛获奖在评优、保研中的加分等措施。

3.教师利益

在学科竞赛校企合作模式中,教师的利益应得到充分保障。一是教师凭借专业知识指导学生参与学科竞赛,通过解决企业的实际问题而获奖,可以直接认定为教学效果,如河南牧业经济学院在年度教学效果考核过程中,指导学生竞赛作为教学考核的加分项,并且指导学生参加学科竞赛也是教师职称评审要件中的选项之一;二是各高等学校在鼓励学生参与学科竞赛的同时,也鼓励教师指导学生参与学科竞赛,并对学科竞赛获奖给予课时认定和奖励;三是通过指导竞赛,教师也能够了解和参与解决企业经营中面临的现实问题,对提高教师自身的理论联系实际的能力和实践教学水平发挥重要作用。

4. 学校利益

基于学科竞赛的校企合作,学校获得的最重要的利益是提高了人才培养质量。一是师生通过学科竞赛参与共同解决行业企业存在问题,这种师生互动交流和能力提升远高于课堂教学对学生的影响;二是通过参加学科竞赛,可有效提升学校和专业的知名度和美誉度。如商业精英赛每年都会评审优秀组织奖,而且中国高等教育学会"高校竞赛评估与管理体系研究"专家工作组每年也会公布国内高校的学科竞赛排名,学科竞赛的参与和获奖情况也是高校专业综合评价的重要组成部分,对于学校竞争力的提升也发挥了重要作用。

第七章　毕业论文实践教学项目

第一节　毕业论文的选题与开题

毕业论文选题是在撰写毕业论文之前,选择确定所要研究论证的问题,解决论文"研究什么"的问题,如果没有明确的研究对象和研究问题,研究就无法开展。就会展专业而言,是研究会议项目还是展览项目,是研究会议的组织还是研究展览的策划,通过选题可看出作者研究的方向和学术水平。提出问题是解决问题的第一步,选准论题,等于论文写作完成了一半,选题是论文写作的关键因素。

一、毕业论文选题的原则

(一)选题符合专业培养目标

从实践课程来看,毕业论文选题要服务专业人才培养目标。河南牧业经济学院会展专业人才培养目标是本专业面向中原经济区经济社会发展需求,培养德智体美劳全面发展,适应现代会展经济发展需要,具有崇高理想信念和良好职业道德品质,掌握现代会展知识、理论与技能,熟悉会议、展览、节事等活动运作流程,理论基础扎实、实践能力突出,具有创新创业能力、跨界思维、分享合作意识,能够利用活动平台服务各类行业企业发展,在政府部门及会展相关企事业单位从事活动策划、营销推广、展示设计、项目管理等岗位工作,并具有一定科学研究能力的高素质应用型专门人才。因此,该校会展专业毕业论文选题要围绕会展行业、会展企业、会展项目,结合所学专业知识进行选择,巩固、深化和扩大所学的专业理论知识,弥补教学过程中的薄弱环节。把握好论文选题的边界,从会展活动运行的宏观、中观、微观层面提出问题,加以提炼,导入前沿理念、理论和方法,并做实证分析。若单纯将"乡村旅游"或"文化产业"作为选题就不太合适,但可将乡村旅游和乡村节事结合,将文化产业和文化演艺项目结合,就符合会展专业毕业论文选题要求。

(二)选题宜小不宜大

程子有云:"君子教人有序,先传以小者、近者,而后教以大者、远者。非先传以近小,而后不教以远大也。"毕业论文选题亦是如此,选题宜小不宜大,要学会以小见大,小题大做。这里的"小",是指切入点要小,尽量地将问题缩小到可以把握的范围。所谓"大",是指视野要大,小问题讲出大道理。应用型会展本科院校的学生需要从具体的会展企业、会展项目的实际问题出发,通过调查研究,发现问题、分析问题、解决问题,对于国际、全国视野的会展经济、会展产业问题探讨、会展新技术开发等并非学生所能掌控。从研究对象来看,局限在特定的会展企业、会展项目相关问题的研究比较可行;从区域角度来看,局限在市域、县域较为合适,省域、国家层面的研究就显得有点大了。其实,选题大小要看研究者现在的驾驭能力,只要觉得问题暂时还驾驭不了,就要马上缩小,增加限定。事实上,当问题变得足够小以后,资料搜集、筛选和研究都会很轻松。选题还要看学界现有的研究状况,学界没有太多研究问题,相应研究资料也少,写作起来难度就比较大。

(三)选题宜实不宜虚

科学性是衡量选题的首要标准,应用型人才培养毕业论文的选题应与本学科发展的前沿和社会实际相结合,在实验、实习、工程实践和社会调查等社会实践中完成。因此,毕业论文选题必须有问题意识,要解决行业企业的实际问题,而非大而空的夸夸其谈。要有问题意识,善于在经验事实和现有理论之间敏锐地发现和捕捉矛盾。会展专业毕业论文选题要解决的实际问题。一是会展行业的问题,如会展智慧化、绿色会展、会展专业化、国家化的问题、会展基础设施建设问题等;二是会展企业的问题,如会展企业的战略问题、筹资问题、项目开发问题、企业形象问题、企业人力资源管理问题等；三是会展项目的问题，如会展项目策划、营销、组织、管理、服务等相关问题；四是会展场馆的问题，如场馆建设、场馆智慧化、场馆服务等问题。论文研究过程中问题要落实到具体的区域、企业和项目中，解决某城市会展产业、会展经济、会展企业经营、会展项目发展的实际问题，真正做到"把论文写在祖国的大地上"，做到专业服务行业企业、服务地方经济发展。

（四）选题宜新不宜旧

毕业论文以创造性为其生命线。有无创新性是衡量毕业论文选题的重要标准。毕业论文选题应避免采用旧材料，重复旧观点，使用老方法。选题创新并非要求从研究对象、研究观点、研究内容、研究理论、研究方法的全方位创新，对本科生而言，主要在某一个方面是前人所没有涉及的就足够了。如研究展览活动的服务提升问题，学术界对广交会、进口博览会有诸多相关研究成果，若再去研究，就没有什么意义和价值，很难体现创新，但是若选择郑州全国商品交易会为研究对象，通过网络查询没有相关研究，这样的选题就是创新；将特定理论或在特定背景下进行相关问题的研究，只要学术界之前没有相关研究也可认定为创新，如基于顾客价值理论的广交会服务创新研究、信息化背景下广交会的服务创新研究等。其实，科研工作是要不断创新，不断发展，不断开拓，不断前进。新观点、新方法、新工艺、新技术、新产品的不断出现，推动了社会文明和社会进步。

（五）选题要考虑可行

可行性要求主观条件和客观条件都要具备，确保论文论题具有实施研究的可能性。主观条件指学生本人，客观条件指有无必备的实验条件、有无充足的文献资料等。学生在选题之前要了解自己的兴趣和爱好，要能够发挥自己的业务专长。对于基础较好、能力较强的学生，论文选题难度可大一些；若是分析综合能力较弱的学生，要将论文选题定得小一些，把具体问题论述清楚即可。选题还要看是不是指导教师的专长，很多论文选题都是直接或者间接来自指导教师的科研项目，给指导教师的指导带来便利。客观角度来看，选择学术界有一定研究资料和研究基础的选题，才有利于研究工作的开展，才有可能得出正确的结论，写出高质量的论文，否则，全新的研究选题,一切资料需要调研获取,难度将很大,一般本科生很难掌控。诸如,物联网技术是当前研究热点,无疑也可以运用到会展行业,但当前文献资料和实践案例都比较少,若毕业论文进行这方面的选题研究综述(毕业论文必备部分)都将无法撰写,缺乏行业经验的毕业生更是无法展开研究和写作。

二、毕业论文选题范围

(一)围绕会展产业选题

会展产业是指从事会展活动相互联系、相互作用、相互影响的同类企业的总和,是社会分工和生产力不断发展的产物,是现代经济体系的有机组成部分。从会展内涵来看,会展产业包括会议业、展览业、节事产业、赛事产业、演艺产业等,以上均可作为毕业论文的选题进行研究,研究内容可从会展产业本身的特征、效应和运行角度确定,如会展产业的布局和规划问题、会展产业的结构水平、发展模式问题、会展产业的效应问题、会展产业的数字化问题、会展产业的优化升级问题、会展产业的产业联动问题、会展产业标准化问题、会展产业竞争力问题、区域会展产业发展问题等。研究会展产业属于宏观方面的选题,需要落脚到具体范围内,可选择特定会展城市,探讨其会展产业发展的相关问题。

(二)围绕会展企业选题

会展企业是指围绕会展项目业务的一系列相关企业,包括会议企业、展览企业、节事活动运营企业、赛事运营企业、演艺运营企业、场馆运营企业等,这些类别的企业均可作为论文选题的范围,从企业运营的角度研究会展企业的战略、企业财务、企业人力资源、企业组织机构、企业客户关系、企业危机管理、企业项目开发、企业形象设计、企业管理思想、企业规章制度、企业信息管理、企业文化等问题,研究过程中要具体落实在微观的研究层面,选择特定的会展企业进行研究(行业内品牌的会展企业,具有代表性的),通过调查获取一手资料,基于企业管理的相关理论,分析问题,解决企业运营过程中真实存在的问题。

(三)围绕会展项目选题

会展项目是在一定地域空间,许多人聚集在一起形成的、定期或不定期、制度或非制度的传递和交流信息的群众性社会活动,包括各种类型的博览会、展销活动、大中小型会议、文化活动、节庆活动等。毕业论文选题过程中,只要属于会展项目的范畴均可作为研究范围,如会议、展览、节事、赛事、演艺活动等,依据项目管理相关理论,会展项目研究的关注点包括项目调研、项目策划、项目营销、项目组织、项目管理、项目评估、项目服务质量提升、项目知识产权保护。具体到单独项目类别,还可继续细分选题,如研究某会展项目营销问题,多媒体营销、微信营销、短视频营销、社区营销、网络营销等都可作为研究内容,要研究会展项目的管理问题,项目团队组织、危机管理、财务管理、现场管理、客户关系管理等都可以给予重点关注。围绕会展项目选题属于微观层面的选题,需要落实在具体的会展项目中,新项目选择要有一定的知名度,和一定的研究价值。

(四)围绕会展场馆选题

会展场馆从事会议、展览以及节事活动的主体建筑和附属建筑,以及相配套的设施设备和服务,它由硬件和软件两部分组成。会展场馆类型多样,按照功能划分,可分为会议场馆、展览场馆、体育场馆、艺术场馆、博物馆、美术馆等;按照规模可分为大型场馆、中型场馆、小型场馆、临时会展场馆等。会展场馆作为会展项目的举办地,主要为组展商提供场馆租赁服务,活动举办过程中为展商和观众提供会展服务。场馆建设和运营过程中涉及场馆选址、场馆建筑、场馆设计、场馆功能划分、场馆设施设备、场馆营销、场馆项目开发、场馆智慧化管理、场馆财务管理等内容。毕业论文选题可结合具体场馆,通过调研发现其运营管理中存在的问题进行选择,通过调研分析,解决实际问题。

(五)围绕会展技术选题

互联网重构了商业价值、变革了服务边界、提高了服务效率和质量,技术创新与变革也为"线上会展"行业带来新机遇。随着 AR、VR、5G 技术、云计算技术、AI 人工智能技术的发展,虚拟展览成为线下展会在互联网上的延伸,在有限的空间表现无限的内容。运用大数据发展平台化管理与运营,从而开创会展业发展新局面,实现会展产业的升级—线上+线下"O2O 模式"。"互联网+"促使展览业面向数据化、平台化、智能化发展,会展业信息化成为常态。会展专业毕业论文选题必然紧跟行业发展趋势,结合特定会展项目或会展场馆,将大数据、物联网、虚拟现实等技术融入其中,打造智慧化实体展会和场馆建设。如基于5G技术的会展场馆智慧化建设研究、会展项目数字化平台的建设研究等,围绕会展新技术的研究将成为未来会展专业毕业论文选题的发展趋势。

三、选题的方法

(一)教师拟定选题

指导教师一般都是专业任课教师,对行业企业、会展项目和学生的实际情况较为熟悉,具有论文指导经验,因此,可依托指导教师研究专长和教科研项目拟定论文选题,填写论文选题申请表提交院系学术委员会进行审核,论文选题申请表一般包括选题的背景和意义、主要研究内容、预期达到的目标等。学院学术委员会可从选题的深度、广度、选题意义,研究内容是否与专业相关,研究目标是否能否完成等方面进行审核,确保论文选题的科学性和有效性。学术委员会审核后下发给学生,以供选择并和指导教师联系。这种论文选题方法的优点是确保选题的合理性,但对学生而言并不一定合适,实施过程中可能某些学生不得已选择了某位指导教师的选题,最终导致论文写作过程中举步维艰,甚至出现更改选题的情况。

(二)学生自拟选题

学生通过阅读和学习行业企业以及学科专业相关文献资料,积极思考,结合自己的专长和兴趣,进行毕业论文的选题,能够充分调动学生论文写作的积极性和主动性。自主选题可能会存在过大、过空、过旧,缺乏创新,缺乏研究价值等问题,需要学生将选题提交给指导教师,指导教师结合论文选题价值、合理性、研究内容、预期目标等进行调整,确保论文选题的科学性,然后上报学院学术委员会审核,最终确定论文选题并下发指定学生进行选择。这种论文选题的方法吻合了学生研究专长和兴趣,但并不一定适合指导教师,后续会有两种处理方式,一是指导教师根据自己的研究专长调整论文选题,微调尚可,若调整过大,就失去了学生自拟选题的意义;二是指导教师不能指导就需要学生重新选择指导教师,从而导致师生互选环节存在不确定性。

(三)师生互动选题

为提升毕业论文选题的科学性与合理性,高校通过本科生导师制、学年论文、本科生学术沙龙、科研助理、学科竞赛等形式,强化指导教师和学生日常互动,确定毕业论文选题。教师依托自己科研项目,利用课程实践环节、学术沙龙、学年论文等环节为学生布置学习任务,通过论文写作形式提交任务作业,指导教师通过作业批改发现合适的论文选题,以提供给相关的学生选用;学生通过参与专业教师的科研项目或者参加学科竞赛,利用所学理论结合实践内容,发现行业企业存在的问题,从而分析问题、解决问题,形成科研成果或竞赛成果,然后通过成果转化形成毕业论文选题。开设毕业论文写作相关课程,加强学生科研能力训练。这种自上而下和自下而上相结合的论文选择模式,兼顾指导教师的研究专长和学生的研究兴趣,非常利于毕业论文的写作和指导。

四、毕业论文的开题论证

毕业论文选定课题后,需要撰写开题报告,进行开题答辩,以厘清选题过程的逻辑思路,审查所选定课题的价值及问题解决的可能性。开题报告主要说明课题研究的意义和价值,自己进行研究的主客观条件,以及拟定如何开展研究,研究的方法步骤,开题报告是保证论文顺利完成及高质量完成的重要环节。开题报告经集体讨论通过后,学生以此为依据展开调研、分析和研究。开题报告框架部分包含选题缘由、文献综述、研究的理论基础、研究内容、研究的目的和意义、研究的思路和方法、研究的步骤、研究提纲等。

(一)题目

题目是毕业论文中心思想的高度概括,题目是文章的眼睛,要明亮而有神,题目是论文研究内容的高度概括,就是告诉别人你要干什么或解决什么问题。论文题目的要求要准确、规范、简洁,既要反映研究的深度和广度,又要体现研究的侧重点和解决的问题。一般不超过 20 个字,确实有需要可采用主副标题。

(二)选题目的与意义

即回答为什么要研究,阐述研究的价值,在什么样的背景下对什么进行研究,研究的理论价值和现实价值体现。研究目的需要解决具体研究对象存在的问题并进行表述,研究意义需要结合论文研究的理论基础和问题解决的情况进行表述。如论文选题为互联网背景下会展项目宣传推广研究,该选题研究目的是解决互联网背景下会展项目宣传推广效果优化提升问题,研究的理论意义在于充实市场营销理论的研究范畴,现实意义在于对会展项目的宣传推广具有指导价值和借鉴作用。

（三）文献综述

文献综述是指在全面掌握、分析某学术问题相关文献的基础上,对该学术问题在一定时期内已有研究成果、存在问题进行分析、归纳、整理和评述而形成的研究成果。开题报告的综述部分应首先提出选题,并阐述该选题的目的、相关研究进展情况、理论适用性、研究方法等,所选用的文献内容务必确保和论文研究的内容密切相关,写作过程中应对文献进行总结、分析和评述,最好提出自己的见解,避免文献罗列。

（四）论文提纲

开题报告包含的论文提纲是研究构想的基本框架,可采用整句式或整段式提纲形式。在开题阶段,提纲的目的是让人明了论文的基本框架。对于应用型会展专业毕业论文的大纲,需要从问题出发,明确发展现状、存在的问题、原因分析,并提出对策建议。

（五）参考文献

开题报告参考文献有来源、类别、数量等方面的要求,以河南牧业经济学院为例,其毕业论文开题报告中的参考文献数量要求不少于15篇,其中外文文献不少于2篇;所选用文献近五年的比例不低于60%;文献类别包括期刊、著作、报纸、学位论文和网络文献等;参考文献的格式要规范,符合各类文献标注的样式。

第二节 毕业论文的调研与写作

一、论文材料收集与筛选

毕业论文要言之有物,"物"就是构成文章的材料,这些材料可能是论文写作需要收集、积累的系列事实、现象或理论依据,是论文写作的"物质基础",若观点是毕业论文"灵魂"的话,材料就是毕业论文的"血肉",收集、整理材料的工作,从选题确定之后就需要展开,它既是为开题论证做准备,也是毕业论文写作过程中不可或缺的组成部分。

(一)论文收集材料的范围

按照不同的划分标准,论文材料包括以下方面。一是事实材料和理论材料。事实材料是客观存在的具体事物、情况或者书籍报刊中记载的具体事实,如会展统计数据、会展活动等;理论材料是在实践中验证的理论、政策、法规、原理等,如地方会展业条例,地方发布的促进会展的办法。二是直接材料和间接材料。直接材料是从行业企业、市场直接获取的一手材料,最可信,最具有说服力;间接材料是通过文献获取的各种材料,可有效弥补一手材料的不足。三是正面材料和反面材料。正面材料是具有积极的、先进的,反映取得成绩的材料;反面材料是消极的、落后的,用来吸取教训的材料,其实任何材料都有正反两方面,需要研究者全面地分析。四是综合材料和个别材料。综合材料是将个别材料集中、归纳、整理的材料,个别材料是反映具体事实的材料;综合材料反映事物的广度,个别材料反映事物的深度,具体分析问题需要将两者结合起来,才能增强解决问题的力度。

(二)论文收集材料的途径

调查是获得一手材料的最好方法,对应用型专业人才培养论文写作尤为重要,论文观点和研究结果需要充分的材料和数据支撑。因此调查要明确重点,通过问卷调查、实地调研、专家访谈等方式获取丰富生动的典型材料。文献是获得二手材料的主要途径,文献资料包括政府的指令、批文,各种报刊、书籍,研究机关和高等院校的科研成果、实验报告、学术论文等。毕业论文要有一定数量参考文献为研究基础,需要学生注重日常的阅读积累。通过学生观察、体验和实践,将所见所闻转化为内在理念,也是材料搜集的途径。

(三)毕业论文材料的选取

网络信息时代,各种各样的信息和材料层出不穷、鱼龙混杂,论文材料搜集要紧扣论文主题,选择真实准确、典型新颖的材料。一是主题是选材的依据,只有选择最能够说明主题和表现主题的材料,才能够凸显主题。若材料罗列过多,主题就会被材料所埋没,反而达不到表现主题的要求;二是材料要真实,不管是人物、事件,还是案例、数据,都要经过核查,不能夸大和缩小,更不能随意编造数据,要如实反映研究对象本来的面貌。文章中的引文、数据都要准确无误,经得起任何的检查,尤其是经得起实践的检验。对于二手材料要阅读原著,找到原文,不能断章取义,更不能歪曲原意,杜绝捕风捉影、道听途说,避免以讹传讹;三是要选择典型的材料,富有特征、具有代表性,能够概括和提示事物本质的材料,能够使道理具体化、过程形象化,有很强的说服力。

二、论文的调查研究

(一)调查研究的原则

调查研究是一项非常重要的工作,必须遵守以下原则:一是实事求是。调查研究要反映客观实际,不能带着"有色眼镜"看问题,不能囿于某种权威的意见、领导的知识、经典的理论和过去的经验,要尊重客观、尊重现实。二是全面考察、深入研究。避免调查研究的片面性,要对存在的客观现象分析其深层原因和内在肌理,要从实践到理论、从感性到理性,全面考察和深入研究相结合,真正反映研究对象的客观现实。三是坚持真理。调查研究从现实中来,到现实中去,反映客观,坚持真理。

（二）调查研究的构成要素

1. 调查研究的主体

调查研究的主体就是由谁进行调查研究，其素质高低对调查研究的水平和质量有直接的影响。毕业论文写作虽然可以委托专业调查机构进行调查，但由于经费、调查需求等方面的因素，学生本身肩负着调查者的重要角色，要用已有的知识、价值观念、思维方式去寻找社会事实。好的调查研究者必须善于观察问题和发现问题，是客观的，没有个人偏见的；应该记录真实观察到的东西，而不应该为某种目的拼凑数据和资料；应该有计划地做调查研究，而不是盲目去做；采用正确的调查研究方法，摒弃不科学的方法；有条理地、准确地将所观察到的实物和观点进行梳理。成为好的调查者并不容易，需要教师指导，除开设"市场调研"的相关课程外，还要鼓励学生通过课程实践、实践课程、社会实践等环节提升调查能力。

2. 调查研究的对象

调查研究的对象就是对谁做调查，最基本的对象有个人、初级社会群体和社会组织、阶级和阶层、民族、社区、社会行为、社会产品等。论文选题确定后，调查研究的对象也就相应地确定。如进行场馆方面的调查研究，就要找负责场馆的组织和个人；进行乡村节事方面的研究，就要找节事活动的组织者；根据研究侧重点的不同，调查对象也不一样，如研究乡村节事活动的游客满意度，就需要调查参加乡村活动的旅游者，而且调查过程中还要对旅游者进行分类；若综合性强的研究课题，还需要跨行业、跨部门进行调查研究。由于会展项目的举办涉及不同的行业和部门，若研究会展行业的效应问题，需要调研的会展关联行业和部门就比较多。在调研过程中，调研对象需要了解和掌握所研究课题的情况，特别是专家访谈调研，更需要找到相关专业人士了解情况，调查对象选定直接决定能否得到真实科学的调研数据，也就直接影响到毕业论文的研究结果。

3. 调查研究的课题

调查研究的课题是为什么进行调查研究，选择什么调查研究的题目，围绕什么进行调查。毕业论文选题要求来自生产一线、来自实习实践和社会调查,必须围绕特定真实的问题进行调查,这些问题可能是为了提高认识,也可能是为了行业企业决策,从行业人才培养服务行业企业、服务地方经济发展的角度来看,调查研究课题的选择必须具有价值、具有针对性。毕业论文环节是会展专业综合实践教学环节,是学生综合实践能力提升的重要途径,结合人才培养目标,毕业论文调查研究服务论文选题和写作,选题范围集中在会议、展览、节事、赛事、演艺、主题公园等,具体调研课题要结合这些业态存在的问题,结合某地行业企业的需要进行选择。如随着数字经济的发展,互联网、大数据、虚拟现实、物联网等技术在会展行业中运用越来越广泛,论文选题为会展业如何积极拥抱新技术的问题,就需要调查者走进会展场馆、会展企业、会展项目,调研新技术在会展行业的应用和存在的问题,发现问题、分析问题、解决问题,最终优化提升。

（三）调查研究方法

1. 问卷调查法

问卷是指为统计和调查所用的、以设问的方式表述问题的书面调查材料,问卷调查法是学生用这种控制式的测量对所研究的问题进行度量,从而搜集到可靠的资料的方法。可采用邮寄、个别分送、集体分发、网络发送等多种方式发送问卷,由调查者按照表格所问来填写答案,问卷较之访谈更详细、完整和易于控制。问卷调查法的优点在于标准化和成本低,问卷调查法是以设计好的问卷工具进行调查,问卷的设计要求规范化并可计量。如要研究某展会的展商或者观众满意度的问题,就要结合展示服务的内容选用相关的指标,制定调查问卷,通过现场或者网络发放问卷的方式对展商和观众进行抽样调查,根据调查结果分析展会的服务质量的状况、存在问题,并以此提出对策建议。

2. 文献调查法

文献调查法是通过查阅各种文献资料来了解研究对象的有关情况,文献调查研究范围不受时空限制,想要了解某展会的发展历程,可通过展会展后报告、新闻报道等文献获取;文献并非为研究目的而留下,它多是在事件发生时自然地记录下来的,信息真实度很高,而且收集资料的过程中,不会使被收集的资料本身发生变化,也不会受到原留下文献资料者的直接言行的影响,从而避免对象反应性的干扰。而这种干扰在访谈、实验等方法中很难避免,这样就会影响研究结果的准确性;与实地调查法、访谈调查法等相比,文献调查具有方便、自由、费用低等优点。只要查到文献,随时随地都能进行研究,不受研究对象、研究场所和研究情景等因素的限制。

3. 实地观察法

实地观察法是调查者有目的、有计划地运用自己的感觉器官或借助科学观察工具,能动地了解处于自然状态下的社会现象的方法。其最大优点是它的直观性和可靠性,如要了解某展会项目举办的情况就直接到展会现场观察展会组织、管理和服务的情况,观察展商和观众的表现,非常直观。实地观察不依赖语言交流,不与被观察者进行人际交往。因此,有利于排除语言交流或人际交往中可能发生的种种误会和干扰。实地观察,特别是参与观察,有利于直接与被观察者接触,在与被观察群体的共同活动中和观察者建立感情、增进信任和友谊,在此基础上深入、细致地了解被观察者不同情况下的具体表现。同时,实地观察法简便易行,适应性强,灵活性大,可随时随地进行,观察人员可多可少,观察时间可长可短,只要到达现场就能获得一定的感性知识。因此,选择会展项目作为研究对象的选题,非常有必要到活动的现场进行实地观察。

4. 访谈调查法

访谈调查法是学生通过与调查对象进行交谈,收集口头资料的调查方法。访谈通常是在面对面的场合下进行的,学生接触调查对象,提出问题由调查对象进行回答,将回答内容及交谈时观察到的动作行为及印象详细地记录下来。因研究问题性质、目的或对象不同,访谈法具有不同的形式。访谈法有以下优点。

一是灵活性。调查者和被调查者面对面交流,访谈主题可突破时间限制,对于争议较大的问题,调查者可采取灵活委婉的方式,迂回提问。二是可在访问过程中使用图文材料,直观明了。三是调查资料的质量较好。访谈过程中既可对访问环境和被调查者的表情、态度进行观察,又可对被调查者回答问题的质量加以控制,调查资料的准确性和真实性大大提高。不足的地方就是访谈成本较高,包括调查者的培训费、交通费、工资以及问卷和调查提纲的制作费等；对调查者也具有较高要求，调查结果的质量取决于调查者访问技巧和应变能力。在会展企业、会展项目的论文选题中利用访谈调查法，选择会展企业负责人、会展项目经理等对研究选题熟悉的人员进行访谈，通过精心设计的访谈大纲和内容，采用特定的访谈方式和技巧，能够获取较为翔实的资料和观点。

三、毕业论文的写作

（一）毕业论文的构思

毕业论文构思是论文写作过程中最具创造性的环节，论文的质量高低很大程度上取决于作者能否很好地构思。构思解决文章如何写的问题，就是"打腹稿"，是从产生创作意图到动笔起草之前，对文章内容和形式，进行统筹安排、全面规划的过程。论文的构思要有预见性、内视性、凝聚性和反复性。预见性是指在论文写作之前要有明确的目标，希望论文达到什么样的目的，解决什么样的问题；内视性指是论文写作要思考如何提出问题，如何分析和解决问题，力求清楚地审视所研究的事物和问题；凝聚性是指将搜集的素材进行筛选和提炼，不断补充、改造，使之能够按照写作主题向新的目标凝聚和组合；反复性是指写作构思在多次肯定与否定的变化中逐渐形成，反复得越多，构思越成熟，越能找出研究选题的本质及内在规律。如论文选题"洛阳牡丹文化节服务质量提升问题"，研究之前要预见到该选题可能在交通、酒店、餐饮、活动现场、景观营造等方面存在问题，还需要思考影响活动服务质量的因素、原因等，所有的内容都要凝聚到如何提升活动的服务质量上，结合文献、调查、访谈等反复思考，让论文的构思逐渐成熟。

（二）毕业论文的提纲

论文提纲是写作论文前的初步框架，用于规划和组织论文内容和结构，包含各个章节和段落标题的纲要，可帮助作者明确写作目标、构建逻辑框架、梳理思路和确保论文的连贯性和完整性。论文提纲是作者构思谋篇的具体体现，便于作者有条理地安排材料、展开论证。好的论文提纲能提纲挈领，掌握全篇论文的基本骨架，使论文的结构完整统一；能分清层次，明确重点，周密地谋篇布局，使总论点和分论点有机地统一起来；能够按照各部分的要求安排、组织、利用资料,决定取舍,最大限度地发挥资料的作用。

论文提纲通常包含以下要素。

1.标题

标题要直接揭示论点或论题,让读者对文章的内容一目了然,同时要具体和醒目,具有吸引力,形式上不能太长,可以用副标题。

2.引言部分

简述研究背景和意义,明确研究问题、目的和研究方法,给出论文结构安排。对已有文献综合分析,介绍前人研究成果与不足,为论文创新和研究动机提供支撑。

3.研究方法

详细描述研究所采用的方法、数据来源、实验设计,以及数据分析和处理的步骤。

4.研究结果

列出研究结果的主要发现,包括数据、图表或实验结果等形式,以支持研究问题的回答。

5.讨论与分析

对研究结果进行解释和分析,探讨其与已有研究的关系,并提出论据和理论解释。

6.结论

对研究进行总结,回顾研究目的、问题和方法,并得出结论和建议。

7.参考文献

列出在论文中引用过的文献信息,以支持你的论文观点和结果。

论文提纲编写过程可根据具体研究领域和论文要求的不同而有所调整,主要目的为作者提供指导性框架,将论文各个部分有机地组织起来,使得整篇论文具备良好的逻辑性和结构性。提纲编写可在文献综述和初步数据分析的基础上进行,需要经过多次修订和修改,以确保提纲的合理性和完整性。

（三）毕业论文的结构

1. 绪论

毕业论文绪论又称引言，一般位于摘要和关键词之后，包括研究背景、研究目的、研究意义、研究综述、研究的主要内容、研究思路及框架、研究方法、研究创新等。研究背景是介绍选题来源的部分，现实生活或学术研究中有哪些值得关注的问题，出于什么原因关注到了它们，这些问题与学科视野有怎样的关联；研究目的介绍研究对象为什么具有代表性和典型性，为什么选择这个研究问题；研究意义可从理论意义和现实意义两方面去论述，即研究对目前的理论框架有何种突破，对指导现实问题有什么可借鉴的地方。研究内容用于规划整个研究过程中可能用到的研究方法、实验设计以及即将要解决的研究问题等。国内外研究现状是对前人研究成果的归纳总结，目的是借助已有研究来论证自己研究的创新点和必要性，以便从理论、思路、方法上寻求突破。

2. 本论

本论是毕业论文的主体部分，要求学生详细阐述有关的研究成果，特别是具有创造性的观点，要根据论题的性质，或正面立论，或批驳不同看法，或解决问题，详细论证论文的全部思想和见解。本部分内容安排有直线推论和并列分论两种，直线推论是提出论点后，逐步展开论述，遵循逻辑线索，论点由一点转移到另一点；并列分类是把基本论点分成几个分论点，逐一论述。实际上论文写作过程中，会综合采用两种方式，即直线推论中包含并列分论，并列分论中包含直线推论，二者多重交叉结合。如论文选题为数字经济下郑州市会展产业的优化提升问题研究，需要从会展产业角度，阐述数字经济下会展产业的现状、问题、问题分析和对策建议，显然这是直线推论。会展产业包括会展企业、会展场馆、会展项目、会展设计搭建等要素构成，研究过程中都需要关注到这些业态的发展现状、存在问题和原因分析，需要将直线推论和并列分论完美地融合在一起，进行系统研究。

3. 结论

结论是围绕本论所做的结语，它要对本论分析论证的内容加以综合概括,引入基本论点或者结论,使课题得到解决。结论的任务是通过严密的逻辑推理得到富有创造性、指导性、经验性的结果,其需要建立在理论分析和实验验证的基础上。文章的结论要和开始的引言相呼应,结论并不是对结果简单地重复,而是对研究结果更深一步的认识。一般包括研究说明了什么问题,解决了什么问题;对前人研究中有的问题作了什么检验,哪些是修改之后又得出新观点的;研究成果或论文价值是通过结论来体现的。

（四）毕业论文的草拟和修改

1. 论文草拟的方法

（1）按照提纲快写,切忌间断。论文草拟最忌讳节奏被打断,当掌握了足够论文写作材料和拟定论文提纲后,就要抓住时机,集中时间围绕提纲写作,尽量防止抠字眼而使思路停顿或者滞留,按照思路和提纲一直写下去,遵循"大改小不改"原则,发现主要观点、框架关键材料有问题,就要尽快做出修改,若是具体的文字表述、数据引用,甚至案例都可以先空着,待后期进行核对和修改。

（2）及时解决思路中断的问题。若写作过程中思路中断,就要分析原因,找到解决的办法。若训练不足就要强化日常训练,硬着头皮也要写下去,不要有不切实际的要求,实事求是地写下去,反复思考和修改;若是构思不充分,就要重新构思,查看对总论点的理解和把握、材料熟悉情况、结构安排情况等,确保问题得到解决;若思路中断,可以稍停变换思考的角度,学会借鉴,借助启发,继续写下去。

2. 论文草拟的要求

（1）语句自然通顺。论文的语句要与上下文的语言环境协调,条理清晰,能省略的句子成分必须省略,要紧紧围绕论点组织语言,和论点无关的材料和论据不能凑数,要充分考虑到读者的语言习惯。

（2）明确内部结构。毕业论文构思时不会考虑具体段落的内容和语言表述,学生需要根据提纲明确各部分要表达的含义,利用哪些资料或案例支撑论点,并有条理地展开。还要寻求较好的方式解决上下文之间的衔接,并按照层次、段落在全文中的地位,发挥其服务中心论点的作用。

（3）全篇脉络贯通。论文写作要求思维和论点、论据不离中心论点，避免在草拟初稿时思维散开而不汇聚，节外生枝。明确了中心论点之后，所有的层次段落都"向心"地连在一起，像脊骨作为全身骨骼中枢那样，把全篇文章组成一个整体。

3. 毕业论文的修改

（1）论文修改的方法。论文修改首先要纵观全文，着眼全篇。从全局出发，通盘考虑论文各部分内容及其表达方式。首先，要深入到具体的论点、论据和论证中，多问为什么，思考这样写是否有道理；其次，要读文推敲，顺其自然。论文写完后要多读几遍，看是否符合汉语的表达方式，是否朗朗上口，不要在电脑上朗读，要打印出来，逐词逐句地大声朗读，不仅自己读，同学之间可以相互阅读，在朗读中体会感性；再次，要搁置琢磨，冷静处理。毕业论文初稿写完后可以放几天，让自己的头脑冷静下来，思想跳出初稿的框框后，再拿出来修改；最后，还要征求意见，相互切磋。论文写作总是从自己的角度看问题，可能掉入思维定式，怎么看都是好的，这时候就需要向指导老师请教，和同学相切磋，换个角度看问题，进行论文修改。

（2）论文修改的重点。论文修改需要看思想、论点是否合乎实际、合乎理论，材料是否全面、能否说明观点，结构是否严谨、文字是否顺畅、格式是否准确。中心论点关乎论文的全局，修改过程中要仔细揣酌，不能写跑题。如写洛阳牡丹文化节旅游价值提升问题，就要紧扣旅游价值，研究旅游价值提升的问题和对策，而不是洛阳牡丹文化节本身存在的问题。材料的选取上要检查材料是否确凿，能否说明中心论点，是否与其他论点抵触；结构上看论文的各部分是否围绕论点构成一个系统整体，层次段落是否合乎逻辑，开头结尾、过渡照应是否自然；文字语句的修改要把可有可无的字词语句删除，将陈言套话改成新颖动人、有血有肉的语言，不要出现文章格式、段落、字词、语句、标点符号等方面的低级错误。

（五）毕业论文的定稿

定稿是毕业论文经过认真修改后的阶段性终止，是对论文内容和文字表述的最后确定。要求做到从内容到形式上尽善尽美，论点正确、论据翔实、论证严谨、层次清楚、语言洗练、文面整洁，并按照学校规定的统一格式进行装订。定稿的毕业论文应依次包括：封面、中文摘要及关键词、英文摘要及关键词、目录、正文、致谢、参考文献、附录等。论文定稿之前，毕业论文需要征求导师意见，针对导师的意见对论文进行多次修改。

第三节 毕业论文的指导

一、毕业论文指导的方法

(一)树立信心,提高认识

应用型本科院校学生学术论文训练较少,学生独立完成毕业论文写作难度很大,因此要帮助学生树立信心,端正态度。首先,要让学生认识到论文写作是专业人才培养目标的基本要求,是毕业前利用大学所学知识解决行业企业实际问题的综合性实践项目,也是学生接触社会、行业实际,各抒己见的重要机遇;其次,要发挥学生的积极主动性,在选题、分析研究、材料选择、论文构思、撰写等方面鼓励学生勇于思考、善于思考,发现问题、分析问题、解决问题;再次,教师论文指导要认真对待,最好当面让学生认识到论文的问题所在,并帮助学生提出修改的合理意见;最后,指导教师还要严格把关,确保论文的真实和质量,防止学生敷衍了事、弄虚作假的现象发生。

(二)理论启发,升华思维

毕业论文指导教师的职责是指导,不能越俎代庖,替代学生撰写和修改,要启发学生独立调研和撰写,同时教师把关论文的思想性和科学性,学生对论文的观点、论据、数据和逻辑性负责。教师指导学生升华认识,体现在以下两个方面:一是为学生介绍选题的前沿。论文选题需要创新,需要行业企业发展的态势,从会展行业来看,绿色会展、数字会展、智慧会展,新技术在会展行业中的应用是会展行业未来发展的方向,教师可结合相关理论研究和案例探讨,启发学生利用现有的研究成果,"站在巨人的肩膀上"进行学术创新。二是帮助学生找准分析问题的切入点和解决问题的关键点,要有问题意识,不管是行业还是企业,实践过程中都会有很多问题,就需要提出问题,找出切入点。例如,会展项目的营销问题是常规老套的论文选题,但结合新技术,在互联网背景下进行研究,或者研究会展项目的新媒体营销,特别是结合具体的会展项目进行研究就具有较强的实践意义。对于如何进行会展项目的新媒体营销,这是论文解决问题的关键点,要结合新媒体的特征及其在会展项目营销中的实际应用情况进行分析,有针对性地提出对策建议。

(三)评定磋商,不断创新

高质量的毕业论文,要求观点新颖、论述透彻、条理清晰。在指导过程中,教师要以平等民主的探讨方式,启发学生独立思考,不抄袭,不弄虚作假,在"新"字上下功夫,培养规范而优良的文风。一是立论要新,可从不同的角度和层面提出问题,对策建议要具有针对性和科学性;二是材料要新,选题理念和案例要结合国家、党的路线、方针、政策和国家领导人的重要讲话,论文调研的数据要是最新数据;三是角度要新,如关注会展项目的服务质量提升问题,会议项目、展览项目、节事项目的服务提升虽有相通之处,但在项目实践中差别很大,写作过程中可从不同角度体现论文的创新。

二、论文指导的主要环节

(一)指导学生选择合适论文题目

选择合适的论文题目是写好毕业论文的关键性环节,教师应教给学生选题的方法,要求学生多读专业书籍、专业期刊、报纸,关注专业网站、公众号等,了解行业政策、热点问题和发展趋势,明确行业企业和区域经济发展的现实问题,真题真做。指导学生选题范围要适中,不能大题小做,也不能小题大做;指导学生关注选题的实用价值,注重将丰富的实践经验上升到理论层面,具体决策具有参考价值的观点;指导学生弄清选题的意义和价值、提出明确要求,搜集一定数量的选题相关成果和参考文献。

(二)指导学生收集筛选论文材料

指导教师要指导学生收集什么论文材料、从哪里获取论文材料和如何获取论文材料。会展专业学生结合论文选题收集论文材料,若研究对象为会展项目,资料收集就要围绕会展项目进行筛选,若研究对象为会展企业,企业运营相关的资料都可作为参考。获取论文材料的途径有专业图书和教材、专业期刊和报纸、专业网站和公共网站、行业政策法规和学位论文,以及通过调研、访谈获取的一手资料等。可通过当当网、中国图书网等网站收集论文相关图书,购买和论文选题密切相关的专业书籍作为参考;通过中国知网下载学位论文、期刊文献、会议文献等,借鉴同类论文的骨架和写法,充实论文选题的材料;通过搜索引擎和专业网站寻找和论文选题有关的案例、新闻报告、统计年鉴等;根据写作要求和关注要点制作调查问卷,通过实地或网络调研获取一手资料,进行提炼和分析,解决问题,提出对策。

（三）指导学生构思撰写论文提纲

由于受之前写说明文、议论文、应用文等已有经验的影响,或受教材体系影响,学生的毕业论文结构形式往往不能完全符合毕业论文的要求,视野不够开阔。为避免问题发生,教师可要求学生根据论文选题,拟定论文的题目和章节各级标题,然后拟定写作提纲,在各级标题下将观点、材料和论证方法标明,必要时可提供本专业之前优秀论文范例让学生参考。构思是为求得论题的最佳解决方案和表达方式,必须合乎逻辑思维规律。需要指导学生运用归纳、演绎、分析、综合、比较、类比、系统等思维方法,理清思路,写出论文提纲。

（四）指导学生高效撰写论文初稿

论文初稿写作过程中,教师要定期检查论文的进展情况,确保每周一次,在学生撰写论文的各个环节进行个别指导,要求撰写指导记录;修改学生论文中不合适的观点、内容、语言和材料应用等方面的问题,启发学生独立研究和创新能力,引导学生处理好论点、论据和论证之间的关系。要把握好论点体系的完整性,确保总论点派生分论点,分论点支撑总论点,分论点论述要实在,对总论点的支撑有理、有力;要确保使用材料的真实性和充分性,既有正面的证明,又有反面的衬托、类比;选择恰当的论证方法,采用归纳、演绎、分析、综合等思维推理,彰显论证方法的多样化、新鲜性和生动性。

（五）指导学生做好修改定稿工作

修改毕业论文包括修改选题、增删调整结构、锤炼语言等。具体要求有:一是论文的结构要有逻辑性,围绕问题,分析问题,解决问题,提出对策建议,修改过程中通过结构调整,达到最佳效果。二是论点要反复斟酌,把握其观点的正确性,基本立场、观点要和国家、党的政策、路线、方针保持一致,遵循"百花齐放,百家争鸣"的方针,各抒己见,勇于探索。三是指导学生对论证材料进行复核、检查。四是指导学生毕业论文中文字的反复推敲,特别检查所用点缀、修饰等是否恰当,是否达到了预想效果。

(六)指导学生顺利通过论文答辩

论文答辩是毕业论文工作的重要环节,部分高校开题阶段也要进行开题答辩,确保论文选题的合理性。本阶段教师要指导好学生毕业论文的答辩,让学生了解答辩的程序、方法和技巧。答辩前要求学生端正态度,告知其答辩的程序、方法及应注意的问题,要求学生务必熟悉自己的论文,思考答辩教师可能会提出的问题,做好心理准备,迎接答辩。有条件的可以在正式答辩之前进行预答辩,以取得更好的答辩效果。

三、论文指导的工作重点

毕业论文写作的难点是对问题深刻透彻地分析论证,这就要求学生掌握基本的思维方法,提高学生自身的思维能力。由于诸多高校管理的松懈、社会大环境的浮躁、获取信息资料途径的日益多元化、指导教师力不从心等问题,导致毕业论文实践教学环节最终难以达到预期的教学目标。论文指导工作重点体现在以下方面。

(一)论文写作中的问题意识

不管是论文的选题,还是调研、写作过程中,都要围绕特定的问题展开,问题意识要贯穿论文写作的全过程。选题是确立论文研究的范围,并通过资料收集和文献综述来确立所要研究的问题,对本科毕业论文而言,标题是选题意识的直观表现,也是问题意识的开端,问题意识决定论文论证是否充分,研究结论是否可靠。论文内容是否冗长需要通过问题意识来判断,论文结构是否合理需要通过问题意识来判断,论证模式的选择也需要通过问题意识来判断,问题意识是毕业论文的基本特征,在论文的标题中就要明显体现出来,主要选题要研究会展项目,论文题目拟定为"会展项目研究"是不行的,让读者不知道你要研究会展项目的什么,由于会展项目运营设计到诸多方面,是会展项目的立项问题还是会展项目的宣传推广、现场管理问题,论文题目中需要表现出来;同时题目中还要明确具体的研究对象,若要研究会展项目的宣传推广问题,那么是什么类型的会展项目,最好能够落实到具体项目的具体问题上来,这样就有利于调研、资料收集和后期的撰写。论文撰写也要围绕问题展开,例如研究郑州全国商品交易会的宣传推广,就要明确当前宣传推广的现状如何、存在什么问题、为什么会出现这些问题、如何解决这些问题。

(二)毕业论文文献综述的撰写

毕业论文选题确定后,需要在选题所涉及的研究领域的文献进行广泛阅读和理解的基础上,对该研究领域的研究现状(包括学术观点、前人研究成果和研究水平、争论焦点、存在问题及可能的原因等)、新水平、新动态、新技术和新发现、发展前景等内容进行综合分析、归纳整理和评论,并提出自己的见解和研究思路,这就是文献综述。通过对已有文献的综述,了解所要研究问题的研究进展,明确哪些问题已经有了较为成熟的研究成果,从而避免做重复工作;在回顾、分析文献过程中,可了解相关研究问题的研究进展,这些研究成果作为自己继续从事研究某些问题的基础,以现有研究的不足或者现有研究还未涉及的领域作为自己未来的研究方向,就可能提出处于研究前沿性的问题。学生论文写作过程中,还存在文献关联不够、来源单一、价值不大、文献记流水账、罗列观点等问题,这是因为学生没有充分认识到文献综述在论文中的功能及其学术价值。因此,教师指导过程中应帮助学生从文献综述中发现已有学术研究的不足之处,发现前人的研究尚待查漏补缺,寻找尚待解决的问题,明确选题必要性和可行性。对未解决的问题进行完善,在前人工作的基础上继续补充新的思路和方案,利用新的方法与资料重构解决问题的思路,并提供新的解决方案。文献综述通过梳理和总结已有研究成果,能够真实反映论文前期基础准备工作的实际成效。

(三)毕业论文论证的逻辑

毕业论文写作应通过论证逻辑将问题意识与现有或预设的行业企业规范连接起来,常见的逻辑论证是问题提出、问题分析和问题解决,在特定研究行业企业背景下通过文献综述提出问题,明确研究的价值和意义;问题分析则是通过论证逻辑对拟定解决问题进行理论和实践层面的探讨和研究,如研究会展场馆的智慧化问题,最终目的是要提出场馆智慧化的对策建议或者解决方案,在此之前就要对会展场馆智慧化的研究成果进行文献综述,了解学术界的观点;还需要对研究对象具体会展场馆智慧化的现状进行调研,明确场馆智慧化的目标、智慧化的现状,还存在哪些问题、问题动因等,了解行业目前通用的做法如何,是否可以为论文研究提供借鉴等。问题的解决取决于问题的分析,问题解决或者提出解决的思路,或者提出对策建议,或者提出解决方案。会展经济与管理专业的毕业论文的逻辑论证大多是在特定理论指导下对特定研究对象进行调研分析,发现问题、分析问题、解决问题,并借鉴成功案例提出对策建议。

（四）关于学术规范问题

学术规范是进行学术活动最基本的伦理道德规范,或者根据学术发展规律而制定的学术活动的基本准则。当前本科毕业论文尚未被 CNKI 等数据库收录,导致学生学术意识不足,涉嫌复制和抄袭现象严重。很多学生在论文初稿中整段摘抄他人的论述,为规避学术不端系统的重复率检测而对他人观点进行系统降重,还有学生为满足外文数量要求进行二次引用、虚假引用,更有甚者直接利用 ChatGPT 等软件自动生成论义或者借着参考和借鉴的名义大篇幅复制他人的论文等,严重违背学术规范。2021 年,教育部印发了《本科毕业论文（设计）抽检办法（试行）》的通知。专家表示开展本科毕业论文抽检,考查本科生基本学术规范和基本学术素养,旨在督促高校落实立德树人根本任务,推动高校加强培养过程管理、把好毕业出口质量。关于学生毕业论文写作中的学术规范,指导教师应该从以下几个方面关注。一是指导学生认识学术诚信的重要性,树立坚定信念,老老实实做事,不弄虚作假,踏踏实实做人。二是指导学生资料查阅和引用的规范性,哪些内容可以参考和借鉴,什么情况属于抄袭,让学生明确界限。三是指导学生采用正确的调研方式,获取真实的一手数据,不能虚构或者任意调整、虚构调研数据。四是指导学生论文从大标题到各级标题,从段落设置到语言表达,要有自己的思路,遵守学术规范,避免各种抄袭和剽窃事件发生。论文写作的各环节,教师都要发挥指导作用,提醒学生注重学术规范和学术道德问题。

四、论文指导意见和评语

(一)论文指导意见的写法

毕业论文指导意见是否严谨、全面、切中问题,一定程度上反映了指导教师的治学态度和学识水平,也体现了教师对学生毕业论文的重视程度和负责精神。一是写好论文题目的审核意见,对于论文选题,教师要关注立意是否新颖、立论是否有依据、是否符合学生实际情况、是否吻合行业企业实际、是否从问题出发具有研究价值,结合以上问题写好论文选题的审核意见;二是写好论文提纲审阅修改意见。从总论点到分论点、逻辑与事实材料、理论与实践的内在联系等写好论文提供的修改意见,反映论文的整体性、表现直接性、系统性和思想性;三是写好论文的修改意见。学生完成论文初稿后,指导教师要着重从论点科学性、论文结构恰当性、主题鲜明性、论证充分性、材料丰富性等方面进行审核,并提出修改意见。定稿时还要通览全篇、反复斟酌、推敲琢磨、审查核对,提出合理化意见。

(二)毕业论文评语的写法

指导教师毕业论文评语要求文字简洁、评价中肯、客观、全面、鲜明。中肯就是要从论文本身贴题评价,不夸张、不炫耀,不说客套话、不言不实之词;客观就是要从事实出发,从选题的现实意义、论证的充分性、方法的合理性、材料的真实性、说理的透彻程度和论文特点的独创性等角度恰如其分的评价;全面就是要从论文整体出发,肯定优点、指出不足或者缺点;鲜明就是要对所指导的论文优劣等次、价值、文笔等看法明确清楚。最后还要明确表明,是否同意自己指导的毕业论文参加答辩的意见,并根据论文所应评定的优秀、良好、中等、及格、不及格的等次给予相应的评分。以河南牧业经济学院为例,该校毕业论文指导教师评语要求从工作态度、任务书规定工作的完成情况,创新性或应用性评价、写作的规范化程度、存在的问题、建议成绩、是否可以提交答辩等方面进行评价。

第四节　毕业论文的答辩

一、毕业论文答辩要求与程序

(一)毕业论文答辩的要求

毕业论文答辩是需要成立由学院、系部领导组成的答辩领导小组,分管教学的领导全面负责毕业论文答辩领导小组,统筹安排、协调处理一切答辩的行政事务。成立业务精、责任心强、坚持原则、公正廉洁、具有答辩资格的教师组成答辩委员会,答辩委员会一般由6人组成,其中含答辩组长1名,答辩秘书1名。具有副高以上专业技术职务或者博士以上学位的教师担任答辩组长。参与毕业论文答辩的学生要提前做资格审查,确保指导老师、评阅教师签署"同意参加答辩"的意见,在中国知网系统论文复制率在30%以下。

(二)毕业论文答辩的程序

1.预备工作阶段

毕业论文答辩前需做好以下四方面准备:一是至少提前2~3天发布答辩公告,内容包括答辩组织机构、答辩人员组成、答辩时间、地点安排、答辩准备、答辩注意事项,并附答辩分组情况;二是答辩秘书提前将答辩组论文终稿PDF格式收齐后发给答辩组长,由答辩组长分配给答辩成员提前评阅;三是答辩开始前要求参加答辩的学生将答辩PPT拷贝到一台电脑上,并对答辩电脑、投影等进行调试,确保设施设备完好;四是答辩组长介绍答辩组成员构成、答辩安排、要求和注意事项,鼓励学生发挥优势,消除紧张心理。

2.正式答辩阶段

(1)学生陈述。内容包括介绍自己姓名、学号、论文题目;介绍选题背景和研究意义;基本思路和主要内容;结论、不足与展望;研究资料情况。内容要重点突出、观点明确、思路清晰、详略得当;镇定自若,吐字清晰,速度适当。时间控制在 10 分钟左右。

（2）答辩小组老师提问。答辩小组提问的问题应不少于 3 个，所提问题应与课题相关联，并能够反映学生对所选课题的研究水平。答辩人员应集中注意力听清楚问题并记录下来，对不清楚的地方可以要求老师进一步说明。将问题弄清楚，并理会其要旨与核心，以便有针对性地回答。

（3）学生回答问题。答辩人根据答辩老师的提问，稍作准备，结合具体问题进行回答，回答问题要注意礼貌、简明扼要、抓住要害；陈述观点时要中心突出、事实清楚、层次分明、口齿清晰、充满自信；针对不清楚的问题，不要不懂装懂、东拉西扯，可直接表明该问题关注尚不深入，回去查阅资料，认真修改。问题可一问一答，也可以待全部老师问完再回答，学生回答问题过程中，老师可以适当追问。部分问题也可以提出修改建议，参加答辩的学生不需要回答，只需记录下来，答辩结束后和指导老师对接确定是否需要修改完善。

3. 评审成绩认定

学生答辩结束后，答辩组长需要根据论文和学生陈述、答辩的情况做简单小结，其他成员也可以提出看法和问题，并征求学生的意见，等待全部答辩结束后，答辩组成员采取无记名打分的形式进行评价确定学生的答辩成绩，"合议"评审论文答辩成绩后，各小组向答辩领导小组汇报结果，对答辩不通过的学生应该重点说明存在的问题。

4. 宣布答辩结果

毕业论文答辩小组和答辩工作领导小组对答辩成绩做最后的复议、审定后，形成书面意见，由各答辩小组发布答辩结果（通过、修改后通过、不予通过），不予通过的同学需参加第二次答辩。

二、毕业论文答辩问题和提问

论文答辩过程中的教师提问要围绕学生毕业论文的写作、陈述情况进行设计，注重考查学生对基本理论、研究对象、研究方法和学术规范的掌握情况，注重考查学生理论联系实际的能力，检验学生理性思维方法的规范性。

（一）参与答辩教师提问的方法

首先，围绕论文的真实性进行提问，如选题的来源、参考资料的类别和内容、如何开展的调研、调研的对象等，审查毕业论文是否独立完成，是否存在抄袭剽窃现象；其次，针对论文涉及的基本概念和基本理论进行提问，以此了解学生对基本概念和理论是否熟知透彻，能否利用所学理论指导实践；最后，结合论文中应该提及但未提及的问题进行提问。论文中有些问题应该详细说明，但学生只是泛泛而谈，不能有效支撑论文研究结果，教师就应该进行提问，确保学生是否了解问题的关键所在，并建议该部分修改补充和完善。

（二）参与答辩教师提问的重点

答辩教师提问的重点集中在以下方面：一是考查学生对基本理论、基本知识掌握的准确、熟练和全面、系统的程度；二是考查学生观察问题、分析现实、解决问题的能力；三是考查对政策的掌握情况及其将现有经验上升到理性认识的能力。如论文选题为文旅融合背景下郑州少林武术节旅游价值提升问题，答辩过程中可能问到下列问题：

1.一般节事活动具有哪些旅游价值？

2.节事活动的旅游价值是如何体现的？

3.什么是文旅融合？

4.如何将文旅融合理念运用在节事活动开发上？

5.少林武术节具有哪些旅游价值？

6.少林武术节旅游价值的体现情况如何？

……

三、毕业论文答辩准备和应答

（一）毕业论文的答辩准备

1.思想心理准备

学生要认识到毕业论文答辩的重要意义，毕业论文答辩是对大学期间学习成果的全面检阅，直接决定学生能否顺利毕业。同时也要消除紧张恐惧的心理,调整好自己的情绪,发挥出正常水平。

2. 论文内容准备

论文答辩之前确保内容无误是重点,学生需要转变角色,以读者的视角审视毕业论文,确保毕业论文观点正确,能够反映研究对象的实际情况,能够切实解决问题。语句的表述要准确、贴切、科学、符合全文的逻辑论证体系。做好论文陈述的PPT,写好讲解大纲,按照要求陈述论文写作背景、选题意义、主要观点、论证过程等。

3. 资料用品准备

论文答辩前要整理好毕业论文,一般需要打印若干份纸质稿提交给答辩组,以供答辩组老师现场审阅,还要准备好笔记本、录音笔等,随时记录答辩组的提问,以供有针对性地回答,或答辩后修改和完善。

(二)毕业论文的应答技巧

1. 理解问题的题意和实质

参与答辩的学生对老师提出的问题要认真记录,深入思考,回答之前要再复述一遍,避免弄错,切忌答非所问。

2. 开门见山,直破主题

由于答辩时间有限,只有抓住问题的要害,直破主题,不纠缠细枝末节,才能集中思想表述理想的答案,答辩过程中不要东拉西扯、不懂装懂。

3. 坚持真理,修正错误

答辩过程中,学生自认为是正确观点不能因答辩老师质疑就缺乏自信,要据理陈述,以事实为依据,用谦虚的态度进行协商。对于老师指出的错误要以诚恳的态度去修正,不能固执己见,对于不太确定的问题,要先记录下来,答辩结束后查阅资料确认。

4. 神态自若,情绪稳定

论文答辩时要消除紧张心理,可提前参加答辩会场旁听,亲自了解答辩的过程,消除对论文答辩的神秘感。要相信自己,胸有成竹,若对老师提出的问题拿不准,就实事求是地回答,态度要谦虚。

5. 注重着装，礼貌待人

参加论文答辩时着装要大方整洁。男生穿正装，女生可以穿套裙，化淡妆。要注意礼节，开场和退场都要鞠躬感谢，答辩老师提问后先感谢然后再回答。答辩时要注意用目光和老师进行心灵的交流，并合理利用肢体语言辅助答辩。

6. 图表运用和PPT展示

论文答辩的PPT展示要尽可能地多用图表，内容要丰富，格式要规范，不要出现错别字，减少大段文字的显示；陈述和汇报过程中尽可能利用口语，不要看着PPT读稿子，同时把握好时间，尽可能控制在10分钟左右。

四、毕业论文答辩评价与评分

(一)论文答辩效果评价的要求

论文答辩效果的评价需要从不同的维度进行考核。首先，让学生介绍选题的时间和过程，所搜集和参考资料的情况，根据学生回答问题的流畅程度从主客观情况判断论文的真伪；其次，答辩秘书详细记录学生的答辩情况，答辩组长对答辩学生的情况进行当面评价；再次，答辩组老师对学生论文存在的问题应该当场指出，对有争议的观点，不能轻易下结论，可要求学生答辩后和指导老师联系补充调研或查阅资料确认；最后，学生书面表达和口语表达能力的表现可作为评价参考。

(二)论文成绩评定的标准

学生毕业论文成绩由三部分构成：一是指导老师根据学生写作态度和论文质量给出初评成绩；二是评阅老师根据论文质量给出盲审评阅成绩；三是论文答辩小组根据论文质量和答辩情况给出答辩成绩。三个成绩按照一定比例(4∶2∶4或5∶2∶3或4∶3∶3)折合就是学生毕业论文的最终成绩。论文成绩的终评标准，应以论文的质量为依据。

毕业论文成绩分为优秀、良好、中等、及格、不及格五个等级，取得及格以上的成绩者方可获得毕业论文实践课程的学分。以下标准可供参考。

1. 优秀(90~100分)

观点正确，论据充足，论述深刻，论证严谨，有一定的独创性，科学性较强。文章结构完整,层次清晰,语言流畅,格式规范,能综合运用所学的理论与本专业的有关知识和技能。答辩中在规定的时间内清楚阐述论文内容,准确回答问题,表达能力强。

2. 良好(80~89分)

观点正确,内容充实,有一定的理论性,论证较为严谨,逻辑性较强。文章结构完整,层次清楚,语言流畅,格式较规范,能较好地运用所学理论与专业知识和技能。答辩中能够清楚表达论文主要内容,比较准确地回答问题,表达能力较强。

3. 中等(70~79分)

观点明确,内容较为充实,有一定的理论基础,论证较为严谨,逻辑性较强。文章结构完整,层次较为清楚,语言流畅,格式较规范,能运用所学的理论与专业知识。在规定时间内完成论文陈述,能够回答基本问题。

4. 及格(60~69分)

观点基本正确,材料较为具体、充分,能运用所学知识简述自己的观点。结构完整,层次较为清楚,语言通顺,格式比较规范。答辩时能在教师提示下回答基本问题。

5. 不及格(60分以下)

观点不明确,材料空泛或虚假,论证片面紊乱,无逻辑性,结构不完整,层次不清楚,语句不通顺,文章题材不符合规定,论文字数不足,有剽窃抄袭行为。答辩中不能回答问题或对论文的内容完全不熟悉。

第八章　人才培养模式质量保障体系与实施

第一节　人才培养模式质量保障体系

一、质量保障体系的内涵

人才培养质量是满足需要和实现目标的程度,其受教育政策、专业设置、课堂教学以及师资能力等的影响。对高等院校而言,人才培养质量是指高校所培养的人才在满足自身和外部需求以及学校培养标准上的实现程度。可通过教育制度设计、特色专业设置、实践课堂教学以及师资能力等方面来保障高校人才培养质量。质量保障体系是指为了实现预期的质量目标,将所有与之相关联的各要素联合在一起,由内外两种质量保障体系组成的集合体。高校人才培养质量保障体系是高校在全面质量管理思想的指导下,通过对教学质量进行全过程、全方位、全环节的动态管理,要求并促使全体成员发挥最大潜力和自觉性,通过监督检查、衡量分析,判定和纠正教育管理和教学实施过程中与教学质量目标之间的偏差,不断改进教学质量,达到预先设定应用型人才培养目标和规格的管理系统。由质量体系、质量方针、质量手册、质量控制、质量保证、质量审核、质量评估七个方面构成。

二、质量保障体系构建原则

（一）目标性原则

会展专业应用型人才培养的主要目的就是培养适应现代会展业发展需要、人文素养好、管理理论和专业知识扎实、创新创业意识强、实践能力和职业胜任能力强的会展高素质应用型人才。因此，多元项目驱动会展专业人才培养的质量保障体系构建要围绕专业培养目标进行。在辨识学校发展定位、特色和资源条件的基础上，依据会展行业企业对应用型人才的需求规格，合理地选择保障体系的要素，有效组织协调人、财、物等各种保障力量，促进学生培养质量的提升，检验专业的人才培养目的是否达到。根据行业企业、社会、学校、学生家长等反馈的意见找到存在的弊端，促进人才培养各个环节的不断修正和完善。

（二）全面性原则

多元项目驱动会展专业人才培养质量保障体系的构建应全方位、多角度地考虑，并组织各部门进行广泛参与。高校把会展专业应用型人才培养效果的影响因素以及培养过程各环节有机结合起来分析，涵盖专业教育资源、教育过程以及教育结果完整过程，涵盖专业教育实施的各个环节、步骤和人员，切忌以偏概全、以点带面，确保保障体系完整性、客观性，能够真实地反映人才培养的情况，为人才培养的不断完善提供依据。

（三）科学性原则

保障指标体系的建立应该遵循科学性原则，使构建的指标体系更符合实际情况，进而在此基础上得出合理有效的评估结果。构建会展专业人才培养的质量保障体系，要针对应用型人才培养的特点，对设定的各项保障内容进行充分调研、专家咨询和论证，采用科学的评价方法进行归纳整理，以提高体系的运行效果。

（四）可行性原则

人才培养质量保障体系包括质量评估体系，而设计评估体系时要考虑评估的可行性。评估指标既有定性指标，又有定量指标。以定量指标为主，使得指标可测量,才能有利于数据的采集,进而便于对人才培养的质量进行量化分析。因此,确定各项评估和保障指标时,要对指标的含义进行明确的界定,使被评测对象能够清晰理解指标的内容,确保指标可实施性;保证评估和保障指标难易适度,确保评估对象在理解指标内涵基础上,发挥自己的主观能动性,对各项指标给予合理评估,保证数据的有效性进而反映最真实的结果。

(五)灵活性原则

人才培养质量保障体系是动态的、灵活的。在保障体系运作过程中,高校能有效地根据内外环境的变化,因地制宜,有针对性地开展定时检查、检验和变更,更好地保障整个体系的有效运行。因此,构建会展专业人才培养的质量保障体系,既要制定涵盖全过程、各环节的完备体系,也要考虑内外环境变迁,对某些过程和环节的设定不能过于死板,要给体系的运行预留空间,以便在实际运行过程中进行相应调整。

三、质量保障体系构建

(一)质量决策与指挥系统

本系统运行通常由分管教学副校长负责,由学校教学指导委员会负责人、学术委员会负责人、教务处处长、学院院长和分管教学的副院长以及专业负责人等负责,可吸收专业教学质量的资深教授、校级督学和行业相关专家参与。主要功能与职责是确定学校的教育质量方针,制定校级人才培养质量管理的目标、质量标准;制定与专业人才培养相关的规章制度和政策性措施;指挥、协调学校关于人才培养质量管理的各种信息和各项活动;总结学校人才培养质量保障的成果、经验和得失。

(二)质量决策执行系统

本系统运行通常由学校教务处和学院主管教学工作的管理人员以及专业负责人等负责,由学校的财务处、学生处、社团组织等相关部门配合实施。质量决策执行系统是保障体系得以实施的基本保证。主要功能与职责是根据学校质量决策与指挥系统的指令,分解质量目标体系,制定并实施专业的质量保障执行计划;贯彻执行学校的各项质量保障政策措施;根据会展专业人才培养的目标和本校的专业特色,组织质量保障调研、交流和培训活动;持续改进人才培养的质量。

（三）质量信息管理与反馈系统

本系统运行通常由学校教务处、学院主管教学工作的管理人员和专业负责人、资深教师和从事信息管理的专职人员等负责。质量信息管理与反馈系统以教务处为信息中枢,既有信息收集、处理、传递的功能,又有信息反馈功能。该系统的主要职责是通过信息网络,及时、灵敏、准确地反映人才培养各项活动和教育管理的各种信息;不断捕捉来自行业企业、用人单位、人才市场、政府管理部门、学生家长以及社会各界对人才培养的相关信息;甄别、分类、存储、统计、分析各类信息;找出信息反映的问题,分析问题的根源,提出解决对策或改进建议;及时将专家处理分析后的信息反馈给有关部门和相关人员。

（四）质量评价与诊断系统

本系统运行通常由分管教学的副校长牵头,由学术委员会、教学委员会、校院两级督学、资深教师、专职的信息管理人员、从事教育统计和测量与评价的专家等人员负责。系统主要功能与职责是研究制定专业的教学质量以及学校管理教学质量的评价标准,制定具体的评价方式和评价程序;定期、不定期地系统检查教学质量,对教学质量进行评价和分析,诊断优势、劣势、机会、挑战,分析人才培养质量状况、问题以及原因,为教学质量管理和持续改进提供决策依据;协调外部组织的各种评价活动与校内学校质量活动的关系,协助外部机构实施对学校的评估。

（五）质量检查与监督系统

本系统的运行通常由学校教学委员会、学术委员会、教务处、校级督学等人员负责。主要功能与职责是定期、不定期地检查监督各级组织以及成员贯彻执行学校教学质量文件精神的情况;全方位监督检查学校教育质量保障体系各个环节的运行情况;分析学校教育质量保障体系各个环节的运行情况,识别系统运行的问题,诊断原因,提出整改方案,有目的、有计划地调整、优化体系;处理各个部门的质量申诉意见,对相关争议实施仲裁和复评,以增强整个教育质量保障活动的自我纠错能力,使之处于不断优化、完善的过程。

人才培养的质量保障体系的五个子系统紧密联系,相互作用,相互影响。其中,质量决策与指挥系统处于核心地位,它决定着整个质量保障体系的发展方向,质量决策执行系统负责对整个学校的人才培养质量目标进行规划,质量信息管理与反馈系统是支持整个体系运行的基础,质量评价与诊断系统负责质量保障体系运行过程的主要活动。而质量检查与监督系统则保证整个体系能始终处于良好的运转状态。五个子系统有效结合,使保障教育质量的活动成为可能,从而促进专业教学质量和人才培养的持续改进。

四、质量保障体系运行

会展专业应用型人才培养的质量保障体系的运行可按照 PDCA 循环建立工作程序。PDCA 循环是由美国统计学家戴明博士提出来的,反映企业质量管理活动的规律。P(Plan)表示计划,D(Do)表示执行,C(Check)表示检查,A(Action)表示处理。PDCA 循环是提高企业产品质量、改善企业经营管理的重要方法,是质量保障体系运转的基本方式。同样适用于高校人才培养质量的提高和持续改进。PDCA 四个阶段的基本内容为:①P 阶段,计划阶段。根据行业需求,确定质量标准及其改进的目标、具体措施和方法。②D 阶段,执行阶段。按既定的计划实施措施,以实现质量目标。③C 阶段,检查阶段。对照计划,检查执行情况和效果,发现执行过程中的经验和问题。④A 阶段,总结阶段。对检查的结果作出分析,进行评价和总结。

人才质量保障体系的工作重点是持续过程质量改进。根据 PDCA 循环四个阶段,建设高校专业人才培养质量保障体系可以具体化为八个步骤:①分析专业人才培养现状,找出存在的问题,确定质量改建的项目;②分析问题产生的各种影响因素,做好准备工作;③在影响专业人才培养质量的诸因素中,找出主要因素;④分析主要因素,制定措施,提出改进计划;⑤采取预防或者纠正措施,按既定的计划认真执行;⑥对照计划,检查实际执行的结果,明确是否达到预期效果;⑦根据检查结果,总结成功经验和失败教训,形成标准或制度,巩固成绩;⑧提出该次循环尚未解决的问题,将其转入下次循环,以便解决。

按照上述八个步骤不断推进,最终能使专业人才培养的过程达到并保持新的、更高的水平。全体员工的全过程参与是保障该体系持续而成功运行的必要条件,只有通过全员、全过程参与,才能保障专业人才培养质量的持续改进和提升。

第二节　人才培养模式保障基础条件

一、组织保障

会展专业人才培养并非高校自身的事情,必须开展产学研政等协同育人,发挥政府、高校、行业企业等不同利益相关者优势,以会展项目为核心,改革人才培养模式,提升专业人才培养质量。构建政府、学校、社会之间立体式、开放式、网络化、实践性的新型关系,使行业企业成为重要资源投入方、培养过程的主动参与方和培养成果的分享者。

(一)政府和行业协会作用发挥

政府行为的出发点是服务社会、维护人民的根本利益。高等教育、会展行业主管部门可以制定系列政策,发挥政策引导、资金资助、监管评价等作用,培养专业人才、服务行业企业和地方经济发展,促进社会的进步与和谐。行业协会是会展专业人才培养的协调者,可对接高校进行企业人才需求的沟通和统计,为专业人才的培训提供指导。多元项目驱动会展专业人才培养模式需要政府、行业提供真实项目,确保学生提前参与,明确能力目标,为其职业定位奠定基础。一是高校、地方政府和行业协会要为会展专业师生提供参与地方举办的大型会议、展览、节事等项目的调研、论证、策划和实施机会;二是地方会展、文化旅游等行业主管部门、行业协会可联合举办会展行业项目策划大赛,为行业从业人员和专业学生提供展示的平台,并发挥会展项目孵化的作用;三是行业协会将高校人才培养作为会展行业产业链的重要一环,纳入行业协会成员,成立会展行业产学联盟,为高校会展项目驱动人才培养提供更多项目参与机会,发挥高校人才培养和会展企业之间纽带和桥梁作用。

(二)高等院校作用的发挥

高等院校是会展人才培养的主体,高校应实施以学科体系为基础的教育,着重培养学生的能力,提升学生的综合素质,以就业为导向,推行"工学结合、校企合作"人才培养模式,侧重培养技术技能型人才。项目驱动机制下会展专业人才培养在应用型本科校内实施,学校的大力支持和后勤保障发挥关键作用。一是学校应出台政策,积极鼓励专业教师走进行业企业挂职锻炼,依托学校社会服务或产教融合机构,主动联络地方会展行业主管部门,获取展会项目信息,为专业产教融合、校企合作提供高效平台;二是教学管理制度上柔性执行,通过前期沟通将校外会展项目参与融入人才培养方案和实践课程教学,允许学生不影响正常教学秩序的情况下参与校外项目实践;三是学校出台政策鼓励学生参与学校科研机构和教师自身科研学术项目,大力支持科研反哺教学项目的引导,对师生合作所出项目成果给予奖励;四是高校教务、后勤、宣传、就业等职能部门和相关学院应大力扶持校内学生自主举办的创新性活动项目,提供方便并合理引导。

(三)企业参与和协同育人

企业参与会展专业人才培养,能够促进人才培养有效对接行业企业,也能够有效推进学生创新能力的培养。一是从培养模式上打破了传统规则,培养形式上提高了人才培养的创新气息,通过企业参与高校人才培养融入过程,高校也能够有效提高课程体系和学习过程的创新意识,为高校创新人才培养奠定先决条件;二是企业参与能将产业尖端信息快速传递给学习者,企业直接参与经济建设的特性使其所传递的信息能够有效激发学习者的创新动力,为高校创新型人才培养提供了内容资源;三是高校通过与企业共同投入资源形成平台,通过平台向学习者辐射企业先进技术信息,为学习者创新能力培养提供了良好的平台。创新能力培养和形成离不开创新平台的支撑,校企合作改变了传统教育模式单纯知识传授的特点,学生借助校企平台,丰富了知识获取的形式和渠道,获得了直接创造新知识、新技术的平台和机会,对于其创新能力培养无疑具有重要的促进作用。

(四)教师和学生的参与

教师是人才培养的具体实施者,通过课程指导、实践活动组织引导、学术科研启蒙引领等一系列活动,培养学生的思维和能力,进而实现其教育目标及理想。学生是人才培养活动的直接体验者和接受者,学习过程中获得职业技能,提高综合能力,增强自身核心竞争力,为职业生涯发展做铺垫。应用型会展人才培养应充分发挥政府、高校、企业、学生个人及家庭和其他社会组织等不同利益相关者"优势互补"的人才培养功能,形成合力,使得会展专业应用型人才培养质量不断提升。为强化专业内涵建设,促进专业更好地对接地方产业与社会发展需求,培养与区域经济社会发展紧密结合的应用型人才,可邀请行业企业专家学者、兄弟院校教育专家、校内专业骨干教师和优秀毕业生代表成立专业建设指导委员会。指导专业建设与发展规划,指导制(修)订专业人才培养方案,积极探索合作育人新模式,指导开展实验实习基地建设;指导开展课程资源建设与教学内容、教学方法、教学模式、考核评价方式改革研究;指导开展教材建设,对教材的选用提供意见和建议;指导开展师资队伍建设,为师资队伍提升提供意见和建议,确保多元项目驱动人才培养模式落到实处。

二、师资保障

(一)完善"双师型"教师引进机制

师资短缺已经成为当前诸多高校会展专业发展的重要问题,引进"双师型"素质专业教师势在必行。结合会展专业特点和院校实际情况,专职教师可从高校引进、企业引进或校内人员调配方式进行。高校引进的博士、硕士师资具有较强的学术水准,但行业经验较少,"双师型"师资需要注重从企业获取。由行业企业实践经验丰富会展专业和高管组成的兼职教师队伍是高校教师队伍的重要组成部分,也是提高教育质量的重要保证。兼职教师可以专业顾问、校内讲座、校外培训、网络交流等方式参与教学和人才培养,需要高校制定完备的校外兼职教师制度,在兼职教师录用、授课、培训、教学、考核、监督、奖惩等各个环节进行规范化。会展专业可考虑基于校企合作基础上的"双赢"思路构建兼职教师引入长效机制。"引企入校",引进会展企业项目和项目经理,在校园内完成实体展会项目的策划、宣传推广、招展、招商等实体展会环节,参与真正的社会实践。根据兼职教师实际情况,合理安排教学任务,弹性灵活安排教学时间和地点。时间可安排在晚上、周末等,地点可安排在实验室、校企合作基地等。

（二）加强对在职教师的培训和管理

新入职的教师,若是来自高校,行业实践能力欠缺,可由学校联系当地会展企业,到企业挂职锻炼,然后再到校进行教学技能的培训;若是来自企业,可考虑和原有专业教师结成对子,互帮互学,教学技能和实践经验完美融合。青年教师通过对当地知名会展企业的访问和挂职,了解会展企业和会展项目运营规律,在提升教师实践教学水平的同时,还能促进校企深度合作。引导教师参加进口博览会、服贸会、广交会等国内大型会展活动,了解会展业发展前沿和动态;参加中国会展教育论坛、中国会展教育年会等国内会展届活动,和各地会展专业的教师加强交流,获取他们在专业建设和人才培养方面的经验;参加中国会展经济研究会、中国旅游协会、当地会展行业协会等部门组织的行业培训,通过培训熟悉行业内各种思想动向和产业发展趋势,为职业发展和实践教学能力提升奠定基础。河南牧业经济学院近年来积极引导教师参与行业企业实践,100%的教师具有行业挂职经历,每年都会为教师创造条件参加各类培训和国际盛会,开阔教师视野,提升实践能力（图8-1、图8-2）。

图8-1 专业教师参加行业人才培训班

图 8-2　专业教师走进进口博览会

（三）"双师型"教师教学团队的建设

教学团队是指以教学名师、优秀教授为带头人,以教授、副教授、讲师、助教及教辅人员为主体,以系、教研室、实验室、教学基地和实训基地等为建设单位,以课程或专业为建设平台,在多年的教学改革与实践中形成的,具有明确的发展目标、良好的合作精神,老中青搭配、职称和知识结构合理的教学业务组合。教学团队作为课程建设和专业建设的重要组织,其目的在于落实教学质量工程,开发教学资源,推进教育创新,规范教学管理,提高教学质量,培养具有创新精神和实践能力的高素质人才,同时推进教学工作的老中青相结合,发扬传帮带的作用,培养可持续发展的教学队伍。教学团队要鼓励教师对外开展企业和社会服务,提升教学团队知名度和影响力,要强化共同愿景,提高教学团队凝聚力。组建专业教学团队,除了考虑专业技术特长、学历职称结构、"双师"结构以外,还必须根据团队成员的不同个性考虑团队角色与能力的互补。"双师"结构教学团队中,有主导者,即团队带头人;有监察者,即出谋划策的人;有贯彻执行者,即高效率完成工作的人;有协调者,即人际关系处理强的人;有资源探察者,即能及时获取相关信息的人;有创新者,即充满创意的人。一个团队合理的人数为 6~8 人,可广泛调配相关专业教师,实现资源整合,学科融合。同时要创建一支高效的会展专业教学团队,学校和学院应该努力营造一种支持型团队环境,建立健全"双师"结构教学团队管理体制。实行团队负责制,赋予成员相应的职责、权利,完善团队考核激励体系,架构专业教学团队之间的沟通平台,让专业教学团队有一个良好的环境组织团队工作,有利于激发团队自发行为与创造力。

（四）会展"双师型"教师的评价与考核

"双师型"教师的评价与考核体现在教师风范与教学经历、企业经历与行业影响力、教学能力、技术服务能力、教学团队建设等方面,着重加强教师的教学能力、技术服务能力和企业经历的评定。会展专业的教师应更注重社会服务能力和企业实践能力的提升,坚持教学和研究服务行业企业、服务地方经济发展。对教师会展企业经历的评定要求教师具有会展及相关企业从事管理、策划、设计、组织运营等岗位工作累计 2 年以上,同时具有运营大型活动项目的成功经验,并具有一定的市场影响力。评价考核方法上,对教学团队中不同类别的教师,采取不同的评价考核办法。专业带头人、骨干教师的评价应由重视过程管理向重视目标管理转变,淡化年度评价考核,重视聘期目标考核,机制上提供十年磨一剑、潜心研究的工作氛围。教师年度考核着重其在岗位上的工作态度、状态和年度工作计划的进展情况,考核其是否完成预定的工作目标、是否做出校内专家和行业企业公认的重要成就和创新成果。

（五）会展"双师型"教师的激励机制

建立正确合理的评价和激励机制是提高教师积极性,促进"双师型"教师队伍建设的有效途径。经认定的"双师型"教师要与教师的职称晋升、工资奖金、课时薪酬、住房、福利等直接挂钩,制定激励政策,必将促使更多的教师争当"双师型"教师,从而加快"双师型"教师队伍建设。要改善"双师型"教师的地位和待遇,建立有效的激励制度是调动教师积极性的重要方面。应关心年轻教师的经济收入,适当增加他们的工资、奖金和福利补贴。创造有利于"双师型"教师队伍建设吸引优秀专业人才的物质条件。发挥"双师型"教师"一专多能"的特长,积极鼓励他们承接学校、政府的科研项目,企业的技术开发、社会服务、实验室建设等项目。大力支持"双师型"教师参与社会企业横向研究和技术服务,使"双师型"教师从中获取科研成果奖、开发创收提成等服务报酬。

三、基地保障

(一)加强校内实验室建设

实验室是科研、教学的重要基地,是人才培养、实现素质教育的重要场所。会展活动策划与设计、广告宣传、招商招展、现场管理与服务、场馆建设营运、展览物资通关和会展效果评估等环节均和实践紧密相连。会展综合实验室可将展会策划、展品运输、展位设计、展台搭建、会展现场管理等复杂而操作性较强的工作在实验室中操作、演示。使学生能置身于仿真环境中,直观地了解会展业的操作流程,增加学生的"直接"体验。在体验中学习,更能激发学生学习和探索的热情,提高学生的综合素养,培养他们的创新精神和实践能力。以会展项目运营为出发点,会展专业实验室建设涵盖会展行业能力培养的各个方面。如会展项目运营、会展企业管理、会展场馆、会展技术搭建、会展商务活动、会展项目策划、会展市场营销等。通过实践,培养学生系统了解会展现场管理流程、会展相关服务流程,掌握会展安保管理、接待服务管理、会展信息服务、会展客户关系管理等方面的能力。数字经济时代,校内传统实验室已经过时,以互联网、云计算、大数据、人脸识别、3D仿真等信息技术为基础,结合行业企业人才需求,利用相关软件,建设涵盖会展行业上下游产业链政府、主办、场馆、主场、展商、搭建商、专业观众等各类角色的会展综合实践实训平台,为会展教育、人才培养提供实战化、多角色、多场景、全景式实践体验,满足会展师生实训、教学、课题研究、汇报展示等各种应用场景,成为会展专业实践实训平台建设的未来方向。

(二)建立长期稳固的校外实践教学基地

校外实践教学基地是学生了解并接触社会实践的重要窗口,是应用型本科院校进行实践教学、科研和技术开发的重要场所。基地建设既是实现自身转型发展的需要,也是提升实践教学质量的途径,有利于增强学生综合实践竞争力,充分利用校内外资源。深化对校外实践教学基地的认识,明确其功能定位,改进质量评价与监控机制,并做好相应保障工作,以强化校外实践教学效果。会展专业校外实践教学基地建设应纳入人才培养全过程,邀请校外实践基地专家参与人才培养方案设计、专业课程设置、教材编写、课程教学、实务研讨等环节,并选派专业课程教师前往实践基地考察、交流、学习,为后续教学活动的开展提供实际案例和素材;实践基地基于自身对人才的需求与院校展开合作,安排学生从事与其专业对口的岗位工作,发挥高校人才培养优势、科研优势等,为学生提供系统、真实、有效的实践教学,充分彰显校外实践教学基地的教育、科研与服务功能;考核和监控机制可设置多元化评价主体,组建由学生、实践指导教师、企业管理者、院校专业教师等组成的评价主体队伍,实现对校外实践教学基地教学质量的科学评估。针对当前教学实践监控力度有限的问题,可以引入第三方评价机构,与专业实践基地和高校建立信息反馈互动机制,动态监控基地实践教学情况、学生专业技能操作情况与动手实践能力,第一时间发现教学实践过程中存在的问题,从而及时调整实践教学方案,强化教学实践效果。

强化校外实践教学基地的教学效果,需做好资金、师资力量保障工作,院校应设立专项资金,出台经费管理办法,明确资金用途,包括校外实践教学必备场地使用费、办公费、校外实践教师的指导费等必要支出,专款专用推动校外实践教学基地建设,保障实践教学基地各项工作有序开展;借助多重渠道积极争取企业资金的注入,以高校提供师资、技术,企业提供设备、场地,双方共同投入资金的形式开展全面合作,从而有效解决基地建设经费不足的问题;鼓励校内专业理论课教师前往企业进行学习参观、挂职锻炼、参与产业科研项目,以积累实践经验,加强教师技术应用能力和实践能力。采用"请进来"的方式,吸引企业内部具有丰富实践经验、较强责任心的行业精英和企业高管担任实践教学教师,参与院校教学改革,打造具有过硬实践经验与理论知识的教师队伍。

第三节　人才培养质量监控体系

高等学校人才培养质量监控体系是指高校为保证人才培养质量符合预设的质量要求和质量规格,而建立起来的人才培养质量监督、控制、反馈和调试制度所构成的体系。构建人才培养质量监控体系，关键要抓好教学过程的事前管控、事中监管和事后评价，将监控过程和结果与教师考评、专业资金投向相结合。人才培养质量监控涉及对教师教学的监控，以及教学管理部门与学生管理部门、学院和专业、教师和学生、专业教师和学生管理人员等之间的互动沟通。基于项目驱动的会展专业人才培养要建立科学、透明、高效的教学质量监控体系，就要注意兼顾社会经济发展要求、当前教育发展趋势、高校自身转型发展实际以及学生就业创业需要。探索建立科学有效的应用型人才培养质量监控体系。

一、培养质量监控体系构建原则

人才培养质量监控体系是遵循教育、教学规律，根据既定的专业培养目标和教学计划，对教学过程进行评价和调控，使之达到最优化状态的组织、程序及方法的总和。实现应用型人才的培养，必须办学定位明确、特色明显，着力点放在综合职业能力培养上，以行业企业需求为指导，培养具备会展企业岗位职能人才成为应用型人才。构建应用型本科高校教学质量监控体系必须树立学科教育与职业教育相融合的理念，把知识运用能力、资源整合能力、项目运营能力、创新创业能力作为教学质量的监控重点。

（一）目标性原则

从以教为中心转移到以学为中心，关注焦点是学生的表现和评价；须考虑全体学生，而不是优秀学生个例，标准针对全体学生、措施面向全体学生；看差不看优，重视未达标学生的表现和评价；人才培养对象由班级细化为每个学生。

（二）有效性原则

以知识教授为中心转移到以能力培养为中心，课程体系支撑培养目标达成，学习成果支撑毕业要求达成；注重学生应用能力的培养，结合专业特点，利用所学知识加强创新开发。

（三）持续改进原则

常态化评估是改进的基础，需建立闭环教学质量管理体系，须将常态化评估、闭环管理体系贯彻在每门课程中，建立不断吸纳行业、企业建议的开放评价体系。

（四）全程性原则

加强对人才培养过程的监控,着重加强对影响人才培养质量关键环节的监控,有效促进学校和各专业人才培养目标的实现。

（五）协同性原则

建立学校与教学单位两级监控管理、教学单位与管理部门协同联动的质量监控机制,形成全校上下相互配合、协同工作的监控体系。

二、培养质量监控体系结构

会展专业质量监控体系主体包括教师、学生代表、辅导员、专业负责人等力量,专业级质量监控体系定期跟踪课程教学质量,分析相关问题,提出解决方案并实施,对专业进行毕业要求达成度评估,取得课程质量、学生的专业思想、专业认同度、专业建设质量的持续改进。为了能够更好地实现人才培养的应用型特点,在质量体系的建设和实施中从专业课程体系特点入手,把实践应用能力贯穿于质量体系运行的各环节(图8-3)。

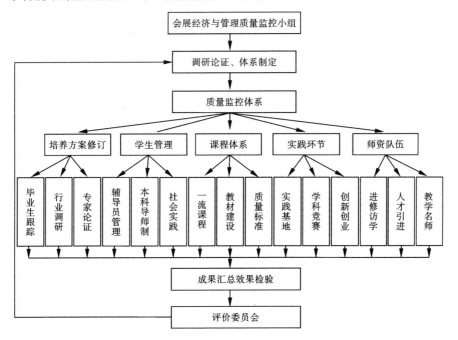

图8-3　会展经济与管理专业教学质量监控体系结构图

成立由专业负责人领衔、专业教师为主,学校教务部门介入、校企合作企业等多方构成的质量体系建设委员会,不断加强制度建设和质量标准建设,制定课程教学质量评价制度、实习基地质量评价办法、实习中期检查制度、毕业论文检查制度等相关制度,建立多形式收集、多参数分析、多层面反馈、全员参与、全程监督的实践教学质量监控制度体系。成立以教学督导和学生信息员监督宏观来监控教学实施各环节,确保日常教学质量状态信息的有效性、及时性;加大微观层面信息搜集和反馈工作,提高问题解决率和解决效率;从教学环节、课程建设、教学效果落实监控责任主体,成立第三方为主的专业教学质量监控制度体系监督评价小组,实施从培养方案制定到师资建设全方位的全程监控。

三、培养质量监控体系实施

(一)教学质量体系过程监控

常规教学检查,包括教师听课、试卷命题、阅卷、试卷分析、课程设计、实习、毕业实习、论文质量分析等工作,通过学校、学院、专业教研室组织的各类检查评估(教案、作业布置与批改、教学进度计划完成、学生评教、教师评学、教研活动的开展等),严把各教学环节的质量,健全过程监控制度。具体包括"三方听课"制度,实行校级督导、学院督导、教研室教师互听课的"三方听课"制度;建立学生教学信息员制度,对其加强指导管理,为教学管理、教师教学、学生学习服务;建立教师资格审核制度,为每门课程设置课程负责人,建立课程主讲教师、新开课和开新课教师的资格审核制度;建立毕业生追踪调查制度,对毕业生满意度和用人单位满意度进行追踪调查;建立以辅导员为主的学风考风管理制度,通过系列措施抓学风、抓考风,以考风促学风;建立学院、专业教研室教学信息数据库制度,记录并分析教师信息,学生就业率、职业资格证书获取率,学生参加各类大赛获奖、学生参与教师课题记录、校内实践教学记录;建立学生创新创业奖励制度,为学生参与创新活动和创业实践提供制度保障和必要的经费支持。

(二)成果导向课程结果模块

结合行业企业岗位能力素质实践需求,会展专业可把课程分成纵向的会展管理和横向的活动策划两大模块,前者围绕展览活动,设置展示设计、场馆运营、会展广告、数字会展等课程,后者从"大会展"活动的概念出发,设置会议运营管理、节事活动策划与管理、体育赛事策划与管理、婚庆策划与管理等课程,加大课程实践环节比重,注重学生活动项目策划运营能力提升。并结合本专业的学科特点,以成果为导向,鼓励学生参加各种学科竞赛和日常会展企业项目实践。将学生参加各类学科竞赛对知识和能力的要求与课程体系的设置、课程标准的制定和预期学习成果教学实施计划的落实相结合。将学生参赛获奖率纳入教学质量监控体系,作为评估的一部分。将学生参赛结果反馈到课程体系、课程标准、教学质量等各环节,吸取经验,并改进不足之处,提高任课教师的教学和创新实践能力。

（三）创新创业教育贯穿全程

近年来,高校创新创业教育不断加强,取得积极进展,对提高高等教育质量、促进学生全面发展、推动毕业生创业就业、服务国家现代化建设发挥了重要作用。要将创新创业教育贯穿会展专业人才培养全过程,增强学生创新能力和创业意识。一是培养一支具有创新精神、具备实践能力的教师队伍,鼓励教师去企业锻炼,利用课题转化成果,培养双师型教师,提高教师的创新能力;二是将创新创业思维模式贯穿于具体教学过程中,专业课程中设置创新教育课时,结合专业课程特点,学生利用所学课程知识结合学科前沿业态和技术,撰写策划和设计方案或者完成设计创新应用开发项目;三是依托模拟公司性质的会展工作室,把创新教育纳入人才培养全过程;四是开设会展策划、会展营销综合实践环节,校园展会综合实践环节,完成从项目策划到项目营销到项目实施的创新创业实践过程。

（四）教学环节的评估常态化

教学过程的各环节采取有效评估手段,持续改进培养目标,形成常态化教学评估机制与多渠道反馈改进机制。设置理论课程、实践课程、批改作业、答疑辅导等质量标准,加强一流课程的建设与管理;鼓励有一定专业水准的教师编写符合应用型人才培养的教材,确保高质量教材进课堂;设置数字会展实验室,加强实验室的建设与管理,推动实验教学环境优化改进;强化学院、教研室把关责任意识,形成自查、互查、系级审查的三层检查,确保试卷质量;严格执行毕业论文选题、开题、指导、答辩、成绩评定、评优、组织管理等质量标准;建立定量与定性相结合,个性与共性相统一,预备性评价、形成性评价与总结性评价相协调的学习质量评价机制;建立学生评教、同行评教和督导评教相结合的教师教学质量评估机制。

（五）建立高效外部评价机制

建立外部评价机制,以学生、家长、用人单位等利益相关者的要求作为外部输入,并把利益相关者满意度作为检测标准,不断吸纳行业、企业建议的开放评价体系,形成教学质量监控体系的闭环管理(图8-4)。

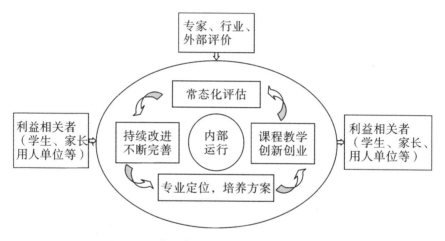

图8-4　会展专业教学质量监控闭环运行图

第四节　人才培养模式实施与推广应用

一、实施的外部环境

（一）政策环境

党的二十大报告提出,要坚持教育优先发展、科技自立自强、人才引领驱动,加快建设教育强国、科技强国、人才强国,坚持为党育人、为国育才,全面提高人才自主培养质量。2018 年,教育部发布的《关于加快建设高水平本科教育全面提高人才培养能力的意见》(教高〔2018〕2 号)中,明确规定:围绕提高人才培养能力这个核心点,以人才培养为本,以本科教育为根,坚持分类指导,特色发展,提高创新型、复合型、应用型人才质量。本科生是高素质人才培养的最大群体,本科阶段是学生世界观、人生观、价值观形成的关键阶段,高校应把本科教育放在人才培养的核心地位、教育教学的基础地位,新时代教育发展的前沿地位。

总体目标,准确把握高等教育基本规律和人才成长规律。全面落实"回归常识、回归本分、回归初心、回归梦想",四个"回归",初步形成高水平人才培养体系。改革教学管理制度,以学生发展为中心,推动课堂教学革命,因课制宜选择教学方式,科学设计考核内容和方式。加强学习过程管理,严格过程考核,同时深化创新创业改革。改革评价体系,坚持分类指导和分层次评价相结合。根据不同类型的高校、不同岗位教师的职责特点,分类、分层次、分学科设置评价内容和评价方式。在推动现代技术上,推动互联网、大数据、人工智能、虚拟现实等基础在教学中的运用,推动慕课、微课和虚拟仿真实验室建设,制定慕课、微课标准体系,建设国家级、省级一流课程,共享优质教育资源。

(二)行业环境

近年来,我国展览业快速发展,已经成为构建现代市场体系和开放型经济体系的重要平台,在我国经济社会发展中的作用日益凸显。2015 年国务院发布《关于进一步促进展览业改革发展的若干意见》(国发〔2015〕15 号),明确提出要加强会展人才体系建设。鼓励职业院校、本科高校按照市场需求设置专业课程,深化教育教学改革,培养适应展览业发展需要的技能型、应用型和复合型专门人才。创新人才培养机制,鼓励中介机构、行业协会与相关院校和培训机构联合培养、培训展览专门人才。各省市为贯彻落实中央文件,也相继出台实施意见,明确会展专业人才培养在行业发展中的重要价值。2017 年河南省人民政府办公厅《关于进一步促进展览业改革发展的实施意见》(豫政办〔2017〕131 号)提出支持高等院校根据市场需求设置专业课程,培养适应展览业发展需要的技能型、应用型、复合型人才。鼓励高等院校、行业协会和专业社会培训机构开展合作,认定一批展览业培训基地和实训基地,加强在职人员和定向专业人才培训。建设全省展览组织策划专业人才储备库,引进具有国际展会运作经验的高层次人才,营造有利于人才发展的良好环境。2022年12月起施行《郑州市会展业促进条例》也明确提出建立会展业人才培养和引进机制,并纳入本市人才管理工作计划。支持引进符合本市需求的高层次、紧缺会展业人才,根据规定在住房、子女就学等方面给予保障。支持高等院校、职业院校、培训机构、行业组织与举办单位、场馆单位、服务单位加强合作,建立会展培训和实践基地,培养符合市场需求的会展业人才。

二、实施的内在条件

实施多元项目驱动会展专业人才培养模式,需深化教学改革、构建科学合理的课程体系。基于OBE理念,高校需要走访行业企业、兄弟院校、优秀毕业生,召开专业论证和人才培养方案座谈会,结合本校人才培养定位和专业优势,制定和修订人才培养方案,确定会展专业课程体系和模块,选定合适的师资和教学方法,确保培养高质量会展专业人才。由于会展专业实践性强,需要创建长期稳定的校企合作关系。本着"优势互补、资源共享、互惠互利、共同发展"原则,高校需要和会展场馆、组展企业、会议、节事、演艺等企业共建校外实践教学基地和创新创业教育基地,通过实体会展项目的参与体验、角色扮演,建立校企双方长期、紧密的合作关系。在人才培养、教学开发、行业培训、挂职锻炼、实习实训等方面开展全方位合作,共同培养会展创新创业人才。实施多元项目驱动会展专业人才培养模式,需要构建强大的"双师型"教学团队。坚持"引进来"和"走出去"相结合的原则,邀请行业企业专家学者、优秀毕业生走进学校进行行业分享,鼓励教师参加师资培训、学术交流、进企业挂职锻炼,提升实践教学能力;健全"双师型"教师培养制度,鼓励教师考取会展相关从业资格证书,建立健全职称评审机制,完善"双师型"教师绩效激励体系,提高"双师型"教师的待遇;强化产教融合、校企合作的产学研一体化发展,加强师资培训基地建设。

三、多元项目驱动会展专业人才培养模式的推广应用

(一)学生素质全面提升

通过多元项目驱动的人才培养模式实践,学生综合素质全面提升。一是近年来,河南牧业经济学院会展专业学生在全国商业精英挑战赛会展创新创业大赛、河南省创新创业教育计划大赛、河南省"挑战杯"大学生课外学术科技大赛、浙江省会展策划大赛、河南省首届体育产业创新创业大赛等各类大赛中获省级以上奖项30多项,以赛促学、以赛促教成效明显;二是注重学生学术能力培养,鼓励学生报考研究生。三年来,专业学生发表学术论文10多篇,20多名同学考取郑州大学、西北大学、中南财经政法大学、昆明理工大学等研究生;三是近三年学生平均就业率达95%以上,许多学生已走上项目经理、项目总监的岗位,得到行业企业的充分认可。

(二)专业建设成效显著

通过多元项目驱动人才培养模式的实施,河南牧业经济学院会展专业建设成效显著,专业教师100%获得会展策划师、会展职业经理人、导游等"双师"师资认证,100%具有行业企业挂职经历;近五年来,申请校级以上专业教育教学项目8项,获奖项目5项,"基于多元项目驱动会展专业人才培养模式研究"获批省级高等教育教学改革与实践立项建设,"赛教融合会展经济与管理专业实践教学体系研究"荣获河南牧业经济学院校级教学成果一等奖;发表教学研究与改革论文12篇,"多元项目驱动机制下应用型本科会展专业人才培养模式研究"荣获2023年度河南省教育科学优秀成果二等奖;和校外实践教学基地联合建设一流课程3门,其中"会展行业调研实践"被列为2022年度河南省省级一流课程;郑州华谊兄弟电影小镇获批省级大学生实践教学基地,郑州海名汇博会展策划有限公司、河南中展动力展览有限公司被获批校级实践教学基地;会展专业2022年度被艾瑞森校友会列为中国大学会展经济与管理一流专业并排行第九(应用型),是河南省唯一进入排行榜的会展专业高校。

(三)行业企业认可度提升

河南牧业经济学院会展专业经过多年的发展,目前已发展成为河南省

招生人数最多、毕业人数最多、在校生人数最多、行业沉淀人数最多、行业企业认可度最高的会展院校。2017、2019、2021连续三年获得河南省会展业商会"十佳会展服务单位"荣誉称号(图8-5)。专业校园展会、创意活动实践等得到大河网、《河南日报农村版》《中国旅游报》等媒体报道。依托专业省级教改项目联合郑州市会展行业协会,2023年10月在河南牧业经济学院举办的"河南省会展教育创新发展大会"吸引了来自全省的9家会展高校、30多家会展协会、会展场馆、会展媒介、会展企业等参加,影响广泛(图8-6)。

图8-5 "十佳"会展服务单位授牌

图8-6 举办2023河南省会展教育创新发展大会

(四)校内外推广情况

多元项目驱动的专业人才培养模式在会展专业中实施,并延续到旅游管理、酒店管理、市场营销等专业中实施、应用和推广,通过行业认知、学科竞赛等项目驱动,人才培养质量显著提升。研究成果和典型案例还在信阳农林学院、河南财政金融学院、中原科技学院等高校会展专业中推广,得到兄弟院校的借鉴和采纳。兄弟院校一致认为,基于多元项目驱动的会展经济与管理专业人才培养模式研究成果,从专业人才培养的目标出发,结合会展行业项目运营的特点,提出将课程实践、实践课程、行业认知、学科竞赛、校园展会、毕业论文、毕业实习等专业实践环节融合项目化运作的人才培养模式,实施过程中注重学科思政渗透,注重学生专业实践能力和综合素养提升,具有较高的推广应用价值和良好的社会经济效益。

参考文献

[1]张健康,黄彬.会展特色专业建设理念、实践与探索[M].杭州:浙江大学出版社,2011.

[2]王春雷.活动管理知识体系[M].北京:中国旅游出版社,2018.

[3]孟祥敏.会展经济与管理专业建设的思考:基于浙江万里学院的探索与实践[M].北京:冶金工业出版社,2018.

[4]唐健雄."四能驱动六导向"复合型酒店应用人才培养模式研究[M].北京:中国旅游出版社,2019.

[5]郭庆,海莺,徐翠锋,等."三维四层"跨学科复合应用型人才培养模式的探索与实践[M].西安:西安电子科技大学出版社,2021.

[6]金辉.会展概论(第二版)[M].上海:上海人民出版社,2011.

[7]毛金凤.旅游管理专业应用型人才培养模式研究[M].北京:中国社会科学出版社.2016.

[8]赵朝峰.文化创意人才的"树形培养模式"研究[M].杭州:浙江工商大学出版社,2020.

[9]吴振顺,余博,熊健,等.基于"卓越计划"的管理类专业人才培养模式改革研究[M].成都:四川大学出版社,2018.

[10]许敏玉,王端,谭宇菲,等.智媒时代应用型广告人才培养模式与路径[M].北京:首都经济贸易大学出版社,2022.

[11]王明亮,张少华.会展策划"赛教融合"案例[M].广州:华南理工大学出版社.2017.

[12]许新华.项目工作制人才培养模式理论与实践[M].北京:科学出版社,2020.

[13]孟昭上,叶铭.产学合作教育与会展业发展研究[M].上海:上海财经大学出版社,2014.

[14]王春雷.中国会展业发展:前沿问题与创新策略[M].北京:中国旅游出版社,2015.

[15]罗如学,刘晓丽,尤妙娜.旅游管理应用型人才协同培养模式创新研究[M].北京:中国书籍出版社,2017.

[16]雷玉梅.大学生创新创业项目化教程[M].杭州:浙江大学出版社,2023.

[17]罗秋菊.会展概论[M].北京:高等教育出版社,2020.

[18]华谦生.会展策划(第三版)[M].杭州:浙江大学出版社,2021.

[19]周杰.会展营销[M].重庆:重庆大学出版社,2022.

[20]袁亚忠.会展企业管理(第二版)[M].广州:中山大学出版社,2016.

[21]陈颖.会展实训综合教程[M].重庆:重庆大学出版社,2015.

[22]朱飞跃,杨巍峰.中小城市会展业发展探索与实践[M].武汉:华中科技大学出版社,2022.

[23]任克勤.大学生实践教学基地建设研究与应用[M].北京:中国人民大学出版社,2015.

[24]方美玉.创新创业类学科竞赛辅导及项目案例教程[M].北京:中国财政经济出版社,2016.

[25]李金凤.校园节庆类活动指导手册[M].长春:吉林出版集团,2013.

[26]李明华.校园文化艺术类活动策划手册[M].长春:吉林出版集团,2014.

[27]何军.研究设计与论文写作:经济管理类大学生科研训练指导[M].北京:科学出版社,2022.

[28]孙立新,崔雅歌.高等继续教育利益相关者关系分析[J].终身教育研究,2019,30(1):55-60.

[29]陈彬.良法与善治[M].武汉:华中师范大学出版社,2018.

[30]刘忠喜.人才培养模式概念、层次及构成要素[J].海南广播电视大学学报,2014(5):107-110.

[31]姜士伟.人才培养模式的概念、内涵及构成[J].广东广播电视大学学报,2008(2):66-70.

[32] 康年,瞿立新,宋波.会展行业人才需求与职业院校专业设置匹配分析 [J].中国职业技术教育,2020(10):5-15.

[33] 王佩良,张茜,蔡梅良.论应用型会展人才的素养与能力培养[J].科技 创新导报.2014,11(34):198-201

[34] 杭宇.德国会展人才培养模式研究[J].管理观察,2016(35):120-122.

[35] 张啸天.英国大学的会展教育及启示[J].太原职业技术学院学报,2016 (5):105-107.

[36] 张红霞.英国会展专业教育发展及其对我国的启示[J].2015.25(36): 200-201.

[37] 肖红艳.美国会展管理专业的教育模式及其对中国的启示[J].内蒙古 财经大学学报(综合版).2010,8(2):13-19.

[38] 范娜娜.探讨"双展交替,三层跨越"的工学结合人才培养模式:以广东 交通职业技术学院会展专业为例[J].学周刊.2014(22):38-39.

[39] 连建功.多元项目驱动机制下应用型本科会展专业人才培养模式研究 [J].四川旅游学院学报,2022(1):1-5.

[40] 连建功,王中雨.学科竞赛提升应用型本科会展经济与管理专业学生创 新能力研究[J].湖北开放大学学报.2023,43(1):57-64.

[41] 连建功.模拟公司运作模式下国内高校会展专业实践教学研究[J].河 南科技学院学报(职业教育版),2017(4):70-74.

[42] 连建功.校园展会对会展专业建设的作用机制研究[J].河南牧业经济 学院学报,2016(6):81-84.

[43] 连建功.豫籍会展企业家品质与河南高校会展教育[J].现代商业工贸, 2015(8):106-107

[44] 刘晓琳.基于"工学结合、项目导向"的高职会展专业人才培养模式的创 新与实践[J].山东商业职业技术学院学报,2015(2):37-40.

[45] 金晗.基于OBE理念的会展策划与管理专业人才培养模式探索[J].南 宁职业技术学院学报,2020(6):38-43.

[46] 韩延明.理念、教育理念及大学理念探析[J].教育研究,2003(9): 50-55.

[47]李萍,钟明华.教育的迷茫在哪里:教育理念的反省[J].上海高教研究,1998(5):22-25.

[48]胡秋兰,赵三银,吴邵兰,等.高职本科协同人才培养模式的探索[J].韶关学院学报,2020(5):16-19.

[49]冯娴慧.会展专业综合实验室建设实践[J].实验科学与技术,2014(6):180-182.

[50]钟永强.应用型本科院校校外实践教学基地建设探析[J].邢台学院学报,2023(3):114-119.

[51]田秋菊.地方本科院校新建会展经济与管理专业实践基地建设研究:以湖北经济学院为例[J].湖北经济学院学报(人文社会科学版),2012(12):59-61.

[52]胡冠山.基于应用型人才培养的电气专业教学质量监控体系研究[J].教育现代化,2018(10):15-18.

[53]胡冠山,肖海荣.电气工程应用型人才培养中专业定位问题的探讨[J].科技创新导报,2015(12):239-240.

[54]方世林,王岳斌,戴华,等.应用型地方本科院校计算机专业实践教学质量监控体系的研究[J].电子技术,2015(12):32-34.

[55]冉杰,杨琴.旅游管理专业本科毕业论文选题优化研究:以四川旅游学院调查数据为样本[J].绍兴文理学院学报,2023(4):113-120.

[56]申艳敏,龚彦文,朱春山.浅谈在大学生本科毕业论文中如何遵守学术规范[J].广州化工,2013(12):220-221.

[57]胡迪,邵剑兵,许楠.导师制与大学生综合素质培养:基于大学生参与挑战杯竞赛的研究[J].教育现代化,2016(2):7-10.

[58]马芳.试论校园文化节的文化内涵[J].文教资料,2010(5):84-86.

[59]张立威,王莉.河南省普通高校运动会开展现状的分析[J].探索与争鸣,2021(8):198-200.

[60]咸峰,张楠.高校校园运动会与思政教育有机融合的价值与路径探索[J].武术研究,2023(3):137-139.

[61]徐育斐.浙江温州职业技术学院模拟公司教学[J].职业技术教育,2000

(15):41-43.

[62]李玉春.模拟公司:一种有效的高职实践教学方式[J].中国职业技术教育,2006(16):42-43.

[63]赵前斌.模拟公司教学要做好九个一[J].中国职业技术教育,2008(21):13-14.

[64]衣学娟.模拟公司实践教学模式的探索与实践[J].2008(9):120-121.

[65]黄利荣.高职教育中基于模拟公司竞争式项目教学方法研究[J].成人教育,2012(10):101-102.

[66]李彦芳,孙万军.模拟商业公司运作实训课程教学方法研究与实践[J].北京财贸职业学院学报,2010(2):41-45.

[67]施泽全,詹善兵.基于模拟公司的学生职业素质培养模式研究与实践[J].2014(28):72-74.

[68]陈巍,陈国军,郁汉琪.建构主义理论的项目式教学体系构建[J].实验室研究与探索,2018,36(2):185-190.

[69]李建成.学校教育中的同伴教育研究[J].江苏教育,2023(6):10-14.

[70]王名扬,秦惠民.利益相关者诉求:高等教育质量内涵的情景化认知:基于对威斯康星大学麦迪逊分校的调查[J].高等教育研究,2020,41(4):92-102.

[71]林江湧,吴素梅,宋彩萍.专业定位与专业建设:以上海高校为例[J].高教发展与评估,2012(4):102-107.

[72]李峰,张晶棋,刘文娟.基于OBE的毕业要求和培养目标持续改进[J].教育教学论坛,2022(27):25-28.

[73]陈肖静,许驰.本科旅游管理专业人才培养模式及其实践的研究[J].扬州职业大学学报,2016(1):52-57.

[74]姚宇华.高校人才培养模式困境与超越:基于适切性的视角[J].山东高等教育,2019(5):56-62.

[75]王东芳,田密."双一流"建设高校人才培养目标的特征与定位[J].黑龙江高教研究,2020(4):6-10.

[76]孙战文,张国伟.基于学科竞赛的应用型人才实践能力培养模式研究

[J].山东农业工程学院学报,2020(11):102-105.

[77]高扬.高职会展策划与管理专业工学结合培养模式研究与实践[J].天津职业院校联合学报,2016(1):36-40.

[78]韩波勇.互联网环境下校企协同育人机制和模式研究[J].文教资料,2017(16):124-126.

[79]周强.经济"新常态"背景下我国地方普通本科院校转型研究[D].青岛:青岛大学,2017.

[80]李静.以"校+"合作办学引领地方新建本科院校转型提升:以河南牧业经济学院为例[J].科技视界,2017(24):73-75.

[81]刘小红.大学课堂教学危机及原因分析[J].科教导刊,2015(26):21-22.

[82]项驭宇.学校体育对学生身心健康发展影响因素及对策研究[J].辽宁教育行政学院学报,2010(6):51-53.

[83]谈一真,黄新.应用型人才培养背景下提升实习教学质量的实践研究[J].科教导刊,2020(24):46-47.

[84]刘坤.科研项目制度中的高校科研组织样态及其影响探析[J].长春教育学院学报,2020(7):4-9.

[85]王新灵,高巍.教师指导大学生科研实践活动的学校管理措施[J].新课程研究:高等教育,2012(2):164-165.

[86]张权,钟飚.浅谈本科生学位论文中的文献综述写作[J].吉林工商学院学报,2014(1):126-128.

[87]胡斌梁,蒋宏宇.创新型人才培养视角下校企协同育人机制研究[J].当代教育理论与实践,2017(10):61-64.

[88]刘虹.基于生涯发展理论的高职院校青年教师培养模式的优化[J].教育与职业,2012(35):56-58.

[89]邹建国,言捷智.地方本科院校应用型人才培养质量监控体系的构建与实践[J].高教学刊,2017(3):158-159.

[90]刘俊鹏.应用型转型背景下地方高校实践教学质量监控工作存在的问题及对策[J].现代农业科技,2016(5):345-346.

［91］张洁.教育学专业本科生专业认同感研究:以 H 师范大学为例［D］.长沙:湖南师范大学,2020.

［92］陈志军.地方高校人才培养质量保障体系建构研究:以西北大学为例［D］.西安:西北大学,2019.

［93］黄建国.职业能力导向的高职院校智慧学习模型构建及应用研究［D］.长春:东北师范大学,2003.

［94］张菁.会展经济发展背景下会展专业人才培养研究:以杭州市为例［D］.上海:华东政法大学,2021.

［95］王应飞.人本理念下云南高校运动会改革路径研究［D］.昆明:云南师范大学,2023.